Martha Schad

Stalins Tochter

Martha Schad

Stalins Tochter

Das Leben der Swetlana Allilujewa

Mit 22 Abbildungen

Herbig

Bildnachweis:
Alle Abbildungen aus dem Archiv der Autorin, außer:
Süddeutsche Zeitung Photo: 1 (Rue des Archives), 2 (S.M.), 3, 14, 17 (dpa);
Faber, Elmar, Leipzig: 8, 10; Astier, Christophe d', Paris/Foto: 13; Allilujewa,
Swetlana: 15, 16, 18, 21, 22

Komplett überarbeitete und ergänzte Neuausgabe des gleichnamigen 2004
in der Verlagsgruppe Lübbe GmbH und Co. KG erschienenen Titels

© 2013 F. A. Herbig Verlagsbuchhandlung GmbH, München
Alle Rechte vorbehalten
Schutzumschlag: Wolfgang Heinzel
Umschlagmotiv: Laski Diffusion/Getty Images;
Foto Umschlagrückseite: Martha Schad
Satz: VerlagsService Dr. Helmut Neuberger
& Karl Schaumann GmbH, Heimstetten
Gesetzt aus der 10,75/14,3 Punkt Minion
Druck und Binden: GGP Media GmbH, Pößneck
Printed in Germany
ISBN 978-3-7766-2714-5

Auch als

www.herbig-verlag.de

Vor der Vergangenheit kann man nicht fliehen,
aber auch nicht zu ihr zurückkehren.

Der Exildichter Aleksander Sinowjew an Swetlana

Inhalt

Der Tod des Vaters

Siebenundzwanzig Jahre lang war ich
Zeuge der geistigen Zerstörung meines
eigenen Vaters und beobachtete Tag für
Tag, wie ihn alles Menschliche verließ und
er immer mehr zu einem finsteren
Monument seiner selbst wurde.[1]

»Das Sterben des Vaters war furchtbar und schwer, und es war das erste und bisher einzige, das ich miterlebte.«[2] Es ist sicher bezeichnend, wenn eine Tochter das erste Kapitel ihres ersten Buches »Zwanzig Briefe an einen Freund« ganz ihrem Vater widmet, nicht dem lebenden Vater, sondern dem sterbenden. Zehn Jahre nach dem einschneidenden Erlebnis schaute Stalins Tochter zurück auf jene Märztage des Jahres 1953. Sie hatte seit Langem gewusst, dass ihr Vater durch eine Arteriosklerose gefährlich geschwächt war. Im Dezember 1952 sprach die ganze Stadt Moskau schon von einer ernsthaften Erkrankung Stalins. Am 21. Dezember wurde Stalins 73. Geburtstag auf seiner Datscha in Kunzewo gefeiert. Molotow und Mikoyan hatten die letzten 30 Geburtstage mit Stalin gefeiert und Swetlana war auch anwesend. Stalin war ruhig und freundlich, hatte aber Atemprobleme, die sich schnell verschlechterten und über die seine Tochter nicht informiert wurde. Swetlana versuchte verzweifelt, wenigstens telefonisch aus der Datscha in Kunzewo etwas über seinen Gesundheitszustand zu erfahren. Aber alle Anrufe wurden von der Geheimpolizei unterbrochen. Offiziell verlautete, dass Stalin in der Nacht vom 1. auf den 2. März »eine Gehirnblutung erlitten« habe.
Stalins Entourage entschloss sich endlich am 2. März, sie zum sterbenden Vater nach Kunzewo kommen zu lassen. Man holte sie aus dem Französischunterricht in der Akademie. In Kunzewo ange-

kommen, traf sie Bulganin[3], Malenkow[4] und den weinenden Chruschtschow[5]. Sie wurde zu ihrem Vater gebracht, der auf dem Diwan lag, auf dem er für gewöhnlich schlief. Einer der diensthabenden Mitarbeiter hatte ihren Vater um drei Uhr in der Früh ohnmächtig am Boden liegend gefunden. Als Swetlana ankam, herrschte im Sterbezimmer eine schreckliche Betriebsamkeit von Ärzten und Krankenschwestern, die sich um ihren Vater bemühten, doch die Tochter fühlte längst, dass für ihn nichts mehr getan werden konnte. Selbst ein rasch herbeigebrachtes Beatmungsgerät wurde nicht mehr gebraucht. Stalins Schlaganfall war zu schwer gewesen, sein Sprachvermögen war zerstört und die rechte Körperhälfte gelähmt.

Swetlana stand an seinem Bett und hielt seine Hand. Ob der Vater sie erkannte? Sie hoffte es, denn seine Augen waren noch lebendig. Sie schrieb über diesen Moment: »Und zugleich blickte ich auf dieses schöne, ruhige, ja sogar traurige Gesicht (…) und es zerriss mir das Herz vor Leid. Ich fühlte, dass ich eine ganz und gar untaugliche Tochter, dass ich nie eine gute Tochter gewesen war, dass ich zu Hause wie ein fremder Mensch gelebt und dieser einsamen Seele, diesem alten, kranken, von allen abgelehnten, einsam auf seinem Olymp lebenden Manne nie die geringste Hilfe geschenkt hatte, der doch immerhin mein Vater war und mich geliebt hatte, so gut er es vermochte, dem ich nicht nur und ausschließlich Böses, sondern auch Gutes zu verdanken hatte.«[6]

In den vorangegangenen zwölf Stunden war Stalin das Atmen bereits immer schwerer gefallen. Sein Gesicht hatte sich verfärbt, seine Züge waren verzerrt. In den letzten zwei Stunden seines Lebens kämpfte er mit dem Ersticken. In Swetlanas Worten: »Die Agonie war entsetzlich, sie erwürgte ihn vor aller Augen. In einem dieser Augenblicke – ich weiß nicht, ob es wirklich so war, aber mir schien es jedenfalls so –, offenbar in der letzten Minute öffnete er plötzlich die Augen und ließ seinen Blick über alle Umstehenden schweifen. Es war ein furchtbarer Blick, halb wahnsinnig, halb zornig, voll Entsetzen vor dem Tode und den unbekannten Gesichtern der Ärzte, die sich über ihn beugten – dieser Blick ging im Bruchteil einer Sekunde über alle hin, und da – es war unfasslich und entsetzlich (...), da hob er plötzlich die linke Hand (die noch beweglich war) und wies mit ihr nach oben, drohte uns allen. Die Geste war unverständlich, aber drohend, und es blieb unbekannt, worauf oder auf wen sie sich bezog (...). Im nächsten Augenblick riss sich die Seele nach einer letzten Anstrengung vom Körper los.«[7] Es war 21.50 Uhr am Abend des 5. März 1953.

Kurz vorher war auch Stalins Sohn Wassilij geholt worden. Er setzte sich erst einmal in die große Halle, dann ging er in die Diensträume des Vaters, soff sich weiter zu und schrie betrunken, dass man den Vater töten wolle. Irgendwann fiel er auf ein Sofa und schlief ein. Das Sterben des Vaters erschütterte ihn. Er verstand, dass die Welt, ohne die er nicht existieren konnte, gerade unterging.[8]

In den letzten Minuten des Sterbens war erneut Berija[9] ins Zimmer gekommen. Er wagte es, auf Stalins Tochter zu deuten und anzuordnen: »Führt Swetlana hinaus!« Doch wer sollte dies tun und warum sollte sie hinausgeführt werden? Dieser »entsetzliche Mann« trieb Swetlana die Wut ins Gesicht. Sie nannte ihn »ein modernes Prachtstück von einem verschlagenen Höfling, die Verkörperung östlicher Hinterlist, Schmeichelei, Heuchelei, die sogar meinen Vater betörte, den man sonst nur sehr schwer täuschen konnte«.[10]

Berija führte sich auf wie der Kronprinz eines gigantischen Imperiums, der nun über das Leben der anderen allein zu bestimmen hatte. Er konnte den letzten Atemzug Stalins kaum erwarten, als er frohlockte: »Ich habe ihn beseitigt! Das größte Genie der Wissenschaft, ha!«[11] Dann sprang er als Erster auf den Korridor hinaus und rief nach seinem Fahrer. Dmitri Wolkogonow vermutet, dass Berija deshalb auf dem schnellsten Weg zum Kreml fuhr, damit er die Dokumente aus Stalins Safe beseitigen konnte, die irgendetwas Negatives über ihn enthielten.[12]

Allmählich lösten sich die anderen Regierungsmitglieder vom Sterbebett in der Datscha. Sie mussten zum Zentralkomitee, wo alle auf Nachricht warteten und die Nachfolgerfrage zu lösen war. Die Sitzung des ZK – von 1952 bis 1966 hieß es Politbüro – leitete Malenkow, der Vorsitzender des Ministerrats wurde. Seine Stellvertreter wurden Berija, Molotow[13], Bulganin und Kaganowitsch[14]. Molotow, der dieses Amt 1949 hatte abgeben müssen, wurde von Neuem Außenminister und Bulganin Verteidigungsminister.

Swetlana wollte bei ihrem toten Vater bleiben. Sie erlebte, wie die Dienerschaft zum letzten Gruß kam und um den »Voschd« weinte. Die ebenfalls weinende Krankenschwester verabreichte auf Wunsch Baldriantropfen. Nur eine konnte nicht weinen, das war Swetlana. Sie war wie versteinert, starrte vor sich hin, hatte aber nicht die Kraft, aus dem Zimmer zu gehen. Als Nächste wurde die Haushälterin Valentina Wassiljewna Istomina an Stalins Sterbebett vorgelassen. Sie hatte ihm 18 Jahre gedient und kannte ihn besser als alle anderen. Sie brach zusammen, ließ den Kopf auf die Brust des Toten sinken und weinte und klagte laut, wie dies die Bäuerinnen auf dem Land tun.

Gegen Morgen wurde der Leichnam zur Obduktion und Einbalsamierung abgeholt.[15] Nun befielen Swetlana ein nervöses Zittern und ein Schüttelfrost. Die Leichenträger legten Stalin auf die Bahre. Zum ersten Mal sah sie ihren Vater nackt. Sie fand den Körper schön, gar nicht greisenhaft. Als man den Leichnam zu einem weißen Auto brachte, stand Swetlana zitternd vor Kälte an der Tür. Bulganin legte ihr einen Mantel um. Sie barg ihr Gesicht an Nikolaj Aleksandrowitschs Brust, und nun endlich konnte sie weinen.

Gegen fünf Uhr morgens gab es in der Küche der Datscha etwas zu essen und man zwang die Trauernde, ein paar Bissen zu sich zu nehmen, denn sie hatte seit ihrem Eintreffen in Kunzewo nichts mehr gegessen.

»Eines Morgens«, erinnerte sich Swetlanas Sohn Josef, »sagte mir meine Mutter, dass mein Großvater sehr krank sei. Ihr Gesicht war weiß, sie wirkte bestürzt, müde und sie war die nächsten zwei Tage ganz weg und wir sahen sie überhaupt nicht. Als sie wiederkam, sagte sie nur, dass alles vorbei sei und Großvater nicht mehr lebe.

Sie sprach oft mit uns über den Großvater, über ihre ganz persönlichen Erinnerungen und ihre Gefühle.«[16]

Die Öffentlichkeit erfuhr vom Tod des Diktators erst nach mehreren Stunden. Um 4.03 Uhr in der Frühe meldete nach einem Trommelwirbel die Stimme des Nachrichtensprechers: »Das Herz des Waffengefährten und genialen Fortführers von Lenins Werk, des weisen Leiters und Lehrers der Kommunistischen Partei und der Sowjetunion, hat den letzten Schlag getan.« Etwas später wurde der Text des ärztlichen Bulletins verlesen. In der Zwischenzeit einigten sich die Diadochen auf ein vorläufiges Machtarrangement. Und um 23.30 Uhr desselben Tages erfuhren die Menschen in der Sowjetunion, wer das Rennen um die neue Regierung gewonnen hatte.

Elf Stunden nach der ersten Meldung von Stalins Tod, um 15.00 Uhr nachmittags, verließ ein möbelwagenähnliches blaues Vehikel, das dem Moskauer Gesundheitsamt gehörte, den Kreml durch das Spasskij-Tor und fuhr zur Säulenhalle des Moskauer Gewerkschaftshauses, die bereits schwarz verhüllt war. Dorthin begaben sich ein paar Minuten später auch die neuen Herrscher, um den Mann, dem sie ihre Machtstellung verdankten, die letzte Ehre zu erweisen. In einem mit Satin ausgeschlagenen Sarg, halb verborgen unter Bergen von wächsernen Blumen, lag Stalin in seiner Generalissimus-Uniform mit Orden und Auszeichnungen geschmückt. Swetlana und ihr 34 Jahre alter betrunkener und krakeelender Bruder Wassilij traten an den Sarg. Swetlana beugte sich über den Sarg und küsste den toten Vater, Wassilij dagegen schaffte es lediglich, sich zu einer kurzen Habachtstellung durchzuringen, um dann unüberhörbar lallend zu schimpfen, dass man seinen Vater vergiftet habe.

Der Leichnam blieb drei Tage aufgebahrt, damit das Volk sich von seinem geliebten Führer verabschieden konnte. Eine unübersehbare Menge defilierte am Sarg vorbei, die Menschen weinten und legten Blumen nieder. Mehr als ein flüchtiger Blick war nicht gestattet, denn es hatten sich kilometerlange Schlangen vor der Säulenhalle gebildet.

Am 9. März fand die Trauerfeier statt. Chruschtschow war zum Präsidenten des Bestattungskomitees gewählt worden. Drei Ansprachen wurden gehalten, die Filmkameras surrten, ein Streichorchester spielte Trauermusik. Der Sarg wurde auf den Schultern von neun Männern aus der Säulenhalle getragen. Es waren die acht neuen Machthaber und Wassilij Stalin, dem man einen kurzen Auftritt bei der Leichenfeier gestattet hatte. Swetlana hatte ihren Sohn Josef und ihre Nichte Galja an ihrer Seite. Um 11.45 Uhr feuerte die Artillerie 30 Salutschüsse und die neun Männer trugen den mit schwarzer und roter Seide bedeckten Sarg ins Mausoleum. Gleich darauf, um Punkt zwölf Uhr, brach im ganzen Russischen Reich, von Wladiwostok bis Ostberlin, ein ohrenbetäubender Lärm los. Geschütze, Fabriksirenen, Dampflokomotiven, Schiffspfeifen vereinigten sich zu einem höllischen Konzert und die Menschen hielten sich die Ohren zu.[17]

Nicht nur Stalins 60. und 70. Geburtstag, sondern auch sein Begräbnis wurde zu einer Orgie der ungeheuerlichsten Huldigungen in Prosa und Versen, Musiken und Bildern. Stalin war von allen gefürchtet worden. Hatten sie sich gegen ihn verschworen? Indirekt war Stalins Tod die Ursache einer weiteren Tragödie. Während er aufgebahrt lag, drängten sich Millionen Sowjetbürger nach Moskau hinein, um diesen Mann, von dem sie so wenig wussten und dem sie so lange vertraut hatten, die letzte Ehre zu erweisen. Wegen fehlender Anweisungen vonseiten der Behörden kam es zu einem furchtbaren Durcheinander, und Hunderte, vielleicht auch Tausende Sowjetbürger wurden zu Tode getrampelt. Gleichzeitig verhaftete das NKWD[18] allein in Moskau Hunderte aufgrund des »Mobilmachungsplanes«, der vorsah, im Fall eines Krieges sowie innerer oder äußerer Wirren bestimmte Personen »vorbeugend« in Haft zu nehmen. Das aber waren die letzten unmittelbar mit Stalins Namen verbundenen Tragödien.

Nachdem Swetlanas Vater im Mausoleum ruhte, lud man sie als eine der Ersten ein, es zu besuchen. Swetlana nannte dieses Mausoleum in ihrem 1967 erschienenen Buch »Das erste Jahr« ein »barbarisches altägyptisches Pharaonenheiligtum des Weltkommunismus«[19]. Noch lange nachher stand sie unter dem »entsetzlichen Eindruck dieses aller Natur zuwiderlaufenden ›Hinabschauens‹ ins Grab«. Swetlana wusste, dass Nadeschda Krupskaja, Lenins Witwe, sich ebenfalls weigerte, das »Heiligtum« mit dem Leichnam ihres Mannes zu besuchen. Auch sie empfand diesen Ort als absurd, denn die Zeit der »heiligen Reliquien« war längst vorüber. Acht Jahre lang konnten Menschenmassen den mumifizierten »Führer« besichtigen. Swetlana ging nie mehr zum Mausoleum, da es sie zu sehr aufwühlte. Ihr Sohn Josef erzählte, dass die Familie des Großvaters an seinem Todestag jedoch stets besonders gedachte.

Viele Menschen weinten um den großen Führer, auch solche, die unter ihm gelitten hatten. Der Kult um seine Persönlichkeit hatte ihn als den unersetzlichen weisen Vater aller Völker etabliert, von dem alles abhing. Die Massen fühlten sich orientierungslos und in einen Zustand tiefster Hoffnungslosigkeit gestoßen. Noch wurden Lobeshymnen auf den »genialen Führer« gehalten. Kaum einer konnte ahnen, was der XX. Parteitag 1956 ans Licht bringen würde: Stalin, einer der größten Massenmörder. Swetlana hatte schwer daran zu tragen. Sie glaubte nicht, dass ihr Vater »jemals Gewissensbisse verspürte, dass er jemals unter Schuldgefühlen litt«. Die Tochter wusste, dass er »auch nicht glücklich [war], als er den höchsten Gipfel all seiner Wünsche erreicht hatte – durch Hinrichtung der einen, Versklavung und Demütigung der anderen«.[20]

Als Stalin 1961 seinen Glorienschein verlor, wurde er in einer Nacht- und Nebelaktion umgebettet. Am 31. Oktober 1961 musste seine Mumie aus dem Mausoleum entfernt und an der Kreml-Mauer beigesetzt werden. Die Tochter fand es ganz in Ordnung, dass die Leiche ihres Vaters »nach langem Hin und Her der Erde übergeben wurde«[21]. Am 25. Januar 1994 konnte man in der *Moscow Times* lesen: »Tochter: Verlegt Stalin – Swetlana Allilujewa, Stalins Tochter, möchte, dass ihr Vater in seiner Geburtsstadt Gori erneut beigesetzt wird. Die jetzige Lana Peters sagte dies in einem Interview in London der *Commonwealth Television*.« An offizieller Stelle hätte man sich über diesen Wunsch noch keine Gedanken gemacht, wurde gemeldet. Sollte die Kreml-Mauer immer noch nicht die letzte Ruhestätte des am längsten regierenden Führers gewesen sein? Das Grab zeigt sich stets in reichem Blumenschmuck, niedergelegt von den Menschen, die ihn nach wie vor für einen großen Staatsmann halten.

Stalins Tochter hoffte, dass diesem Tod die Befreiung folgen würde – für das Land und für sie selbst. Und sie fügte noch hinzu: »Und sie alle kannten auch mich und wussten, dass ich eine schlechte Tochter und mein Vater ein schlechter Vater gewesen war. Sie wussten aber auch, dass mein Vater mich und dass ich ihn geliebt hatte.«[22]

Swetlanas Mutter Nadeschda

Nur meine ersten sechseinhalb Lebensjahre
waren von der Liebe einer Mutter umgeben.[1]

Der junge Stalin und die Familie Allilujew

In Moskau heiratete am 24. März 1919, völlig unbeachtet von den hohen Funktionären, ein Revolutionär eine Revolutionärin. Der Bräutigam war der verwitwete[2] 37-jährige Josef Wissarionowitsch Dschugaschwili, die Braut die erst 18-jährige Nadeschda Allilujewa. Die aus Georgien stammende Familie Allilujew kannte den Bräutigam seit dessen Jugendzeit. Denn die politische Laufbahn des Josef Dschugaschwili, der sich ab 1913 »Stalin«, der »Stählerne«, nannte, begann im Frühjahr 1898.

Der Vater der Braut, Sergej Jakowlewitsch Allilujew, stammte aus einer Bauernfamilie im südrussischen Gouvernement Woronesch. Durch seine Großmutter hatte er einen starken Einschlag von Zigeunerblut: Er war groß gewachsen, mit schwarzen Augen, blendend weißen Zähnen und einer dunklen Haut, was sich besonders auf seinen ältesten Sohn Pawel und seine jüngste Tochter Nadeschda vererbte. Da er technisch sehr geschickt war, blieb er nicht Bauer wie sein Vater, sondern wurde Schlosser und fand Arbeit in den Eisenbahnwerkstätten von Transkaukasien. Dort begegnete er den Sozialdemokraten Michail Iwanowitsch Kalinin[3] und Iwan Fioletow. 1898 wurde er Mitglied der Sozialdemokratischen Arbeiterpartei Russlands (SDAPR). Allilujew führte Josef Dschugaschwili, den künftigen Herrn Russlands, in die »Kunst des revolutionären Kampfes« ein und überzeugte ihn, ebenfalls der SDAPR beizutreten.

Josef Dschugaschwili, am 21. Dezember 1879 (6. Dezember 1878 nach dem damals gültigen julianischen Kalender) in Gori in Georgien geboren, verlor mit fünf Jahren seinen oft betrunkenen und ihn prügelnden Vater, einen Schuhmacher. Seine Mutter Jekaterina Georgjewna Dschugaschwili, eine streng religiöse Frau, die als Dienstbotin arbeitete und ihren Sohn ein Leben lang »Sosso« nannte, hatte den inständigen Wunsch, er möge Geistlicher werden. So trat dieser in das Theologische Seminar im georgischen Tbilisi (russ. Tiflis)[4] ein.

Doch es kam anders. Dieses Seminar galt als Brutstätte für Rebellen. Stalin, im September 1894 aufgenommen, wurde am 27. Mai 1899 zusammen mit weiteren 87 Theologiestudenten wegen »politischer Unzuverlässigkeit« hinausgeworfen. Er war allzu oft des Nachts mit anderen Seminaristen in ein kleines Haus am Abhang des Mtazminda-Berges geschlichen, das dem Eisenbahner Allilujew gehörte, der einmal sein Schwiegervater werden sollte. Zusammen mit Studenten und Arbeitern plante dieser die ersten sozialistischen Streiks. Allilujew war aufgefallen, dass der Student Josef äußerst methodisch agierte. Gemeinsam mit Allilujew nahm dieser Ende April 1901 in Tbilisi an der »Majowka«, der Maidemonstration, teil und wurde von der zaristischen Polizei niedergeknüppelt. Doch wann auch immer nach dem jungen und sehr ehrgeizigen Untergrundkämpfer Stalin von der Ochranka, des Zaren gefürchteter Geheimpolizei, gefahndet wurde, Allilujew versteckte ihn bei Freunden oder in seiner eigenen Wohnung in Bakı (russ. Baku). Seine Frau Olga Jewgenjewna kümmerte sich stets um den untergetauchten Josef. Sie stammte ebenfalls aus Georgien, einem Land, das sie sehr liebte. Schon ihr Vater Jewgenij Fedorenko war dort aufgewachsen, ihre Mutter war eine Deutsche, die evangelische Magdalena Eichholz, die im Jahr 1816 von Wolfsölden (heute Kreis Backnang) ausgewandert war, und deren Wurzeln in einer Kolonistenfamilie aus der Zeit Katharinas II. lagen.[5]

Magdalena Eichholz führte eine Bierschenke, bekam neun Kinder und sprach Deutsch und Georgisch. Russisch lernte Olga erst sehr viel später, und es mischten sich dabei deutsche Ausrufe wie »Jesus Maria« und das unvermeidliche »Mein Gott« hinein. Sie war noch keine 14 Jahre alt, als sie ihre Habseligkeiten zusammenpackte und mit Sergej Allilujew verschwand. Als die bildschöne Olga 16 Jahre alt war, heirateten sie. Sie war so verführerisch, dass sie sich ihrer Verehrer kaum zu erwehren vermochte, und sie stürzte sich nicht nur einmal in Liebesbeziehungen. Erst war es ein Pole, dann ein Ungar, ein Türke und ein Bulgare. »Sie liebte die Menschen des Südens und behauptete manchmal im Ärger, ›die russischen Männer sind Gesindel‹.«[6]

Dem aus dem Seminar verwiesenen Josef Dschugaschwili genügten die Erkenntnisse seines bisherigen Lebens, um sich der kaukasischen Untergrundbewegung anzuschließen. Dort wählte er den Decknamen »Koba«, nach der Hauptfigur eines Abenteuerromans aus dem 19. Jahrhundert. Weil er im georgischen Batumi[7] eine Arbeiterdemonstration organisiert hatte, wurde er 1902 erstmals verhaftet. Als sich die SDAPR 1903 spaltete, trat er während eines anschließenden Gefängnisaufenthaltes dem bolschewistischen Flügel unter Wladimir Iljitsch Lenin[8] bei, den er 1905 als Delegierter auf einer Allrussischen Konferenz der Bolschewiki im finnischen Tammerfors kennenlernte.
Ab 1907 erfolgten mehrere Verurteilungen, sechs Gefängnisaufenthalte und eine Verbannung nach Sibirien wegen Raubüberfällen, die er zur Geldbeschaffung für die Bolschewiki beging. Stalin gelang es fast jedes Mal, nach kurzer Zeit freizukommen oder zu fliehen.
Und immer wieder tauchte Stalin bei den Allilujews auf, die zunächst in Tbilisi, dann in Bakı[9] und Batumi wohnten und schließlich 1914 nach Petrograd[10] übersiedelten in das Elendsviertel auf der Wyborger Seite. Olga kümmerte sich aber nicht nur um »Koba«, sondern auch um Lenin und Grigori Jewsejewitsch Sinowjew[11]. Stalin bat seinen Freund Allilujew, ihn in einem Zimmerchen seiner Wohnung aufzunehmen. So konnte er seine Aktivitäten von der kaukasischen Parteiorganisation in die KP-Zentrale in Petersburg

verlagern. In der Allilujew-Wohnung tagte nicht selten das Zentral-komitee der Bolschewiki, dem auch Stalin seit 1912 angehörte. Als den Bolschewisten im Juli 1917 der erste Griff nach der Macht misslang, flüchtete sich Lenin zu den Allilujews. Der dortige Unter-mieter Stalin kümmerte sich um ihn und trichterte ihm ein, sich nur nicht der Polizei zu stellen. Dann verhalf er Lenin zur Flucht. Doch vorher rasierte er dem steckbrieflich Gesuchten noch den Bart ab, zusammen mit Allilujew schmuggelte er ihn zum Petrogra-der Primorski-Bahnhof, von wo ihn ein Zug nach Finnland brachte. Zur Jahreswende 1916/17 wurde Stalin sogleich zur Armee einbe-rufen, doch von der Einberufungskommission als für den Kriegs-dienst untauglich freigestellt. Stalin zog wieder bei den Allilujews ein. Die 1901 geborene Nadeschda (Hoffnung), die jüngste Tochter des Hauses, die er als Zweijährige beim Baden am Strand vor dem Ertrinken gerettet hatte, gefiel ihm.

Aus dieser Zeit sind noch einige Briefe des Schulmädchens Nadeschda erhalten, die sie an Alissa Iwanowna Radtschenkowa, die Ehefrau von Iwan Iwanowitsch Radtschenko, über Prüfungen und Benotungen in der Schule geschrieben hat. Deutsch nannte sie ihr »schwerstes Fach«. Am Vorabend der Revolution, am 25. Februar 1917, berichtete Nadeschda von einer äußerst gespannten Situation in Petrograd, und sieben Monate später, am 19. Oktober 1917, schrieb sie: »In Piter [Petrograd] geht das Gerücht um, dass am 20. Oktober eine Aktion der Bolschewiki erwartet wird, aber mir scheint, das ist Unsinn.«[12]

In ihrem Brief vom 11. Dezember 1917 an die gleiche Empfängerin erzählte Nadja, sie habe in der Schule kein Geld für Beamte gespen-det und werde nun als »Bolschewikin« bezeichnet, aber eher freund-schaftlich als bösartig. Im Februar 1918 schrieb Nadeschda sehr traurig an Alissa, dass ihre Mutter aus Überdruss das Haus verlassen habe und sie nun allein die ganze Hauswirtschaft versorgen müsse. Außerdem herrsche eine schreckliche Hungersnot in Piter, pro Tag bekäme man pro Person nur 50 Gramm Brot. Sie habe schon zwan-zig Pfund abgenommen, alle Kleider seien ihr zu weit geworden.

»Man neckt mich sogar, ob ich mich etwa verliebt hätte, weil ich so abgemagert sei.«[13] Und Nadeschda hatte sich wirklich verliebt.

In der kleinen Wohnung in Petrograd spielte sich die alte Geschichte ab: Othello, längst nicht mehr jung, erzählte der jugendlichen Desdemona Geschichten von seinen Heldentaten. Und die junge Nadeschda war fasziniert. Sie verliebte sich in den schnauzbärtigen Agitator, der mit seiner schwarzen Haarmähne, der zerzausten Stirnlocke und den brennenden Augen etwas Mephistophelisches ausstrahlte. Nadeschda, klein und wohlgeformt, sah mit ihrem dunklen Teint und ihren weichen braunen Augen georgisch aus. Der erfahrene Mann machte ihr einen Heiratsantrag und sie war glücklich darüber. Doch es würde sich zeigen, dass Nadja sich das Leben an der Seite ihres Mannes anders vorgestellt hatte. »She wanted a career of her own, felt offended by his bad manners, and was definitely against his philandering.«[14]

Die Eheschließung von Swetlanas Eltern

Da es im März 1918[15] so aussah, als würden die Deutschen Petrograd einnehmen, wurde nach 200-jähriger Unterbrechung Moskau wieder zur Hauptstadt Russlands. Am 6. Juni 1918 verließ die Regierung deshalb die Stadt an der Newa. Stalin traf mit einer Leibgarde von 400 Rotarmisten und Nadeschda als seiner Sekretärin in Zarizyn[16] ein, dem heutigen Wolgograd, das von 1925 bis 1961 Stalingrad hieß. Er ließ sich immer mehr Vollmachten vom Rat der Volkskommissare geben. Diese betrafen vor allem die Bereitstellung von Lebensmitteln. Stalin »reinigte« mithilfe des Tscheka-Vertreters[17] Tschewrjakow die Kommandoebene der Roten Armee. Er verhaftete fast den gesamten Stab des Militärkreises Zarizyn und hielt ihn auf einem Schleppkahn gefangen, der dann »zufällig« sank. Und mitten in diesem revolutionären Geschehen die 17-jährige verliebte Nadja. Sie hatte zwar den Bolschewismus mit der Muttermilch eingesogen, doch die politischen Ideen in ihrem

Elternhaus und die grausame Realität des Sommers 1918 waren keineswegs identisch.

Zurückgekehrt nach Moskau, wurde Nadeschda Stalins Ehefrau. Das Fest fand am 24. März 1919 statt, einen Tag nach Beendigung des VIII. Parteitages der Kommunistischen Partei. Stalins Trauzeuge war sein bester Freund Awel Jenukidse[18], damals Sekretär des Zentralen Exekutivkomitees. Der Trauzeuge der Braut war ihr Schwager Stanislaw Redens[19], der Ehemann ihrer Schwester Anna Allilujewa, ein Mitglied der Tscheka. Das Brautpaar betrat im Kreml eine dieser kleinen leicht baufälligen Dienstgebäude. Dort fand in einer kurzen Zeremonie die Unterzeichnung des Heiratsdokuments statt.[20] Nadja war damals im vierten Monat schwanger. Das dürfte der Grund für die standesamtliche Eintragung gewesen sein. Ansonsten spielte eine solche Formalität in den ersten Jahren beziehungsweise Jahrzehnten nach der Oktoberrevolution bei den Bolschewiki wie auch bei deren Führern keine große Rolle. Die Eintragung im Standesamt wurde als kleinbürgerlich, spießig und als Überbleibsel der Bourgeoisie abgetan. Die Idee der »freien Liebe« galt als zeitgemäß, ohne freilich zur allgemeinen Norm zu werden.

Von der Familie Allilujew hatte wie gesagt lediglich Nadeschdas Schwester Anna an der Trauung teilgenommen. Sie war es, die später behauptete, dass Nadja lange nicht einverstanden gewesen sei, den »ungeliebten« Mann zu heiraten. Mehrere Familienmitglieder hätten die junge Frau vor dem wilden Temperament Stalins gewarnt. Und Nadjas Mutter Olga Allilujewa? Sie mochte Stalin zwar sehr, aber diese Eheschließung hatte sie sich nicht gewünscht. Swetlana bemerkt in späteren Jahren dazu: »Doch über die Ehe ihrer Tochter zeigte sie sich dann nicht sehr erfreut. Sie versuchte lange, meiner Mutter davon abzuraten, und schalt sie deswegen einen Dummkopf. Olga Jewgenjewna hatte schon genügend Erfahrung mit dem Familienleben der Revolutionäre und betrachtete ihr eigenes Leben als ›zerstört‹. Sie konnte sich innerlich nie mit Mamas Ehe zufriedengeben, betrachtete Mama immer als tief unglücklich und sah ihren Selbstmord als Resultat dieser ganzen Dummheit.«[21]

Fünf Monate nach der Heirat kam das erste Kind zur Welt, der Sohn Wassilij Jossifowitsch. Ein Sohn als Erstgeborenen, das ließ Stalins Herz höher schlagen!

Die junge Familie wohnte im Kreml. Das Senatsgebäude mitten im Moskauer Kreml ist ein Kleinod der Architektur. Zwar wurde es viel später erbaut als die berühmten Kathedralen mit ihren Glockentürmen, jedoch von Matwej Kasakow, dem großen Meister des frühen 19. Jahrhunderts. Zu der Zeit, da Moskau nicht mehr Hauptstadt war, sondern nur noch als die »Zarin-Witwe« des Russischen Reiches galt, befand sich hier der Sitz des Senats, verschiedener Gerichtsinstanzen und weiterer Behörden. Als die junge Sowjetregierung unter Wladimir Lenin im Frühsommer 1918 aus dem bedrohten Petrograd überstürzt nach Moskau umzog, musste man für sie rasch Arbeitsräume und für ihre Mitglieder Wohnungen finden. Der Kreml bot sich dafür an. In den früheren Poteschny dwor, ein Lustschloss, zog Lenin ein. Später wechselte er ins Senatsgebäude, in dem der Rat der Volkskommissare seinen Sitz hatte.

In den anderen Gebäuden wohnten die Volkskommissare (Minister), darunter auch der von Lenin als Mitglied der ersten Sowjetregierung an 15. und letzter Stelle ernannte Volkskommissar für Nationalitätenfragen, Josef Stalin, mit seiner Familie. Sie bezogen mehrere Zimmer im sogenannten Offiziersblock.[22] Als Stalin seinen Dienst antrat, hatte er grade mal fünf Rubel in der Tasche, besaß lediglich einen Tisch und zwei Stühle. Doch nun bekam er ein Büro mit dem Glanz vergangener Tage und einem wunderbaren großen Wandspiegel. Da er der Meinung war, dass die Parteimitglieder ein solch feudales Büro missbilligen würden, stieß er mit dem Fuß gegen den teuren Spiegel, und dieser zerbarst in tausend Scherben.

Seiner Frau verschaffte Stalin eine Stellung bei der *Rewolutsia i Kultura*, einer Zeitschrift des von ihm mitgegründeten Parteiorgans *Prawda*. Als der Machtkampf zwischen Lenin und Stalin tobte, war Nadja Stalina eine Art Halbtagssekretärin bei Lenin. Man hat von jeher angenommen, dass Stalin in Lenins Sekretariat einen Spitzel sitzen hatte. Es erschien völlig unerklärlich, dass Stalin in der Lage war, jede Bewegung des damals schon kranken Lenin erfolgreich zu durchkreuzen. Im Jahr 1964 wurde erstmals Lenins Tagebuch mit Eintragungen vom 21. November 1922 bis 6. März 1923 veröffentlicht, und nun erfuhr man endlich den Namen der geheimnisvollen Agentin. »Stalins Spitzel war niemand anders als Nadeschda Allilujewa, seine eigene Frau.«[23]

Im Jahr 1921, während einer der Säuberungsaktionen, wurde Nadja als »totes Gewicht mit keinerlei Interesse an der Partei« aus der KPR (B)[24] ausgeschlossen. Wie dies geschehen konnte, ohne dass es als persönlicher Angriff auf Stalin verstanden wurde, ist rätselhaft. Es war schließlich Lenin, der es mit Hinweis auf die Verdienste der Familie Allilujew für die Partei fertigbrachte, Nadja als Kandidatin für eine Mitgliedschaft zu rehabilitieren. Der eigentliche Grund für ihren Ausschluss wurde erst 1989 bekannt: Man hatte Nadeschda Passivität, also mangelnde Parteiaktivität vorgeworfen. Die Kommission scheint von ihrer Ehe mit Stalin nichts gewusst zu haben und hatte sich wohl auch über Nadeschdas Jugend gewundert.

Lenins Sekretärin Lidija Fotijewa bezeichnete die junge Frau als »recht nett, aber manchmal ziemlich langweilig«[25]. Andere sahen in Nadeschda »eine bemerkenswerte Persönlichkeit«, die sich besonders durch ihr bescheidenes Auftreten auszeichnete, ganz im Gegensatz zu anderen Frauen der aufstrebenden neuen Klasse. Eine Intellektuelle war sie sicher nicht. Stalin bezeichnete solche Frauen höhnisch als »Heringe mit Ideen«, eine Vorstellung, die sehr an das Klischee der dürren, altjüngferlichen Suffragetten erinnert.

Ein anderer Zeitzeuge nannte Nadeschda schön zu manchen Zeiten und sehr hässlich zu anderen Zeiten – es hänge ganz von ihrer Stimmung ab. Baschanow, Stalins damaliger Sekretär, empfand die junge Frau nicht als Schönheit, »aber sie hatte ein süßes und attraktives Gesicht«[26].

Am Anfang ihrer Ehe war Nadeschda völlig von ihrem Ehemann dominiert, sie merkte allerdings bald, dass sie doch wesentlich unabhängiger sein wollte. Die junge Frau musste sich in Moskau schnell an jene Atmosphäre der endlosen Beratungen, Treffen, Kämpfe und Reisen gewöhnen, in der ihr Mann lebte. Es fiel ihr schwer zu begreifen, wie wenig Platz er ihr in seinem Leben einräumte. In gewissem Maße kompensierte Nadja daher die fehlende Beziehung zu ihrem Mann mit Arbeit, Studium und häufigen Treffen mit den Frauen der Mitarbeiter ihres Mannes: mit Polina Semjonowna Schemtschuschinaja (Molotows Frau), Dara Moisejewna Chasan (Andrejews[27] Frau), Maria Markowna Kaganowitsch und mit Esfirija Issajewna Gurwitsch (Bucharins[28] zweiter Frau).

Zu Hause entpuppte sich Stalin als rechter Tyrann. Manchmal sprach er drei Tage lang nicht mit seiner Frau, aber auch mit niemand anderem. Dann wiederum hatte er Freude am Familiendasein, denn sein Vagabundenleben hatte er viel zu viele Jahre ertragen müssen. Zum ersten Mal besaß er ein schönes eigenes Heim. »Ein fröhliches, sonniges, erfüllt von Kinderstimmen, von lebenslustigen, freundlichen Menschen, ein Haus voll Leben«, so sah Swetlana ihr Elternhaus in ihrer 1963 geschriebenen Autobiografie.[29]

Während die Karriere ihres Mannes große Fortschritte machte, lebte Nadeschda mit ihrem kleinen Sohn wie in einer Einsiedelei. Ihren Mann sah sie selten. Er kam meist sehr spät nach Hause, trank dann noch Tee und ging zu Bett. Untertags lebte er in einer Männerwelt. Seine junge Frau fing wieder an, als Sekretärin zu arbeiten, dieses Mal im Büro von Grigorij Ordschonikidse[30], mit dessen Ehefrau Sinaida Gawrilowna sie eng befreundet war.

Am 2. April 1924 schaffte Stalin den Sprung in eine der Schlüsselpositionen. Im Zuge des XI. Parteitages wurde er auf Lenins Empfehlung hin in Nachfolge Molotows zum Generalsekretär des Zentralkomitees ernannt, einen Posten, den er 30 Jahre lang bis 1952 innehatte.

Die Machtkonzentration Stalins war in den 1920er-Jahren mit einer radikalen Veränderung der Partei verbunden, deren Mitglieder nicht länger den leninistischen Idealen ergeben waren, sondern sich einer (das heißt seiner, Stalins) Person unterwarfen. Im Jahr

1924 kämpfte Lenin einen einsamen Kampf, den schwersten und hoffnungslosesten, den er jemals gekämpft hatte. Durch mehrere Schlaganfälle ans Bett gebunden, konnte er sich gegen Stalins Willen zur Macht nicht mehr wehren. Obwohl Lenin und Trotzki[31] einen mächtigen Bund gegen ihn geschlossen hatten, ging Stalins Weg weiter steil nach oben, was allerdings mit dem frühen Tod Lenins am 21. Januar 1924 zusammenhing.

1924 gab es in der Partei noch zwei Generationen – Revolutionäre der ersten Stunde und Sowjetfunktionäre. Bis 1938 gelang es Stalin, die alten Bolschewiki völlig zu beseitigen und sich eine Partei getreuer Gefolgsleute aufzubauen. Der Kampf gegen die »linke Opposition«, also Trotzki, Sinowjew und Kamenew[32], hatte zwar bereits 1925 begonnen, fand aber erst 1927 mit dem Ausschluss dieser drei aus dem Zentralkomitee der KPdSU seinen Höhepunkt.

Swetlana erblickt das Licht der Welt

Nadeschda hatte am 11. Januar 1926 ihrer Tante Marusja Swanidse[33] geschrieben, dass sie sich erneut familiäre Sorgen aufgeladen habe. »In unserer Zeit ist das beschwerlich, denn es gibt schrecklich viele neue Vorurteile in dieser Hinsicht. Wenn man nicht arbeitet, dann ist man eben einfach nur ein ›Frauenzimmer‹. Aber eine unqualifizierte Arbeit ist wenig attraktiv. Ich fühle mich wohl, obwohl die Entbindung kurz bevorsteht. Ich warte ungeduldig darauf, denn mir fällt schon jede Bewegung schwer, und ich kann mich nicht mehr ansehen. Ich teile Ihnen bestimmt mit, was es geworden ist. Ich hoffe, dass alles glücklich verläuft.«[34]

Es verlief alles gut, und am 28. Februar 1926 kam die Tochter Swetlana – »die Lichtgestalt« – zur Welt. Das war damals ein seltener Name, der von einem russischen romantischen Gedicht herrührte und Inbegriff für ein einsames, träumerisch veranlagtes Mädchen war, das still umherging, eine Art Ophelia. Es ist kein Name, der im Verzeichnis der russischen christlichen Taufnamen vorkam; er ist eher von dem griechischen Namen Photini beziehungsweise Photina abgeleitet, und bei der poetischen Übersetzung von Photina ins Russische wurde daraus »Swetlana«. Es hatte schon Verwunderung erregt, dass das kleine Mädchen einen altslawischen Märchennamen erhielt. Damals hießen die sowjetischen Funktionärskinder »Oktjabr« nach der Oktoberrevolution, »Maja« nach dem 1. Mai oder gar »Mael« nach den Anfangsbuchstaben der KP-Heiligen Marx, Engels, Lenin.

Swetlana hatte rote Haare wie Stalins Mutter. Stalin selbst fand, dass das Kind später beim Heranwachsen seiner Mutter immer ähnlicher wurde. Er liebte seine Tochter sehr! Es klingt traurig, wenn Swetlana in ihren Erinnerungen schreibt, dass sie als kleines Mädchen nicht ihrer Mutter, sondern ihrem Vater am nächsten gestanden habe. Selbst in der Zeit, als Swetlana noch gestillt wurde, überließ Nadeschda den Säugling der Kinderfrau und »der Milch der Ziege Njuska«. Denn: Die Mutter hatte erfahren, dass der Vater, der damals in Sotschi weilte, leicht erkrankt war, und so fuhr sie zu ihm.

Ganz allgemein hatten Kinderfrauen in Russland einen anderen, viel höheren Stellenwert als im übrigen Europa. In ihrem Buch »Zwanzig Briefe an einen Freund« setzte Swetlana ihrer Kinderfrau ein literarisches Denkmal. Sie hieß Aleksandra Andrejewna und war 30 Jahre an ihrer Seite. In liebevollen Worten fasste Swetlana die Bedeutung dieser Frau für ihr Leben zusammen: »Hätte mich dieser mächtige, warme, gute Ofen nicht mit seiner gleichmäßigen beständigen Wärme erwärmt, ich weiß nicht, ob ich nicht längst in irgendeinem Krankenhaus an Neurasthenie zugrunde gegangen wäre.«[35] Die Kinderfrau kam, nach Swetlanas Darstellung, aus dem Gouvernement Rjasan, wo sie als 13-Jährige bei einer Gutsbesitzerin in Dienst trat. Aus dem Stubenmädchen wurde eine Köchin, dann eine Haushälterin und schließlich eine Kinderfrau. Sie war klug, bildhübsch und ließ sich von ihren »Herrinnen« zeigen, wie man sich anständig kleidete, gut frisierte und sich höflich benahm. Aleksandra war 1926 zu Swetlanas Geburt in die Familie Stalin gekommen. Nadeschda war damals 25, die Kinderfrau bereits 41

Jahre alt. Aleksandra oder Babusja (»Großmütterchen«), wie sie später liebevoll genannt wurde, avancierte schnell zur Vertrauten von Swetlanas Mutter, und diese ermunterte sie, in ihrer kargen Freizeit mit dem Lesen von guten Büchern zu beginnen. So las Aleksandra »Die armen Leute«, den ersten Roman von Fjodor J. Dostojewskij aus dem Jahr 1846. Und sie lebte förmlich mit diesen für sie realen Romanfiguren. Als Aleksej Maksimowitsch Gorkij 1930 zu Stalin und dessen Frau nach Subalowo kam, wünschte sie sich sehr, ihn zu sehen. Lawrentij Berija holte sie ins Zimmer. Gorkij fragte sie interessiert, welche Bücher von ihm sie schon gelesen habe. Da zählte sie ihm fast alle auf. Nach ihrem Lieblingsbuch befragt, antwortete sie, das wäre Gorkijs Erzählung »Die Geburt des Menschen«. Gorkij war von ihr sehr beeindruckt und schüttelte ihr die Hand, was sie natürlich immer wieder gerne erzählte.

Nach dem tragischen Selbstmord von Swetlanas Mutter durfte vom gesamten Personal einzig und allein Babusja bleiben. Ohne sie wäre das Leben für die damals gerade sechs Jahre alte Swetlana eine Katastrophe geworden. Es war Babusja, die mit ihrer Liebe weiterhin dem kleinen Mädchen Lieder vorsang, Märchen erzählte und sie tröstete. Die Kinderfrau sprach ein sehr gepflegtes Russisch, wurde Swetlanas erste Grammatiklehrerin und später auch die von Swetlanas Kindern Katja und Osja. Babusja brachte Swetlana die Grundbegriffe im Rechnen bei und wollte, dass sie auch in die »Rhythmikschule«, eine private Vorbereitungsschule im Hause der Lomow, gehe.

Sie weckte Swetlana am Morgen, bereitete das Frühstück und brachte sie zur Schule. Wenn das Schulkind nach Hause kam, kümmerte sie sich um die Schulaufgaben. Am Abend bekam das »Goldkindchen« oder »Vögelchen« von ihr einen Gutenachtkuss, und so war der Verlust der Mutter nicht zugleich der Verlust jeglicher liebevoller Zuwendung.

Babusja war sogar sportlich, sie schwamm gern und ging zum Fischen. Sie fuhr mit der heranwachsenden Swetlana ins Theater nach Sotschi. Sie sahen sich zusammen Operetten, Filme und den

1 *Swetlana als kleines
Mädchen mit ihrer Mutter
Nadeschda, 1931*

Zirkus an. Wenn sie zusammen zum Essen ausgingen, entpuppte
sich die Kinderfrau als wahrer Gourmet. Kochbücher las sie wie
einen Roman und probierte immer wieder köstliche Rezepte aus.
Ihre Eltern warfen Nadeschda vor, dass sie eine ausgesprochene
Vorliebe für Kinderfrauen habe, die angeblich die Kinder plagten
und sie nicht in Freiheit aufwachsen ließen. Doch das kümmerte
die junge Frau wenig. Sie war zwar sehr um ihre Kinder besorgt, das
hieß aber nicht, dass sie den ganzen Tag mit ihnen zusammen sein
wollte. Es galt für eine Frau als ungehörig, ihre Zeit ausschließlich
mit den Kindern zu verbringen. Ihr war wichtig, dass Wassilij und
Swetlana von klein an mit der Natur vertraut waren. Swetlana hatte
ein eigenes Gärtchen, in der Nähe der Datscha wurden Fasane,
Perlhühner und Truthähne gezüchtet, es gab Anpflanzungen von
Obstbäumen und Beerensträuchern. Die Kinder durften Pilze sam-
meln, aus ihren Bienenhäusern den »eigenen« Honig holen. Auch
das Geistige kam in Swetlanas ersten Lebensjahren nicht zu kurz,
denn mit sechs Jahren schrieb und las sie bereits Russisch und
Deutsch, zeichnete, modellierte, machte Flecht- und Klebearbeiten
und schrieb Noten nach Diktat.

Die Sommer verbrachte die ganze Familie Stalin in dem ehemaligen Landhaus der Familie Subalow; daher nannten sie das Ferienhaus »Subalowo«. Die Vorbesitzer waren reiche Herren von Ölraffinerien in Bakı, der Stadt, in der einst Stalin zu Streiks aufgerufen hatte. Die Revolutionäre – neben Stalin auch Mikojan[36] – hatten nun die Häuser der Ölbarone übernommen. Die Familie Subalow war emigriert und hatte alles für die neuen »Besitzer« zurückgelassen – Gobelins, Marmorstatuen, einen Park, einen Tennisplatz und einen Wintergarten. Nadeschda gestaltete dort ein Familienleben wie aus einem bürgerlichen Bilderbuch. Es kamen sowohl viele Verwandte wie auch befreundete Familien wie die Kirows[37], Bucharins und Molotows zu Besuch.

Manchmal wimmelte es nur so von Ammen, Kinderfrauen und Privatlehrern für die Kinder, Picknicks und Ausflüge wurden organisiert, es gab Musikabende und Feste. Dabei floss stets reichlich Alkohol. Stalin gelang es trotz großer Mengen davon, nie betrunken zu wirken. Wer dachte schon in dieser Idylle darüber nach, was auf Anweisung des Hausherrn täglich geschah: Liquidierung des Kulakentums[38], Zwangskollektivierung, Industrialisierung, GULAG[39], »Säuberungen«, Terror.[40]

Die Jahre 1927 bis 1935 waren in der Sowjetunion in innenpolitischer Hinsicht geprägt von der Konzentration der Macht in der Hand einer kleinen Führungsgruppe, an deren Spitze der Generalsekretär der Kommunistischen Partei Josef Stalin stand. Der Protest gegen Stalin am 7. November 1927, dem 10. Jahrestag der Revolution, war absolut wirkungslos.

Die Eltern leben sich auseinander

Während die politische Erfolgskurve des erfolgreichen Diktators nach oben zeigte, gestaltete sich das Eheleben konfliktreich. Nach einem heftigen Streit nahm Nadeschda sogar einmal ihre Kinder und verließ ihren Mann, um wieder bei ihrer Familie in Leningrad zu leben. Doch dann schlossen die Eheleute von Neuem Frieden, und die junge Frau bemühte sich, ihr Leben zu ändern. Von nun an wollte sie nicht mehr länger nur eine »baba« sein – das war Stalins verächtlicher Ausdruck für Hausfrauen und Mütter. Sie schrieb sich unter Pseudonym an der Industrie-Akademie in der Nowaja Bassmannaja ein und studierte an der Fakultät für Kunstfaser.

In der Zeit, als Nadeschda 1929 ihre Aufnahmeprüfung für die Akademie zu schreiben hatte, verbrachte Stalin wie häufig die Herbstferien im Kaukasus. Ende September bat sie ihn eindringlich, bald zu ihr und den Kindern nach Hause zu kommen. Sie fühle sich sehr einsam, studiere fleißig unter der Woche und am Wochenende besuche sie ihre Kinder auf der Datscha, wo die Kleine immer nach dem Verbleib des »Papi« frage. Zwischendurch musste sie ihren Mann um Geld bitten. Sie wünschte sich 50 Rubel, er sandte ihr 120 Rubel.

1930 begab sich Nadeschda von Juni bis August auf Reisen. Sie unterzog sich einer Kur in Karlsbad und besuchte ihren Bruder Pawel[41] in Berlin. Dort konsultierte sie auch einen Neurologen, da es in ihrer Familie eine erbliche Veranlagung für Depressionen gab.

Stalin schrieb ihr nach Berlin am 21. Juni 1930 einen rührenden Brief:

»Tatka! Schreibe mir. Schreibe mir unbedingt und schicke die Post mit dem Kurierdienst des NKWD an Towstucha (im ZK)[42]. Wie bist du angekommen, was hast du gesehen, warst du bereits bei Ärzten, welcher Meinung sind die Ärzte über deinen Gesundheitszustand usw., alles das möchte ich wissen. Der Parteitag wird am 25. eröffnet[43]. Bei uns ist alles in Ordnung. Hier ist es langweilig, Tatotschka. Ich sitze allein zu Hause wie ein Kauz. (…) Ich will morgen oder übermorgen zu den Kindern auf die Datscha fahren. Bis zum Wiedersehen! Halte dich nicht zu lange auf und komme möglichst bald wieder.
Ich küsse dich. Dein Josef.«[44]

Am 2. Juli 1930 bestätigte Stalin seiner Frau den Erhalt von drei Briefen. In seiner Antwort berichtete er von den Kindern, denen es gut gehe und die auf der Datscha seien. Nur die Lehrerin gefalle ihm nicht besonders. Er sei sicher, dass Wassja bei ihr nichts lerne. Besonders in der deutschen Sprache habe er keinerlei Fortschritte gemacht. Stalin nannte sie eine seltsame Frau; es war die Erzieherin Natalija Konstantinowna, die Swetlana besonders gern hatte.

Am 30. August kam Stalins Frau wieder nach Moskau zurück, während er selbst zur Erholung in Sotschi weilte. Er bat Nadeschda von dort aus einmal um ein Englischlehrbuch, ein anderes Mal um ein deutsches Lesebuch, dann um Bücher über Elektronik. Er berichtete von seinen qualvollen Zahnbehandlungen und erkundigte sich immer wieder nach den Kindern.

In Moskau schneite es schon am 6. Oktober 1930 heftig und es war ungewöhnlich kalt. »Die armen Moskauer«, schrieb Nadeschda an ihren Mann, »klappern mit den Zähnen, weil MOSKWOTOP[45] angewiesen hat, bis zum 15. Oktober nicht zu heizen. Der Krankenstand ist entsprechend hoch. Während des Unterrichts behalten wir den Mantel an, weil wir sonst wie Espenlaub zittern. (…) Entschuldige den törichten Brief, doch ich weiß nicht recht, ob es sich lohnt, dir nach Sotschi über diese traurigen Dinge zu schreiben, die es leider zur Genüge im Moskauer Leben gibt.«[46]

In den meisten Briefen fragte Stalin nach den »Kindern und Setanka«. Die »Kinder« waren seine Söhne Jakow aus der ersten Ehe und Wassja aus der zweiten, Swetlana erwähnte er mit ihrem Kosenamen »Teufelchen« immer gesondert. Am 14. September 1931 beschwerte er sich im Brief an seine Frau: »Setanka kann mir ruhig mal etwas schreiben. Wassja ebenso.«[47] Ihrem Antwortbrief an ihren Mann fügte Nadeschda die »Familienkorrespondenz« bei, nämlich Swetlanas Brief mit ihren eigenen Erläuterungen, »weil du dir wahrscheinlich auf all die wichtigen Dinge, die sie dir mitzuteilen hat, keinen Reim machen kannst«.[48] Am Ende des Briefes hat Swetlana dazugeschrieben:

»Guten Tag Papo
Guter, Komm schnell nach Hause
Kestern hat Ritka mit Toka Plötsinn gemacht
sie ist eine Wilde
ich küsse dich deine
Setanka.«

Stalin freute sich sehr über die Post von Wassja und Setanka und bat seine Frau, sie zu küssen, diese lieben Kinder.

Allmählich musste Stalin erkennen, dass es aus seiner Sicht ein großer Fehler gewesen war, seiner Frau ein Studium zu gestatten. Ihr immer stärker werdendes Interesse an Land und Leuten war nicht mehr zu übersehen. Bis dahin wusste sie über die Politik der Sowjetregierung nur aus den Zeitungen und aus den offiziellen Verlautbarungen der Parteikongresse Bescheid. Es leuchtete ihr zunächst ein, dass das Volk zur Durchführung der Industrialisierung des Landes gewisse Opfer bringen und sich manche Dinge versagen musste, doch glaubte sie an die Versicherungen der Regierung, dass die Lebensbedingungen der Arbeiterschaft sich mit jedem Jahr besserten.

An der Hochschule entdeckte Nadeschda nun tagtäglich, dass diese Behauptung nicht der Wahrheit entsprach. Sie musste erfahren, dass die Kinder und die Frauen der Arbeiter und der Sowjetangestellten ihre Lebensmittelrationen nicht erhielten. Außerdem vernahm sie, dass Tausende von sowjetischen Mädchen, Stenotypistinnen und Angestellte sich verkaufen mussten, um nicht Hungers zu sterben und um ihre Eltern zu unterstützen. Von den Studentinnen hörte sie, dass man diese zur Mitwirkung an der Kollektivierung aufs Land geschickt hatte, wo sie Zeugen von Massenhinrichtungen an Bauern geworden waren. Bei der Entkulakisierung wurden zwei Millionen Bauern verschleppt, Hunderttausende starben während der Deportation. Stalins Frau erfuhr die entsetzliche Wahrheit über Banden heimatloser Kinder, die die Landstraßen entlangwanderten und um Brot bettelten. Die allgemeine Versorgungslage wurde immer schlechter und gipfelte in der schrecklichen Hungersnot von 1932/33, bei der mindestens sechs Millionen Menschen starben, davon allein vier Millionen in der Ukraine, im Süden Russlands und in Kasachstan.

Doch die Frau des Führers war, wie so viele Menschen, der Meinung, dass Stalin über diese Tatsachen gar nicht informiert sei. So berichtete Nadeschda ihm und seinem Freund Awel Jenukidse ausführlich und immer wieder, was sie alles an der Universität erfahren hatte. Der Diktator wich den bohrenden Fragen seiner Frau aus und machte ihr Vorwürfe, dass sie »trotzkistische Gerüchte sammle«. Die Presse durfte nicht über den Hunger berichten. Wer es dennoch tat, bekam fünf Jahre Arbeitslager. Trotzdem wurde bekannt, dass Mütter ihre Kinder vor die Türen der Parteikomitees legten in der Hoffnung, dass sie gerettet würden. Die GPU hob Schlachthöfe aus, die sich auf Kinderfleisch spezialisiert hatten. Die Sowjetregierung ließ ein Plakat drucken mit der Aufschrift: »Sein Kind zu verspeisen ist ein Akt der Barbarei!«[49]

Als Nadja mit Hinweisen auf Kannibalismus zu ihrem Mann und K.W. Pauker[50], dem Chef seiner Leibwache, kam, wurde es Stalin zu viel. Er beschloss, der Rebellion im eigenen Hause ein Ende zu machen. Er überschüttete seine Frau mit übelsten Beschimpfungen und erklärte ihr seinen Entschluss, sie nicht länger die Akademie besuchen zu lassen. Er wies die GPU[51] und die Kontrollkommission der Partei an, eine »Säuberung« in allen höheren Schulen und in den Universitäten durchzuführen. Selbstverständlich ließ er auch seine Frau bespitzeln.

Dass Nadja nach zweimonatiger Pause ihre Studien wieder aufnehmen durfte, verdankte sie der Intervention ihres »Schutzengels« Awel Jenukidse.[52] Dieser war unverheiratet, schien aber für die Rolle des Familienvaters wie geschaffen. Er überhäufte die Kinder seiner Freunde mit teuren Geschenken. In den Augen der Stalin-Kinder war »Onkel Awel« der große Held, der Schlittschuh laufen und schwimmen konnte und so spannende Geschichten von den Bergriesen von Swanetien und andere kaukasische Legenden zu erzählen wusste. Awel war nicht nur ein Idol für Stalins Kinder, sondern auch ein enger Freund Nadjas, die er von Kind auf kannte. In vielen Fällen betätigte er sich als »Friedenstifter« zwischen dem streitsüchtigen Stalin und seiner jungen Frau, wie dies Aleksander Orlow, ehemals Sowjetdiplomat und Leiter der Gegenspionage, zu berichten weiß.[53]

Zunehmende Entfremdung

Die Spannungen zwischen den Eheleuten nahmen derart zu, dass Nadja darüber nachdachte, ihren Mann endgültig zu verlassen. Bei ihren Auseinandersetzungen kam es immer häufiger vor, dass Stalin in Wut geriet. So warf er einmal ein gebratenes Hähnchen aus dem Fenster, weil es ihm nicht schmeckte. Ein anderes Mal riss er die Telefonleitung aus der Wand, weil kein Freizeichen kam, oder er erschlug einen Papagei mit seiner Pfeife.

Auch spielte Stalin eine neue Rolle, die des Schürzenjägers. Das schmeichelte seiner Eitelkeit. Seine Frau »revanchierte« sich damit, dass sie ihm immer öfter davon erzählte, was man in der Akademie über ihn redete. Da Stalin langsam an der Loyalität seiner Ehefrau zweifelte, begann er sie zu hassen und behandelte sie entsprechend. Aleksander Orlow erzählte von dem entwürdigenden Benehmen Stalins seiner Frau gegenüber. Im Sommer 1931, am Vorabend ihrer bereits festgesetzten Urlaubsreise in den Kaukasus, wurde Stalin aus irgendeinem Grunde auf sie böse und bedachte sie mit seinen beleidigenden Ausdrücken. Am nächsten Tage bereitete sich Nadja eifrig auf die Abreise vor. Nach dem Essen brachten die Wachen Stalin einen kleinen Koffer und seine Aktentasche zum Auto. Das große Gepäck war wenige Tage zuvor schon in den Sonderzug verladen worden. Nadja nahm ihre Hutschachtel und zeigte den Wachen eine Anzahl Koffer, die sie eigens für sich gepackt hatte. »Du wirst nicht mit mir gehen!«, sagte Stalin zu ihr. »Du bleibst hier!« Danach stieg Stalin mit seinem Leibwächter Pauker in den Wagen und fuhr davon. Nadja war so betroffen, dass sie mit der Hutschachtel in der Hand lange stehen blieb.

Die Erfahrungen, die Nadeschda in den Stunden außerhalb des Kremls machen musste, ließen sie nicht mehr los. Es kam ihr immer mehr zu Bewusstsein, wie hart und freudlos seit der bolschewistischen Revolution das Leben für die große Masse der Bevölkerung geworden war. Sie begann an der »klassenlosen Gesellschaft« zu zweifeln, besonders wenn sie den großen Unterschied zwischen dem Leben, das die »Sowjetaristokraten«, wie die Moskauer Arbeiterschaft sie nannte, führte, und dem der Arbeiterklasse sah.

Selbstverständlich musste Nadja als Stalins Frau nie in einem Geschäft anstehen, auch nicht ihre Köchinnen oder Haushälterinnen. Wenn Haushälterinnen der Prominenz einkaufen gingen, brauchten sie kein Bargeld. Sie mussten lediglich drei verschiedene Büchlein zum Einkauf mitnehmen: eines für das staatliche Molkereigeschäft, ein zweites für das staatliche Fleischgeschäft und ein drittes für den staatlichen Fischladen. Hohe Beamte konnten von den eingelagerten Lebensmitteln so viel verlangen, wie sie wünschten. Und bezahlen mussten sie, ganz im Gegensatz zu Komintern-Angestellten von niedrigerem Rang, keine Kopeke. Für die »Sowjetaristokraten« zahlte die »klassenlose Gesellschaft«. Die Durchschnittshausfrau konnte nie kaufen, wie sie wollte. Alle Lebensmittel waren rationiert, es gab davon nur kleine Mengen. Üblich waren etwa 100 Gramm Butter, es sei denn, man stellte sich immer wieder an; dann konnte man es auf 200 Gramm bringen. Jeden Tag bildeten sich lange Schlangen vor den Lebensmittelgeschäften, was Stalins Frau unmöglich entgangen sein konnte.

Swetlana schreibt in ihrem zweiten Buch »Das erste Jahr«, dass es zu Lebzeiten ihrer Mutter bei den im Kreml lebenden Familien noch keinen überwältigenden Luxus gegeben habe. Erst mit dem Tod der Mutter, als das Haus auf Staatskosten geführt wurde, »da haben sich alle bestens bedient«.

Während dieses unendliche Leid über die Menschen hereinbrach, exportierte die Sowjetunion 0,8 Millionen Tonnen Getreide, das heißt, die Staatsreserven wurden nicht angegriffen, der Export nicht gestoppt.

Nadeschda widmete ihre freie Zeit längst nicht mehr ihrem Mann, was diesem sehr missfiel. Auch machte sich der Altersunterschied von 22 Jahren zwischen den beiden allmählich deutlich bemerkbar. Galina Sergejewna Krawtschenkowa[54], Kamenews Schwiegertochter, meinte, es habe Stalin nicht gepasst, dass »die Allilujewa sehr gläubig war (…) sie ging sogar in die Kirche. (…) Ihr wurde offensichtlich erlaubt, was anderen Parteimitgliedern verboten war: Sie war immerhin seit ihrem 18. Lebensjahr Mitglied der Partei. Überhaupt war ihr anzumerken, dass sie ein wenig sonderlich war. Sie hatte – wie man heute sagen würde – Flausen im Kopf.«[55]

Während Nadeschda studierte und sich mehr und mehr um politische Belange kümmerte, hatte sie immer weniger Zeit für ihre Kinder. Swetlana besaß nur einen einzigen Brief aus dem Jahr 1931, den sie von ihrer Mutter erhalten hatte und der für ein sechsjähriges Mädchen doch sehr streng klingt:

»Ich grüße dich, Swetlanotschka!
Wassja hat mir geschrieben, dass das Mädchen irgendwie Unfug treibt. Es ist schrecklich peinlich, solche Briefe über das Mädchen zu erhalten. Ich dachte, dass ich ein großes, vernünftiges Mädchen zurückgelassen hätte, aber es zeigt sich, dass sie doch noch ganz klein ist und dass sie – was die Hauptsache ist – sich noch nicht wie eine Erwachsene zu benehmen weiß. Ich bitte dich, Swetlanotschka, besprich dich mit Natalija Konstantinowna, wie du alle deine Angelegenheiten in Ordnung bringen sollst, sodass ich in Hinkunft nicht mehr solche Briefe empfangen muss. Besprich dich unbedingt mit ihr und schreibe mir, gemeinsam mit Wassja oder Natalija Konstantinowna einen Brief darüber, wie ihr euch über alles ausgesprochen habt. Als Mama abreiste, versprach das Mädchen sehr, sehr viel; es zeigt sich jedoch, dass sie wenig davon zu halten vermag.
Antworte mir also unbedingt, wie du dich weiter betragen willst, ob du es ernst nehmen willst oder nicht.

Denke gehörig darüber nach; das Mädchen ist schon groß und kann auch denken. Liest du irgendetwas in russischer Sprache? Ich erwarte Antwort von dem Mädchen.

Deine Mama.«[56]

Die erwähnte Erzieherin Natalija Konstantinowna verließ 1932, kurz nach dem Tod von Swetlanas Mutter, den Kreml. Ob sie von sich aus gegangen ist oder ob Stalin ihr das nahelegte, erfuhr das kleine Mädchen nicht. Sie empfand lediglich, dass der ganze Rhythmus des Unterrichts gestört wurde, und sie vermisste die Erzieherin sehr, deren Unterricht in Deutsch, Literatur und Zeichnen ihr so sehr gefallen hatte.

Als Kind führte Swetlana ein umhegtes, privilegiertes, aber strenges Leben. »Nur meine ersten sechseinhalb Lebensjahre waren von der Liebe einer Mutter umgeben, sie sind mir als sonnige Kindheit in Erinnerung geblieben. Ich erinnere mich meiner Mutter als einer sehr schönen Frau, ihres schwebenden Gangs und ihres Parfüms.«[57] Dieses Bild und die Idylle von Subalowo bewahrte die 1926 geborene Swetlana in ihrem Herzen – zusammen mit den von der Mutter vermittelten Werten »Ehrlichkeit, Fleiß und Wahrhaftigkeit«. Und einen von der Mutter geerbten rebellischen Geist, den Stalin an seiner »Setanka« – seinem Teufelchen – früh bemerkte, aber nicht brechen konnte.

Ihre Mutter nahm sich 1932 das Leben. Swetlanas traurige Aussage dazu: »Meine Kindheit zu Mutters Lebzeiten währte im Ganzen nur sechseinhalb Jahre.«[58]

Der Tod der Mutter

>*»Du quälst deine Frau, du peinigst das*
>*ganze russische Volk.« Nadeschda zu*
>*ihrem Mann Josef Stalin*[1]

Eine Tragödie

Der 8. November 1932 wurde der Tag einer mysteriösen Tragödie:[2] Nadeschda Stalina erschoss sich. Wenn man versucht, an Akten über den Selbstmord der zweiten Ehefrau Stalins zu kommen, etwa über das KGB[3], so lautet die Auskunft: »Es gibt keine Akte Allilujewa. Stalin hat befohlen, keinerlei strafrechtliche Maßnahmen in dieser Richtung zu initiieren.«[4]

Aus den letzten eineinhalb Lebensjahren der Nadeschda Allilujewa existiert lediglich ein Brief, den sie am 12. März 1931 an Stalins Mutter, ihre Schwiegermutter, schrieb:

>»Ich grüße Sie, liebe Mama Keke!
>Sie sind sicher böse, weil ich Ihnen so lange nicht geschrieben habe. Der Grund dafür ist nicht, wie Sie vielleicht annehmen, dass ich mich über etwas geärgert hätte. Nein, ich schreibe einfach nicht gerne Briefe. Meine Verwandten erhalten nie Briefe von mir (nicht etwa, weil ich sie nicht liebe, sondern weil ich nicht gerne schreibe) und sind, wie auch Sie, sehr böse auf mich wegen dieser Ungezogenheit.
>Doch was soll ich machen. Ich stehe in Ihrer Schuld. Wie ich weiß, sind Sie eine sehr gütige Frau und werden mir nicht lange böse sein. Uns geht es allen gut, alle sind gesund. Die Kinder sind groß geworden. Wassja ist schon zehn Jahre. Swetlanotschka wird am 28. März 1931 fünf. Vater und Tochter sind ein Herz und eine Seele, noch ist die Kleine sehr lieb, und was weiter wird, werden wir sehen.

Übrigens haben Josef und auch ich nur wenig Freizeit. Sie haben wahrscheinlich gehört, dass ich (auf meine alten Tage) noch einmal studiere, ich habe noch ein Jahr vor mir. Das Studium selbst fällt mir nicht schwer, doch es ist sehr kompliziert, alle meine täglichen Pflichten damit in Einklang zu bringen. Aber generell beklage ich mich nicht, noch schaffe ich alles erfolgreich – ich habe alles im Griff, muss allerdings auf meine Gesundheit achten.

Josef hat versprochen, Ihnen selbst zu schreiben, deshalb schreibe ich nichts weiter über ihn. Zu seiner Gesundheit muss ich sagen, dass mich seine Kraft und Energie in Erstaunen versetzen. Nur wer wirklich gesund ist, kann das leisten, was er schafft.

An[na] Ser[gejewna] hat mir erzählt, dass Sie in letzter Zeit über Ihre Gesundheit klagen, das dürfen Sie nicht. Sie sind doch noch gut auf dem Posten.

In all diesen Jahren hatten wir uns jeden Sommer vorgenommen, in den Kaukasus zu fahren und Sie zu besuchen, doch jedes Mal hinderten uns unvorhergesehene Umstände an diesen Reisen. Doch bis zum Sommer ist es nicht mehr weit, und vielleicht sehen wir uns in diesem Jahr. Aber wollen Sie nicht einmal zu uns kommen?

Natürlich ist es uns sehr peinlich, dass Sie uns stets mit Päckchen verwöhnen, während wir uns dafür wenig erkenntlich zeigen. Doch hier rechne ich ebenfalls auf Ihre Güte und hoffe, dass Sie uns deshalb nicht allzu böse sind.

Das wäre alles, was ich zu schreiben hätte. Liebe Grüße von den Kindern, die leider ihre gute Großmutter noch nicht kennen, doch das werden wir irgendwie ändern.

Ich wünsche Ihnen alles Gute und küsse Sie vielmals. Ich wünsche Ihnen ein langes, langes Leben und grüße Sie
Ihre Nadja.

PS. Ich schicke Ihnen zwei Amateuraufnahmen und bitte um Ihre Nachsicht, dass sie nicht sehr gut geworden sind.«[5]

Dieser freundliche Brief zeigt, dass weder der kleine Wassilij noch Swetlana zu Lebzeiten ihrer Mutter je bei der Großmutter väterlicherseits zu Besuch waren.

2 *Josef Stalin mit seinen Kindern Wassilij und Swetlana*

Swetlana erinnerte sich besonders gut an ihren sechsten Geburtstag im Jahr 1932, den letzten, den sie mit ihrer Mutter erleben durfte. Es waren alle Kreml-Kinder dazu eingeladen. Zur Vorbereitung des Festes hatte Swetlana mit Aleksander Iwanowitsch Murawjow, einem Freund ihres Bruders, und der sehr amüsanten Natalija Konstantinowna, ihrer Erzieherin, Kostüme aus Buntpapier »geschneidert«. Es wurde auch ein Kinderkonzert veranstaltet. Da die Geschwister schon sehr gut Deutsch sprachen, konnten sie neben russischen sogar deutsche Gedichte vortragen. Wassilijs Freund hüllte sich in einen Bettvorleger aus Bärenfell und war so der Bär aus einer Fabel von Krylow[6]. Die Erwachsenen durften die Flecht- und Klebearbeiten und die Zeichnungen des Geburtstagskindes bewundern. Bei solchen Festen war es der Vater, und nicht die Mutter, der die Kleine besonders liebkoste. Die Mama war streng und anspruchsvoll, und Swetlana erinnerte sich kaum an eine liebevolle Berührung von ihr. Möglicherweise wollte sie das kleine Mädchen nicht zu sehr verwöhnen, da der Vater es mit Zuneigung überschüttete.

3 Liebesbezeugung: Josef Stalin hält seine Tochter im Arm

1932 war auch das Jahr, in dem Swetlana zum ersten Mal zur Parade auf den Roten Platz mitgehen durfte. Dort erlebte sie ihre Mutter als Teilnehmerin an der Parade das erste und zugleich das letzte Mal. Jedes Jahr am 7. und 8. November bemühte sich die ganze kommunistische Welt, den kapitalistischen Staaten eine Machtdemonstration zu geben. Am 7. November 1932 galt es, den 15. Jahrestag der Großen Sozialistischen Oktoberrevolution zu feiern. Zuerst fand eine Parade statt, danach die Demonstration der Werktätigen auf dem Roten Platz. Auf der Tribüne des Lenin-Mausoleums hatte die Regierung mit dem Genossen Stalin an der Spitze Platz genommen.

Unter den eingeladenen Persönlichkeiten befand sich auch Jekaterina Lebedewa, die Ehefrau des stellvertretenden Abteilungsleiters der Militärabteilung im ZK der KPdSU (B) und Helden des Bürgerkriegs, Aleksej Sacharowitsch Lebedew. Voll Enthusiasmus beschrieb diese folgende Szene: »Die Allilujewa, die Allilujewa, Stalins Frau«, ging plötzlich ein Flüstern die Tribüne entlang. Jekaterina schaute auf die Marschkolonnen der Werktätigen. »Nadeschda Allilujewa marschierte mit ihrer Industrie-Akademie in der ersten Reihe, gleich unter der Fahne. Sie fiel sofort auf: hochgewachsen, mit aufgeschlagenem Mantel, obwohl es doch kalt war. Sie lächelte und lachte, sagte etwas zu ihren Begleitern, sah zum Mausoleum hinauf und winkte mit der Hand; ihr weißes, marmorfarbenes Gesicht sah blendend aus. Ihr Winken mit der Hand war einer Zarin würdig. Überhaupt erstrahlte sie in vollem Glanze.«[7] Unter lauten Jubelrufen auf den Genossen Stalin überquerte seine Frau den Roten Platz, drehte ab, trennte sich von ihren Kollegen, ging auf das Spasskij-Tor zu und trat, begleitet von Wachsoldaten, hinaus auf die untere Tribüne, wo ein Platz neben Nikita Chruschtschow für sie reserviert war. Dort herrschte eisiges Schweigen und Stalins Frau wirkte nun, als ob sie frösteln würde. Sie konnte von der Tribüne aus ihren Mann sehen, der »nicht warm genug angezogen war«, wie sie Chruschtschow zuflüsterte.

Swetlana war beeindruckt von diesem martialischen Spektakel, wie es eben ein Kind in diesem Alter sein kann. Wieder zu Hause, erzählte sie, dass ihr am besten Onkel Woroschilow, auf einem Pferd sitzend, gefallen habe. Ihr elfjähriger Bruder belehrte sie, dass es heißen müsse: »Genosse Woroschilow galoppierte hoch zu Ross.« Die Kleine begann wegen der ständigen Verbesserungen ihres Bruders zu weinen, während ihre Mama herzlich lachte. Die Mutter trug bei dieser Gelegenheit einen bunten, mit Fransen besetzten Schlafrock. Swetlana vergaß diese Szene nie.

Am 8. November 1932 traf sich die Führungsspitze zu einer Party in der Wohnung von Kliment Woroschilow[8]. Stalins Ehefrau hatte sich für die Party besonders schön gemacht. Im Alltag trug sie normalerweise ihre Haare streng zurückgekämmt in einem Dutt. Doch an diesem Abend frisierte sie sich modisch und trug ein elegantes Kleid, ein Geschenk ihres Bruders Pawel aus Deutschland, das sie mit einer Rose verzierte. Eine weitere Rose steckte sie sich ins Haar. Als ihr auf der Party, wie Stalin meinte, zu viel Aufmerksamkeit zuteil wurde, begann ihr Mann sich unmöglich aufzuführen.

Molotow war sicher, dass der Grund für Nadjas Tod Stalins »Eifersucht« war. Er berichtete, dass Stalin aus Brot Kügelchen drehte und diese der Ehefrau von Marschall Aleksander Jegorow[9] in den Ausschnitt warf, nicht diskret, sondern so, dass es die Anwesenden sehr wohl sehen konnten. Als Jegorows Frau, die für ihre zahlreichen Amouren bekannt war, angefangen habe, mit Stalin zu flirten, habe Nadeschda Zorn in sich aufsteigen gespürt. Dann habe sie sich von ihrem eigenen Mann richtiggehend angepöbelt gefühlt. Nadja habe versucht, zu seriösen Gesprächen zurückzukehren, und habe dabei einige »kritische Bemerkungen über die Landwirtschaftspolitik, die Ursache der in den Dörfern herrschenden Hungersnot« fallen lassen. Da habe der angetrunkene Stalin in einem Ton losgebrüllt, wie man es noch nicht einmal mit einem Straßenmädchen machen würde: »Hallo, du, trink!« Er habe seine Zigarette in ein Weinglas getunkt und diese quer über den Tisch zu seiner Frau hinübergeschmissen. Nadeschda habe nur noch geschrien, er solle sie nicht mit »Hallo, du« titulieren, sei aufgesprungen und habe die Tafel verlassen.

Molotow, Stalins engster Mitarbeiter, ließ von dem Dichter Felix Tschujew seine Beobachtungen zum Geschehen in der Woroschilow-Wohnung aufschreiben: »Die Allilujewa war damals meines Erachtens ein bisschen eine Psychopathin. Sie hatte sich nicht mehr selbst in der Hand. (…) Sie war sehr eifersüchtig auf Stalin. (…) Zigeunerblut in den Adern!«[10] Molotow nahm Stalin in Schutz, da dieser doch einiges getrunken hatte und Scherze machte. Nach seiner Aussage habe auch seine Frau Polina das Verhalten ihrer Freundin verurteilt. Außerdem habe Nadja ihren Mann in einer sehr schwierigen Situation im Stich gelassen.

Das klingt höchst unglaubwürdig, denn Polina hat mit Nadeschda zusammen die Woroschilow-Wohnung verlassen. Die beiden Freundinnen liefen danach aufgeregt im Kreml-Hof auf und ab, und Nadeschda beschwerte sich darüber, dass ihr Mann so auffällig geflirtet hatte. Sie wusste, dass er betrunken war, und es ärgerte sie, dass er sich derart zum Narren machte. Nachdem sich Nadeschda, wie Polina zu spüren meinte, wieder einigermaßen beruhigt hatte, verabschiedeten sie sich voneinander. Nadeschda ging nach Hause, schloss die Tür hinter sich zu und erschoss sich. Sie tat es mit einer kleinen Walther-Pistole, die sie von ihrem Bruder Pawel einmal aus Deutschland mitgebracht bekommen hatte. Ob er sie ihr zu ihrer eigenen Sicherheit gegeben hatte oder ob sie ihn darum gebeten hatte, ist nicht bekannt.

Am folgenden Morgen wollte die Haushälterin Nadja wie immer wecken. Da fand sie die junge Frau in einer Blutlache am Boden liegend. Die Rose, die sie im Haar getragen hatte, lag neben ihr. Die erschrockene Haushälterin rief die Kinderfrau. Gemeinsam hoben sie den schon kalten Leichnam aufs Bett, wagten aber lange Zeit nicht, in Stalins Schlafzimmer zu gehen. Stattdessen riefen sie Awel Jenukidse und Polina Molotowa herbei. Als diese da waren, weckte ein Diensthabender Stalin.

Die junge Frau hatte ihrem Mann einen Brief, angeblich voller politischer Anschuldigungen, hinterlassen. Wer das Schreiben gelesen hat, ist nicht bekannt. Es ist anzunehmen, dass nur Stalin den Inhalt kannte und dann den Brief verschwinden ließ. Trotz aller Aufregung und Verwirrung hatte Stalin in dieser Situation erst einmal nur eine Sorge, nämlich das Geschehen möglichst lange geheim zu halten. Es durfte niemand ins Haus, außer einem Arzt, der den Totenschein zu unterschreiben hatte. Ob Zufall oder nicht, es war der gleiche Arzt, Dr. B. S. Weisbrod, der auch Lenins Totenschein ausgestellt hatte. Eine Einbalsamierung der Leiche wurde von Stalin verboten, ein großes Begräbnis war sein Wunsch.

Die sechsjährige Swetlana und ihr Bruder waren am Tag der Entdeckung der toten Mutter schon nach dem Frühstück zu einem besonders langen Spaziergang abgeholt worden. Anschließend wurden sie nicht ins geliebte Subalowo, sondern in die Datscha in Sokolowka gebracht, wo sie nie gerne waren. Gegen Abend kam Kliment Woroschilow, spielte mit ihnen, weinte aber die ganze Zeit dabei. Nun erfuhren die Kinder vom Tod der Mutter, doch die kleine Swetlana konnte sich unter »Tod« nichts vorstellen. Als man sie zum offenen Sarg der Mutter brachte, nahm Sina Ordschonikidse das Mädchen auf den Arm und hielt es ganz nahe an das Gesicht der Mutter, damit es Abschied nehmen konnte. Die völlig verstörte Kleine fing an zu schluchzen, und ihr Onkel Awel Jenukidse setzte sie auf seine Knie und steckte ihr Süßigkeiten in den Mund, bis sie sich beruhigt hatte. Swetlana war damals knapp sieben, ihr Bruder elf Jahre alt. Den Kindern wurde gesagt, die Mutter sei an einer Bauchfellentzündung als Folge einer akuten Blinddarmentzündung gestorben. Die offizielle Version, die sich die Partei zurechtgelegt hatte, hieß, Stalins Ehefrau sei »nervenkrank« gewesen.

Bucharin erinnerte sich, dass Stalin vor dem Verschließen des Sarges den Kopf seiner Frau hochgehoben und sie lange küsste habe. Doch er bemerkte auch voller Bitterkeit, dass Stalins Küsse nun nichts mehr wert gewesen seien. Es wird aber auch berichtet, dass Stalin mit einer verächtlichen Geste den Sarg von sich schieben wollte, in dem die Frau lag, die ihn seiner Meinung nach so schmählich verlassen hatte.

Erst in einem Fernsehinterview vom Jahr 1994[11] berichtet Aleksander Allilujew, ein Cousin Swetlanas und Sohn von Pawel Allilujew, von dieser Tragödie. Man hatte ihm erzählt, dass Nadja mit dem Ausruf »Dann bringe ich mich um« sehr schnell bei der Hand gewesen sei. Außerdem hätte Nadja einen Brief an ihren Bruder Pawel hinterlassen. Darin habe sie geschrieben, dass sie keinen Ausweg mehr sehe. Auch wenn sie Stalin verlasse, er würde sie überall finden. Er sei nicht der Mensch, als der er sich zeige, sondern vielmehr sehr hinterhältig. Er sei zu allem bereit und würde jede Grenze überschreiten. Sie bat darum, dass man ganz besonders auf ihren Sohn Wassilij aufpassen solle, denn Swetlana sei ein liebes Kind und viel leichter zu führen. Pawels Frau habe Stalin den Brief zeigen wollen, doch ihr Mann sei strikt dagegen gewesen.

Als Swetlana eines Tages Fotoalben ihrer verstorbenen Mutter anschaute, fragte sie ihren Vater, ob sie schön gewesen sei. Er antwortete mit Ja, fügte dann aber hinzu, dass sie »Pferdezähne« gehabt habe. Außerdem solle Swetlana aufhören, die Alben anzusehen. Verärgert fügte er an, er habe ihre Mutter nur deshalb geheiratet, weil alle anderen Frauen der Allilujew-Familie ihn nicht in Ruhe gelassen hätten. Alle hätten mit ihm ins Bett gewollt. »Deine Mutter war wenigstens die Jüngste, und sie liebte mich wirklich. Deshalb habe ich sie geheiratet.«[12] Swetlana konnte kaum die Tränen zurückhalten und rannte zu Nina Berija, die sich sehr um das kleine Mädchen kümmerte. Ihr erzählte sie, was der Vater ihre gesagt hatte. Nina wäre am liebsten sofort zu Stalin geeilt, um ihm begreiflich zu machen, dass er einem Kind nicht Sachen sagen könne, die für Erwachsene bestimmt seien und die ihrer Meinung nach auch nicht der Wahrheit entsprachen. Doch ihr Mann hielt sie davon ab. Sie hatte wieder einmal Stalins wahres Gesicht gesehen, und das sollte dieser besser nicht erfahren.

Reaktionen und Spekulationen

Die Beerdigung ging schnell vonstatten. Stalins Enkelin Kira hörte, was Stalin zu Awel Jenukidse vor der Beerdigung gesagt hatte: Dieser habe Nadja (als Trauzeuge) verheiratet, jetzt solle er sie auch begraben. Tatsächlich hat Jenukidse die Organisation für Nadeschdas Begräbnis übernommen. Für Swetlana war er ein sehr liebevoller Onkel, was in Stalins Augen später ein Vergehen gewesen zu sein scheint.[13]
Schon am 9. November, am Tag nach Nadeschdas Selbstmord, wurde der Sarg von der Wohnung im Kreml zur Großen Halle im Gebäude des Zentralen Exekutivkomitees (heute ist dort das Kaufhaus GUM) am Roten Platz gebracht. Von dort aus setzte sich noch am gleichen Tag der Trauerzug in Bewegung. Pferde zogen den in Schwarz und Silber reich verzierten, mit rotem Tuch drapierten Leichenwagen, der einem Relikt aus der Zeit der Zaren glich. Der Weg führte zu dem sieben Kilometer entfernten ehemaligen Nowodewitschi-Kloster.
Am nächsten Tag erzählte man sich in Moskau von den Tausenden von Menschen, welche die Straßen gesäumt hatten, und wie anrüh-

rend es gewesen sei, den gebrochenen Stalin ohne Hut und mit nicht zugeknöpftem Mantel neben dem Konvoi einhergehen zu sehen. Stalins Tochter Swetlana behauptete, dass ihr Vater an der Beerdigung überhaupt nicht teilgenommen habe. Er war tatsächlich lediglich die ersten zehn Minuten dabei, verschwand aber dann unauffällig aus Furcht vor Terroristen, die wussten, wie leicht man in einem solchen Menschenauflauf ein Attentat verüben konnte. Stalin hatte vorsorglich Aljoscha Swanidse, den Bruder seiner ersten Frau, gebeten, ihn zu vertreten. Aljoscha, ebenfalls leicht untersetzt, mit einem schwarzen Schnurrbart und der gleichen Art Mantel wie Stalin, entsprach dieser Bitte gern. Die Menge war der Meinung, es sei Stalin selbst. Außer ihm schritten Nadeschdas Schwester Anna und deren Mann Stanislaw Redens hinter dem Leichenwagen sowie Awel Jenukidse. Swetlana durfte nicht mit zur Beerdigung, aber ihr Bruder Wassilij war dabei.

Der Sowjetdiplomat Aleksander Orlow bestätigte Stalins anfängliche Anwesenheit beim Trauerzug. Dann habe er zusammen mit seinem Leibwächter Pauker einen bereits wartenden Wagen bestiegen, der sie auf einem Umweg zum Neuen Jungfrauenkloster brachte.[14]

Die *Prawda* veröffentlichte folgende offizielle Todesnachricht:

»Das Zentralkomitee der Kommunistischen Partei (Bolschewiki) bringt den Genossen zur Kenntnis, dass ein aktives und getreues Mitglied der Partei, Genossin Nadeschda Sergejewna Allilujewa, in der Nacht zum 9. November verschieden ist.«

In anderen sowjetischen Zeitungen erschien die Bekanntmachung am 10. November 1932. In Großbuchstaben konnte man lesen: »DEM GEDENKEN DER FREUNDIN UND GENOSSIN NADESCHDA SERGEJEWNA ALLILUJEWA«. Dann folgte ein längerer Nachruf auf eine »nahe Genossin, ein Mensch mit einer großen Seele«. Der Artikel endete: »Das Andenken an Nadeschda Sergejewna als einer treu ergebenen Bolschewikin, als Ehefrau, naher Freundin und treuer Helferin von Gen. Stalin wird uns ewig teuer sein.« Unterzeichnet war dieser Nachruf von den führenden Genossen, aber auch, und dies sogar an erster Stelle, von deren Ehefrauen: Jekaterina Woroschilowa, Polina Schemtschuschinaja, Sinaida Ordschonikidse, Dara Chasan, Maria Kaganowitsch, Tatjana Postyschewa, Aschden Mikojan. [15]

Nur in diesem Nachruf wurde die Tote als Ehefrau des Genossen Stalin genannt. In einer weiteren Todesanzeige, die am 11. November in der *Prawda* abgedruckt war, ist beim besten Willen nicht zu erkennen, dass es sich bei der zu Betrauernden um Stalins Ehefrau handelt: Die ehernen Worte lauten: »Es starb ein junger, bescheidener und ergebener Kämpfer der großen bolschewistischen Armee. Er starb unterwegs, im Kampf, im Studium.« Es findet sich darin auch nicht der geringste Hinweis auf die Todesursache. Und damit standen Tür und Tor offen für Gerüchte bis zu Legenden von Personen, die die Tote überhaupt nicht gekannt hatten.

Der offiziellen Bekanntgabe folgte eine Trauerkarte an Familienmitglieder und engste Freunde, in der es hieß, sie sei »plötzlich gestorben«. So herzlos die offizielle Todesanzeige für seine Frau

4 *Die feierliche Überführung des Leichnams Nadeschda Allilujewas zum Friedhof beim Nowodewitschi-Kloster*

war, so unpersönlich waren auch Stalins Worte an die Kondolieren-
den. Stalin beantwortete alle Kondolenzbriefe mit einer kurzen
Danksagung, die am 18. November auf der Titelseite der *Prawda*
erschien:

> »Ich übermittle allen Organisationen, Institutionen, Genossen
> und allen anderen, die mir anlässlich des Hinscheidens meiner
> treuen Freundin und Genossin Nadeschda Sergejewna Alliluje-
> wa-Stalina, ihr Beileid ausgedrückt haben, meinen tief empfun-
> denen Dank. J. Stalin.«

Auch die ausländische Presse reagierte auf den Tod von Stalins junger Frau. Die Finnin Aino Kuusinen, Ehefrau des hohen Funk-
tionärs Otto Wilgelmowitsch Kuusinen[16], die von 1924 bis 1933 für
die Kommunistische Internationale, die »Komintern«, arbeitete
und damals für den Spionageabwehrdienst in New York weilte, las
Anfang November 1932 auf der Titelseite der *New York Times* als
dicke Überschrift: »Stalin hat seine Frau, Nadja Allilujewa, ermordet!«[17] Aino Kuusinen konnte sich nichts anderes vorstellen, als
dass es sich um böswillige Propaganda sensationslüsterner bürger-
licher Zeitungen handelte. Offiziell wurde in den USA bekannt
gegeben, dass der Tod als Folge einer Operation eingetreten sei, die
wegen einer akuten Erkrankung notwendig geworden wäre. Aino
Kuusinen, die seit 1922 zur Sowjetaristokratie in Moskau gehörte
und Mitarbeiterin des berühmten »Meisterspions« Dr. Richard
Sorge[18] war, sprach von Nadja als einer Frau »von großer Schönheit
und Seelentiefe«[19]. Sie war ihr mehrere Male im Kreml begegnet,
zuletzt bei einem Frauenkongress. Nadja Allilujewa hatte ihr damals
erzählt, dass sie das Studium der Textiltechnik aufgenommen habe,
um sich eine eigene berufliche Existenz aufzubauen und auf diese
Weise unabhängig zu werden. Sie machte auf Aino Kuusinen einen
intelligenten, aber sehr nervösen Eindruck.
Als die Finnin Ende Juli 1933 von New York nach Moskau zurück-
gerufen wurde, traf sie die Ärztin Dr. Muromzewa, eine alte Freundin, wieder, die an der Medizinischen Akademie in Moskau arbei-

tete. Diese interessierte sich sehr dafür, was die amerikanische Presse über den Tod von Stalins Frau geschrieben hatte. Die Ärztin war damals direkt in das Geschehen mit einbezogen worden. Am Morgen nach dem schrecklichen Geschehen war sie zu Hause angerufen worden, und eine ihre unbekannte Männerstimme hatte ihr befohlen, sich sofort zur Kommandantur am Eingang des Kremls zu begeben und dort ihr Parteibuch vorzuzeigen.[20] Die Ärztin war außer sich vor Angst, wie es jeder gewesen wäre, der in Moskau einen solchen Befehl bekommen hätte. Als sie am Kreml ankam, warteten schon zwei ihrer Kolleginnen und der Kommandant des Kremls auf sie. Über verschiedene Korridore wurden die drei Ärztinnen in das Zimmer von Stalins Frau geführt. Sie lag regungslos auf dem Bett. Die Medizinerinnen stellten schnell fest, dass die junge Frau schon seit längerer Zeit tot war. Frau Muromzewa berichtet, dass sie und ihre Kolleginnen allein bei der Toten waren, bis zwei Männer einen Sarg brachten. Ein Kreml-Beamter gab den Befehl, die Tote in den Sarg zu legen. Die drei Frauen suchten in den Schränken nach einem geeigneten Kleid, um die Tote für die Aufbahrung würdig anzukleiden. Sie entschieden sich schließlich für ein schwarzes Seidenkleid. Eine der Ärztinnen, Frau Dr. N., bemerkte einen großen schwarzen Fleck am Hals der Toten. Die Medizinerinnen sagten kein Wort, sondern gaben mit stummen Blicken einander zu verstehen, dass alle denselben Gedanken hatten: Nadja Allilujewa war erwürgt worden. Damit niemand an der aufgebahrten Toten diesen Fleck bemerkte, legten sie ihr einen Verband um den Hals. Frau Muromzewa versicherte ihrer Freundin Aino, dass alle drei Ärztinnen seitdem viele schlaflose Nächte gehabt hätten, denn »sie wissen zu viel«. Und das durfte Stalin nie erfahren!

Nach dem Tode Stalins befragte man Nikolaj Wlassik, den langjährigen, von Swetlana gehassten Chef seiner Leibwache, zu den damaligen Vorgängen. Er behauptete, dass Nadeschda, nach dem sie zu Hause angekommen war, bei ihm angerufen habe und sich nach ihrem Mann erkundigen wollte. Der diensthabende Offizier, den

Wlassik aus verständlichen Gründen als »Hornochsen« charakterisierte, hatte ihr gesagt, dass er zusammen mit »Gusjows Frau« zur Datscha gefahren sei. Ein Mann dieses Namens wurde nicht gefunden, aber dafür jede Menge anderer Namen von Damen in diesem Zusammenhang. Nadeschda wusste, dass ihr Mann immer wieder mal fremdging. Aber an jenem Abend, nach dieser Szene bei den Woroschilows, fühlte sie sich besonders gedemütigt.[21]

Auch Nikita Chruschtschow, der ein Kollege von Nadeschda im Moskauer Stadtparteikomitee war und damals noch keinen Zugang zu den höchsten Korridoren der Macht hatte, traf Nadjas mysteriöses Sterben zutiefst. »Wie immer sie gestorben sein mag, eines steht fest: Sie starb wegen etwas, das Stalin getan hat, und Swetlanka muss davon gewusst haben. Es ging sogar das Gerücht, Stalin habe Nadja erschossen. Nach einer anderen Version, die mir plausibler erscheint, hat Nadja sich selbst erschossen, weil sie sich in ihrer Ehre als Frau gekränkt fühlte. Sicherlich wusste auch Swetlanka etwas über den Tod der Mutter und litt sehr darunter.«[22]

Pauker, der Leiter der Operativen Abteilung der OGPU, äußerte sich drei Monate nach dem Ableben von Stalins Frau bei einem Essen über die allgemein als sehr bescheiden und sanft bekannte Nadja: »Sanft?«, sagte Pauker sarkastisch. »Dann habt ihr sie nicht gekannt. Sie war eine hitzige Frau! Ich wünschte, ihr hättet einmal zugesehen, wie sie aufbrauste und *ihm* direkt ins Gesicht schrie: ›Du bist ein Folterknecht, jawohl, das bist du! Du folterst deinen eigenen Sohn … du quälst deine Frau … du peinigst das ganze russische Volk!‹«[23] Pauker, ein redegewandter Mann, führte für Stalin die intimsten Aufträge aus und wurde dadurch fast zu einem Mitglied seiner Familie. Nur Stalins Frau gegenüber verhielt er sich zurückhaltend; ihre Kinder Wassilij und Swetlana waren ihm zugetan. Und doch war auch Paukers Schicksal unabwendbar. Er, der 15 Jahre ständig in Stalins Nähe war und dessen Leben schützte, mit ihm aufs Engste durch Freundschaft und Laster verbunden schien, wurde 1937 seines Amtes als Chef der Leibwache enthoben und im März 1938 als »deutscher Spion« hingerichtet.

Die Version, dass Stalin selbst seine Frau getötet habe, schien und scheint immer noch vielen Menschen wahrscheinlicher als die Wahrheit. Von einem bestimmten Moment an konnte Nadeschda das Leben an der Seite dieses Despoten einfach nicht mehr ertragen. Hätte sie diesen Augenblick äußerster Anspannung durchgestanden, vielleicht hätte sie die Kraft gefunden, ihren Mann zu verlassen. Da Stalin sie gewissermaßen zum Selbstmord getrieben hat, ist er im Grunde ihr Mörder. Wollte Nadeschda ihren Mann für seine Rohheit, seine Grobheit, seine Besäufnisse und seine Ausschweifungen bestrafen?

Swetlana wurde es erst als Heranwachsender bewusst, dass ihr Vater allzu oft »indirekt« mordete, indem er Millionen Menschen durch ausführende Organe in den Tod schickte. »Dann aber wandte er sich von ihnen ab, vergaß sie und dachte gar nicht mehr daran, wie sie zugrunde gegangen waren.«[24]

Als Swetlana älter wurde, erzählten ihr immer mehr Verwandte von den Ereignissen nach dem Tod der Mutter. Ihr Vater sei in den ersten Tagen wirklich gebrochen gewesen. Er habe sogar erklärt, dass er nicht mehr weiterleben wolle. Der erschütterte Stalin fragte sich immer wieder, warum ihn seine Frau auf diese Weise verlassen hatte. Seine Hilflosigkeit wechselte ab mit Wutanfällen, besonders als er erfuhr, dass bei seiner Frau ein Exemplar des Rutin-Programms gefunden worden war. Das war im Frühjahr 1932 ein 200 Seiten langes Papier des Beauftragten des Zentralkomitees für die Kollektivierung Martemjan Rjutin, das Stalin »als skrupellosen Intriganten und rücksichtslosen Diktator beschrieb«.[25]

Anna Larina Bucharinowa, die Ehefrau Nikolaj Bucharins, erinnerte sich an ein Zusammentreffen mit Stalin in der Regierungsloge des Theaters in Moskau. Mit ihrem Mann sprach er über seine Frau Nadeschda. Er klagte, wie sehr sie ihm fehle, wie sehr er sich nach ihr sehne und wie viel sie ihm bedeutet hätte. Anna Larina Bucharinowa fand dies aus Stalins Mund ungewöhnlich, »wo es nichts gab, was ihm teuer war!«.[26]

General Aleksander Barmine[27], ehemaliger Erster Sekretär des Sowjetbotschafters in Athen, gab folgenden Kommentar: »Stalins Verachtung hatte Nadja zutiefst verletzt. Manchmal verschwand er für einige Tage in Gesellschaft Kliment Woroschilows. Heinrich Jagoda[28], sein GPU-Chef, hatte für entsprechende Unterhaltung gesorgt. Manchmal platzte Nadja in diese Feste hinein und wurde von dem Diktator auf ordinärste Weise beschimpft.«

Stalins Suche nach einem Sündenbock

Swetlana erfuhr erst zehn Jahre später, dass ihre Mutter keines natürlichen Todes gestorben war. In einer englischen Illustrierten, *Illustrated London News*, die Swetlana gerne las, um ihre Englischkenntnisse zu vervollkommnen, war sie auf einen Artikel über ihren Vater gestoßen. Dem war zu entnehmen, dass ihre Mutter Selbstmord verübt hatte, weil sie das Leben an der Seite dieses Mannes nicht mehr ertragen konnte. Welch unglaublich leidvolle Erfahrung für die Tochter. Von jenem Tag an stand Swetlana ihrem Vater äußerst kritisch gegenüber, was – wie sie später zugab – damals einer Art Blasphemie gleichkam; doch auf einmal zeigte sich vor ihren Augen ein anderer Vater als der, den sie bisher gekannt hatte: ein rücksichtsloser, eiskalter, teuflischer Despot.

Anlässlich eines ihrer letzten Besuche beim Vater im November 1952 sprach dieser ausführlich mit ihr über den Tod der Mutter. Eigenartigerweise bedrückte Swetlana dieses plötzliche Vertrauen. »Und dabei so ein scheußliches Pistölchen«, sagte er plötzlich wütend und deutete mit den Fingern an, wie klein die Pistole gewesen sei. Er machte seinen Schwager Pawel dafür verantwortlich, weil er sie Nadeschda gegeben hatte. Die Frage, ob Nadeschda diesen darum gebeten hatte, stellte er sich nicht. Erstaunt hört man, was Swetlana 1994 in einem Fernsehinterview über ihre Mutter sagt: »Meine Mutter schoss überhaupt sehr gut. Sie übte sich im Zielschießen. Ich weiß nicht, ob sie zur Jagd ging oder nicht, aber es gibt Fotos aus ihrer Jugend, wo sie mit der Büchse auf ein Ziel schießt, sie hatte gute scharfe Augen. Deshalb war es überhaupt nichts Außergewöhnliches, dass Onkel Pawel ihr eine Pistole gab.«[29] Stalin suchte eben einen Schuldigen am Tod seiner Frau, denn die Last dieser Schuld drückte ihn immer mehr. Plötzlich behauptete er, seine Frau habe unter dem schlechten Einfluss der Polina Semjonowna, Molotows Frau, gestanden. Er wusste auf einmal wieder, welches Buch seine Frau als letztes gelesen habe, den Moderoman »Der grüne Hut«. Dieses Werk war 1924 erschienen und das meistgefragte englische Buch jener Jahre. Der Autor war Michael Arlen, von Geburt Armenier, später englischer Staatsbürger, der in New York lebte.[30] Der Roman behandelt das tragische Liebesschicksal einer Frau, das mit Greta Garbo sehr erfolgreich verfilmt wurde. Stalin nahm an, dieses Buch habe eine sehr starke, den Selbstmord fördernde Wirkung auf seine Frau gehabt. Es fiel Swetlana schwer, sich vorzustellen, dass er 20 Jahre nach dem Tod ihrer Mutter deren Handlung besser verstehen konnte als vorher. »Das einzig Gute war«, folgerte Swetlana, »dass er später immerhin milder über sie sprach; er bedauerte sie sogar irgendwie, auf seine Art eben, und machte ihr wegen ihrer Tat keine Vorwürfe mehr.«[31] Sie konnte spüren, wie stark ihr Vater psychisch durch den Selbstmord seiner jungen Frau getroffen war und wie er nach diesem schrecklichen Geschehen jede Kontrolle über seine Rachsucht verlor.

Mit ihrem ersten, der Mutter gewidmeten Buch »Zwanzig Briefe an einen Freund« wollte sie dieser ein literarisches Denkmal setzen, um Nadeschdas Namen und deren Wesen einer weltweiten Leserschaft bekannt zu machen. Doch Swetlana musste erfahren, dass die Kritiker diese feine junge Frau missachteten, nicht weil sie sich das Leben nahm, sondern weil sie nicht mit ihrem Mann konform ging. Swetlana konnte es nicht fassen, dass ihr Verleger trotz ihrer Intervention »vergaß«, ein Foto Nadeschdas ins Buch aufzunehmen. Der Name Josef Stalin überlagerte alles.

Den Selbstmord ihrer Mutter empfand Swetlana gegen Ende ihres Lebens völlig anders, als sie dies in ihren Büchern beschrieben

5 Grabmal für Swetlanas
Mutter. Die Porträtbüste
auf der weißen Mar-
morsäule ist heute mit
einem durchsichtigen
Sturz gegen Vandalismus
geschützt.

hatte. Bisher hatte sie ihre Mutter bedauert, dass diese mit dem
Leben an der Seite ihres despotischen Vaters nicht zurechtgekom-
men war. 2004 empfand sie eine große Wut auf ihre Mutter, die ihre
beiden Kinder und ihren Ehemann im Stich gelassen habe. »Sie war
eine Närrin, die keinen Bezug zur Realität des Lebens hatte.« Ihre
Mutter sei auch als ein Opfer des »Russian Feminism« zu sehen.
Trotz aller Wut war sie auch stolz auf ihre Mutter und deren deutsche Herkunft: »Ja, ich habe einen Tropfen deutschen Bluts in mir –
und nicht nur ich, sondern alle Allilujevs, angefangen mit meiner
Mutter. (...) Sie war mit ihrem starken Charakter sehr deutsch,
anders hätte sie nicht existieren können. Und am Ende zeigte sich
durch ihren Selbstmord, dass sie nicht länger mehr existieren
konnte. Sie hat sich erschossen mit gerade 31 Jahren. Sein Leben so
zu beenden erfordert große Stärke – oder nicht? Das war üblich in
ihrer Zeit in Sowjetrussland, dem Regime meines Vaters ihre Abneigung zu zeigen – so wie auch unsere großen Poeten Sergej Essenin

und Wladimir Wladimirowitsch Majakowski, die sich Jahre vorher schon umgebracht hatten – und es gibt keinen Zweifel, dass dies Künstlernaturen – auch wie meine Mutter – beeindruckt hat.«[32]
Ob Stalin den Selbstmord seiner Frau als Ablehnung seiner selbst und seiner Herrschaft verstand, ist nicht bekannt. Jedenfalls ließ er auf dem Grab seiner Frau im Friedhof am ehemaligen Nowodewitschi-Kloster eine eindrucksvolle weiße Marmorsäule errichten, deren oberer Teil in ihre Porträtbüste übergeht. Sie ist dargestellt, wie sie als junges Mädchen ausgesehen hatte, mit schlicht zurückgekämmtem Haar, das Kinn nachdenklich auf die Hand gestützt. Zu ihren Füßen liegt eine Rose, wie sie eine am Tag ihres Selbstmordes trug. Dieses beeindruckende Grabdenkmal trägt die Inschrift:

Nadeschda Sergejewna
ALLILUJEWA-STALINA
1901–1932
Mitglied der Bolschewistischen Partei
Von
J. W. Stalin

Vater und Tochter sind ein Herz und eine Seele

Ich achtete und liebte ihn, solange ich noch nicht erwachsen war.[1]

Ein fürsorglicher Vater

Beim Tod seiner Frau war Stalin bereits Generalsekretär des Zentralkomitees der Kommunistischen Partei der Sowjetunion (Bolschewiki) – KPdSU (B).

Doch in der Wohnung im Kreml fühlte er sich nicht mehr wohl. Daher hielt er sich lieber in Subalowo auf und ließ sich täglich abholen und nach Moskau fahren. Nach kurzer Zeit ordnete er den Bau eines neuen Landhauses in Kunzewo, etwa zehn Kilometer entfernt von Moskau an der Straße nach Leningrad, an. Das wurde sein Zuhause bis zu seinem Tod. Die bisherige Wohnung im Kreml tauschte er mit der von Nikolaj Bucharin, die im Hochparterre des Senatsgebäudes lag. Dort zogen die Kinder ein, er selbst übernachtete dort nur selten.

Die Regelung des Tagesablaufes, auch desjenigen der Kinder, übernahm – auf Stalins Geheiß – die Sicherheitspolizei. Die Kinder fühlten sich wie in Gefangenschaft. Herr im Haus war, stellvertretend für den Vater, Nikolaj Wlassik, ein ehemaliger Leibwächter aus Bürgerkriegstagen, damals Major, später Generalleutnant im NKWD.[2]

Der Vater gab Anweisung, dass die bisherigen Lehrerinnen aus dem Haus gejagt wurden. Der Kinderspielplatz bei der Datscha wurde zerstört. Alle persönlichen Sachen der Mutter wurden irgendwo eingeschlossen, und die Hausangestellten waren nun bezahlte Mitarbeiter des Staatssicherheitsdienstes.

Maria Anissimowna Swanidse, Swetlanas geliebte Tante Marusja, beschrieb die eigenartige Familiensituation nach Nadjas Tod. Die kleine Swetlana wurde von ihrem Vater zur »Dame des Hauses« ernannt. Von ihr bekam er uneingeschränkte Bewunderung. Er wünschte sich von ihr, dass sie ihm geschriebene Anweisungen erteilte, ein Spiel, das er tatsächlich ernst nahm. Maria bezeichnete Stalin als einen aufrichtig liebenden Vater. Sie erzählte, Swetlana habe ständig an ihrem Vater gehangen. Er streichelte sie, küsste sie, bewunderte sie und steckte ihr beim gemeinsamen Mahl die besten Stücke zu. Swetlana weiß noch, dass der Vater vor Beginn des Krieges in Europa fast jeden Tag nach Hause gekommen sei. Zum Mittagessen brachte er oft Freunde mit oder sie fuhren zusammen nach Subalowo. Diese Jahre prägten sich Swetlana ins Gedächtnis ein. Sie erinnerte sich an die Liebe ihres Vaters, an seine Versuche, ein richtiger Vater und Erzieher zu sein.

Allerdings geschah am 1. Dezember 1934 etwas für Swetlana Unbegreifliches: im Leningrader Smolny-Institut wurde der Mann in seinem Büro ermordet, den sie ganz besonders gern mochte: Sergej Mironowitsch Kirow. Maria Swanidse hat in ihrem Tagebuch aufgezeichnet: »Josef liebt Kirow.«[3] Es war tatsächlich eine echte Freundschaft. Von Kirow existiert ein Foto, das während einer Fahrt auf Stalins Jacht im Schwarzen Meer aufgenommen wurde. Neben Stalin steht seine kleine Tochter, dahinter Kirow mit einer Marinemütze auf dem Kopf.

Kirow galt als Stalins Kronprinz und bekleidete seit 1917 zahlreiche hohe und höchste Parteifunktionen: Laut dem »Bericht eines alten Bolschewiken«, der 1936 in der menschewikischen Exilzeitschrift veröffentlicht wurde, soll es spätestens 1932 zwischen Stalin und einer Mehrheit im Politbüro, deren Anführer Kirow war, zu Auseinandersetzungen über den weiteren Kurs der Partei gekommen sein. Die Hintergründe der Ermordung Kirows konnten nie geklärt werden.

Der Mord an Kirow eröffnete ein neues Kapitel der Massenverbrechen, das in der »Großen Tschistka« – der »Großen Säuberung« – von 1936/38 gipfelte.[4] Als sehr viel später Chruschtschow Stalins Intrigen gegen seine Mitarbeiter brandmarkte, berichtete er auch über diesen »unerklärlichen und geheimnisvollen« Mordfall, wobei nicht nur er Stalin die Verantwortung dafür zuschob.

Wenn Swetlana mit ihren Brüdern Jakow und Wassilij bei der Großmutter in Tbilisi war, gingen Briefe und Päckchen zum Vater; außerdem berichtete sie ausführlich über ihren Schulunterricht.

> »Lieber Papa,
> ich möchte in diesem Jahr auch Bestschülerin sein und will nur ›sehr gut‹, vielleicht ab und zu ›gut‹, aber nie ›befriedigend‹ erhalten. ›Ungenügend‹ hatte ich ja sowieso nie und gebe mir Mühe, dass ich diese Zensur nie erhalte, solange ich zur Schule gehe.
> Neben mir sitzt Marfa Peschkowa.
> Auf Wiedersehen, lieber Papa! Ich wünsche dir alles Gute und vor allem Gesundheit.
> Ich werde mich bemühen, dir häufiger und länger zu schreiben.
> Ich küsse dich herzlich!
> Deine Swetlana.«

Der Vater antwortete am 8. Oktober 1935:

> »Liebe Hausfrau!
> Ich habe deinen Brief und deine Karte erhalten. Das ist schön, dass du Papa nicht vergisst. Ich schicke dir einige Granatäpfel. In einigen Tagen schicke ich dir Mandarinen. Lass dir's schmecken. Wassja schicke ich nichts, weil er jetzt so schlecht lernt. Das Wetter hier ist schön, nur langweilig ist's, weil die ›Hausfrau‹ nicht bei mir ist. Na, alles Gute, meine kleine Hausfrau. Ich küsse dich herzlich.
> Dein Papa.«[5]

Stalin unterzeichnete die Anweisungen seiner Tochter mit »Zu Befehl«, »Befehl ausgeführt«, »Einverstanden« oder »Wird gemacht«. Doch Swetlana wurde die »Befehlsausgabe« mit der Zeit ein wenig lästig und so griff sie zu einer List: »Ich befehle dir«, schrieb sie dem Vater am 26. Februar 1937, »mir zu gestatten, dass ich dir nur einen Befehl in der Woche zu schicken brauche.«

Noch eine weitere Order gab Swetlana an ihren Vater: »Ich befehle dir, mir zu erlauben, mit dir ins Theater oder Kino gehen zu dürfen. Swetlana – Dame des Hauses.« Der Vater wusste, dass er seiner kleinen Tochter zustimmen musste.

Swetlana hatte auch mehrere Sekretäre. Papa war die Nr. 1, dann kamen Molotow, Kaganowitsch, Ordschonikidse, bis zu seinem Tod 1934 Kirow und einige andere.

Als Swetlana 1936 zehn Jahre alt war, bekam sie von ihrem Vater den »Kurzen Lehrgang der Geschichte der KPdSU (B)«, die nach den Partei-»Säuberungen« umgeschriebene Geschichte des Bolschewismus, zu lesen. Alle bisher erschienenen Bücher zur Geschichte der Partei wurden in der Sowjetunion aus den Regalen genommen. Von Stalin ist das Kapitel »Über dialektischen und historischen Materialismus«; später hieß es, Stalin habe das ganze Buch selbst geschrieben. Er bestand darauf, dass seine Tochter dieses Werk zur Hand nehme. Sie gab aber zu erkennen, dass sie es langweilig fand. Ihr Vater zeigte sich sehr verärgert darüber. Damals konnte sie noch nicht begreifen, dass das Buch mehr als nur die Geschichte der Partei war.

Von 1939 an war Swetlana mit ihrer Kinderfrau allein in Moskau. Was hatte das kleine Mädchen nicht alles an angeblichen Erzieherinnen und Wirtschafterinnen, die man ihr als »Stütze der Hausfrau« beigab, zu überstehen. Ein besonderes »Exemplar« nach dem Tod der Mutter stellte die 30-jährige Aleksandra Nikolajewna Nakaschidse dar, damals Leutnant, später Major des Staatssicherheitsdienstes. Sie tauchte erstmals 1937 im Kreml auf und war ein Protegé Berijas, wurde jedoch die »dumme Sachsa« genannt. Sie »regierte« in der stalinschen Wohnung bis 1943. Sachsa sollte einen möglichst engen Kontakt mit Swetlana und Wassilij pflegen. Die gebürtige Georgierin sprach schlecht Russisch, konnte es noch weniger schreiben und war damit völlig ungeeignet, die Hausaufgaben der Kinder zu kontrollieren. Zum Entsetzen von Swetlana hatte sie sich mit dem Eifer einer Kleinbürgerin darangemacht, alle alten, angeblich vorsintflutlichen Möbelstücke aus der Wohnung zu entfernen. Darunter war auch der von Swetlana heiß geliebte geschnitzte Schrank, ein Überbleibsel aus der Zeit ihrer Mutter, der in ihrem Kinderzimmer stand. Alle Erinnerungen an ihre Kinderzeit, bunt bemalte Lehmfiguren, Fotoalben, Zeichnungen, Aufsätze in russischer und deutscher Sprache, alles ging verloren.

Immer öfter bekam Swetlana nun mit, was jenseits der Kreml-Mauer geschah, und sah sich veranlasst, darauf auch zu reagieren. So wurde im Mai 1940 der Vater einer ihrer Mitschülerinnen verhaftet. Da die Mädchen miteinander befreundet waren, erhielt Swetlana einen Brief der Mutter ihrer Klassenkameradin an Stalin mit der Bitte, den Inhaftierten zu retten. Swetlana übergab das Schreiben nach einem Essen, bei dem viele Gäste zugegen waren, ihrem Vater und ihre Aktion hatte Erfolg. Vor allem Molotow erinnerte sich an diesen Mann: M. M. Slawutzkij, einst sowjetischer Konsul in der Mandschurei, dann eine Zeit lang Botschafter der UdSSR in Japan. Swetlana selbst sah es als ein »unglaubliches Wunder« an und war sehr glücklich, dass das Geschick dieses Mannes durch ein Wort von ihr zum Guten gewendet werden konnte. Sie

6 *Am 20. Jahrestag der Revolution 1937 grüßt die elfjährige Stalintochter aus der Ehrenloge des Bolschoi-Theaters. V.l.n.r.: Kominternchef Dimitrov, Stalin, Molotow, Mikojan und der Sekretär des Gewerkschaftsbundes Schwernik*

war allerdings auch darüber enttäuscht, dass der Vater ihr verbot, weitere Briefe dieser Art anzunehmen. Mit Kindern, deren Eltern »gemaßregelt« wurden, sollte sie nicht mehr verkehren.

Der ferne Krieg

In den frühen Morgenstunden des 22. Juni 1941 trafen sich Stalin, Molotow, Berija, Timoschenko, Tschukow, Malenkow, Mikojan und Kaganowitsch im Kreml. Der »Große Vaterländische Krieg«, ein Krieg »für die Heimat, für die Ehre, für die Freiheit« – so Molotow – hatte begonnen.[6] Stalins Kalkül und die Furcht vor militärischer Zivilcourage ohne Auftrag kam den deutschen Streitkräften entgegen, als sie am 22. Juni 1941 um 3.30 Uhr die sowjetische Grenze überschritten und den nicht auf die Verteidigung, sondern auf Angriff fixierten Feind zunächst buchstäblich überrannten. Stalin sah sich ebenso getäuscht wie der englische Premier Neville Chamberlain, der Hitlers durch nichts zu beirrendes Verlangen nach Raum und Krieg mit seinen durch und durch vernünftigen Angeboten von Geld und Frieden nicht zu stillen vermochte.[7]
Der Abschluss des deutsch-sowjetischen Nichtangriffspaktes mit Hitler im August 1939 und der Ausbruch des Krieges gegen Polen im September hatte Stalin mit Hochstimmung erfüllt. Daraus erklärt sich auch Stalins fatale Fehlspekulation vom Juni 1941 – als ihm von allen Seiten Informationen über den deutschen Aufmarsch zuflossen und er sicher war, dass Hitler die Briten nur täuschen, die Briten aber ihn, Stalin, »provozieren« wollten loszuschlagen. Hitler tönte schon am 3. Juli 1941, dass der Widerstand im europäischen Russland nicht länger als sechs Wochen dauern würde. Er glaube nicht, dass er Mitte September noch kämpfen müsse. In sechs Wochen wäre Stalin so ziemlich am Ende.[8]
Vielleicht begriff seine Tochter Swetlana noch am schnellsten, was damals in ihrem Vater vorging: »Er hatte nicht geahnt oder vorausgesehen, dass der Pakt von 1939, den er als Frucht seiner

eigenen großen Hinterlist betrachtete, von einem Gegner gebrochen würde, der noch hinterlistiger war als er selbst. Das war der wahre Grund für seine tiefe Niedergeschlagenheit in der Anfangsphase des Krieges: das ungeheure Ausmaß seiner politischen Fehleinschätzung. Selbst noch nach Kriegsende wiederholte er immer wieder gegenüber seiner Tochter: ›Ach, zusammen mit den Deutschen wären wir unbezwingbar gewesen.‹ Aber er gestand seine Fehler nie ein.«[9]

Im Jahr 1991 äußerte sich Stalins Tochter noch einmal zur damaligen Kriegszeit: »Der einzige Mann des Militärs war mein Vater. Er hatte wirkliches Talent. Die beste Leistung seines Lebens war als Führer der Roten Armee während des Zweiten Weltkrieges. Er tat das, wofür er geboren war.«[10]

Swetlana verfolgte das Kriegsgeschehen von Kujbyschew[11] aus. Dorthin war sie auf Wunsch ihres Vaters gebracht worden. Die Abreise aus Moskau war unter großem Zeitdruck erfolgt, nachdem Swetlanas Schule von einer Bombe getroffen worden war. In einem Sonderwaggon wurden alle benötigten Sachen eingeladen, und es war geplant, dass auch Stalin nach Kujbyschew kommen würde. Dort hatte man eine kleine Villa in der »Straße der Pioniere« hergerichtet, in die Swetlana nun einzog. Begleitet wurde sie von ihrer Kinderfrau Aleksandra Nikolajewna Klimowa, Wassilijs Frau Galja (die dort ihren Sohn Sascha zur Welt brachte) und ihrer Großmutter; der Großvater wollte dagegen in Tbilisi bleiben.

Zu diesem Zeitpunkt war Swetlana 15 Jahre alt und musste in Kujbyschew die neunte Schulklasse absolvieren. Doch sie fühlte sich dort gar nicht wohl. Wenigstens für ein paar Tage wollte sie nach Moskau fahren. Daher schrieb sie ihrem Vater am 19. September 1941 einen beschwörenden Brief:

»(...) Ich warte auf deine Erlaubnis, nach Moskau *fliegen* zu dürfen. Nur für zwei Tage! Ich küsse dich herzinniglich!!! Ich weiß nicht, wann du Zeit hast, deshalb rufe ich nicht an. Du kannst mich anrufen, wann du willst, zwischen neun und zwölf Uhr

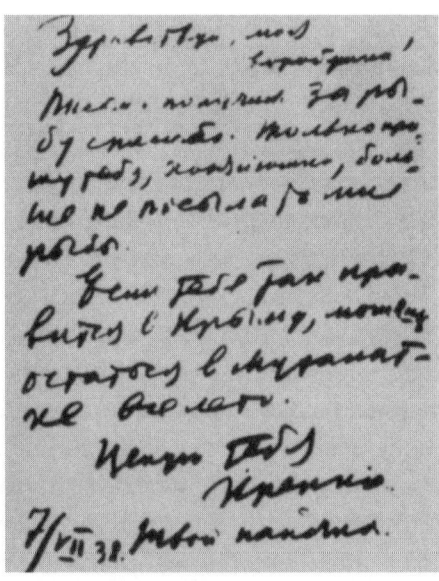

7 Handgeschriebener Brief Stalins an seine zwölfjährige Tochter: »Mein kleiner Spatz! Ich habe Deinen Brief erhalten. Danke für den Fisch, den Du geangelt hast. Aber bitte, meine kleine Haushälterin, schicke mir keinen Fisch mehr. Viele Küsse von Deinem Papotschka. 7.7.1938«

(abends). Die übrige Zeit bin ich in der Schule. Du kannst auch morgens zwischen zehn und zwölf Uhr anrufen.
Ich küsse dich vielmals, mein lieber guter Papi.
Swetlana.«

Swetlana flog dann tatsächlich im November 1941 und nochmals im Januar 1942 von Kujbyschew nach Moskau. Doch ihr Vater nahm kaum Notiz von ihr und zeigte überhaupt kein Interesse an den »häuslichen Weibergeschichten«. Swetlana, die froh war, endlich einmal wieder ihren Vater gesehen und gesprochen zu haben, musste erneut nach Kujbyschew zurück. Sie langweilte sich dort sehr. Endlich bekam sie Besuch von ihrem Bruder Wassilij, der in einem Kampfflugzeug auch ihre beste Schulfreundin Marfa Maksimowna mitbrachte. Am 2. Oktober 1941 begann der deutsche Vorstoß auf Moskau. Auf Wunsch ihres Vaters durfte Swetlana erst im Sommer 1942 »nach dem Abzug der Deutschen« wieder nach Moskau zurück.
Im August 1942 stattete Winston Churchill Moskau einen Besuch ab. Bei dieser ersten Begegnung mit dem sowjetischen Diktator

musste Churchill diesem klarmachen, dass es in diesem Jahr noch
keine zweite Front gegen die Deutschen geben würde. Churchill
erläuterte die offensichtlichen Schwierigkeiten, doch Stalin fand
das lächerlich. Er wollte wissen, warum die Engländer die Deutschen so sehr fürchteten. Churchill beherrschte sich und erläuterte
sodann den Plan der Alliierten zur Invasion in Nordafrika. Er
musste sich von Stalin vorwerfen lassen, dass er und die Amerikaner die Zusage gebrochen hätten, eine Invasion in Frankreich
durchzuführen. Churchill wies die Beschuldigung zurück und war
sehr verärgert über Stalins Haltung, die keine Spur von Verständnis
zeigte. Die dritte einstündige Begegnung endete mit einer Einladung Stalins auf einen Umtrunk in seiner Wohnung im Kreml.
Dabei war es ihm offensichtlich wichtig, seine Tochter vorzuführen.
Die Gäste waren schon im Speisezimmer, als Swetlana eintraf. Sie
fand ihren Vater in der »freundlichsten und liebenswürdigsten
Laune, die stets alle bezauberte«[12]. Der Vater stellte seine knapp
16-jährige Tochter – »die Rothaarige« – vor und strich ihr dabei
liebevoll über den Kopf. Churchill lächelte, deutete mit der Zigarre
auf seinen Kopf und bekannte, dass er selbst als junger Mann rot-
haarig gewesen sei. Er sprach auch über seine eigene Tochter, die
bei der Royal Air Force diente. Swetlana verstand Churchill, hatte
aber große Hemmungen, ihm in Englisch zu antworten. Damals
dachte sie nicht darüber nach, warum ihr Vater sie mit Churchill
bekannt machen wollte. In ihrem ersten Buch »Zwanzig Briefe an
einen Freund« gab sie sich selbst die Antwort: »Heute weiß ich es:
Er wollte sich doch auch wie ein gewöhnlicher Mensch geben.«[13]
Und sie hatte damals das Gefühl, dass Churchill ihrem Vater sympathisch war.

Swetlana beendete im Sommer 1943 die Schule. Sie teilte dies ihrem
Vater telefonisch mit, den sie seit vier Monaten nicht mehr gesehen
hatte. Er gratulierte ihr nicht, sondern knurrte ins Telefon: »Komm
her!« So fuhr Swetlana zu ihm, zeigte ihm stolz ihr Zeugnis und
wagte es auch gleich, ihm mitzuteilen, dass sie sich an der philolo-

gischen Fakultät der Universität in Moskau einschreiben werde. Doch der Vater schaffte es, ihr ein Studium der Literatur durch ein paar markige Sätze auszureden. Er schlug ein Studium der »Gesellschaftsgeschichte« vor und die Tochter schrieb sich für dieses Fach an der Universität ein. Sie studierte gründlich den Marxismus, referierte über Marx, Engels, Lenin und auch über Stalin und kam dabei immer mehr zu dem Schluss, dass der theoretische Marxismus und Kommunismus nicht das Geringste mit den realen Lebensumständen in der Sowjetunion zu tun hätten. Was der Vater sich gewünscht hatte, konnte sie nie werden: ein »gebildeter Marxist«, denn sie war genau das Gegenteil geworden.

Der Journalist und Redakteur der Wochenzeitung *Die Zeit*, Michael Woslensky, ein einstiger Kommilitone Swetlanas, schrieb 1984 aus Anlass ihrer Rückkehr nach Moskau seine Erinnerungen an die Stalintochter in dem Artikel »Kurzer Schritt zum langen Abschied« nieder. Woslensky hatte Swetlana im Herbst 1943 kennengelernt. Damals hörten die Studenten der historischen Fakultät der Moskauer Universität das Gerücht, Swetlana wolle ihre Kommilitonin werden. Es schien allen völlig grotesk, dass Stalin, »dieser Gott und Idol, seine Tochter, die Kronprinzessin, zu uns bettelarmen, frierenden und hungrigen Studenten der Kriegszeit schicken würde«. In der Liste der neu Immatrikulierten stand jedoch tatsächlich: Stalina Swetlana Jossifowna. Michael Woslensky freundete sich mit dem schüchternen Mädchen mit den klugen Augen an.

Für Swetlana wurde es mit der Zeit immer schwieriger mit dem Vater zu kommunizieren, Wohlwollen hieß bei Stalin oft, dass Personen von ihm gehässig behandelt wurden, um dann anschließend hoch gelobt zu werden. So erinnerte Chruschtschow sich an eine größere Einladung bei Stalin auf dessen Datscha zum Jahreswechsel 1952/1953. Alle waren in gehobener Stimmung. Ein neues Jahr! Sie konnten auf ein weiteres Jahr voller Siege und Erfolge zurückblicken, die ihr Verdienst waren! Die Tische bogen sich förmlich vor wunderbaren Gerichten und der Alkohol floss reichlich. Stalin war glänzender Laune und trank viel, und er nötigte alle anderen, ihm nachzueifern. Dann ging er zum Plattenspieler und legte Platten mit russischer und georgischer Volksmusik auf. Es folgte flotte Tanzmusik. Der beste Tänzer war Anastas Iwanowitsch Mikojan, gefolgt von Woroschilow. Chruschtschow und Kaganowitsch tanzten »wie eine Kuh auf dem Eis«, während Bulganin irgendwie in einem russischen Rhythmus herumstampfte. Dann kam Swetlanka zu den Feiernden hinzu. Wahrscheinlich hatte ihr Vater sie holen lassen. So stand die nüchterne und schüchterne junge Frau umgeben von absolut nicht mehr nüchternen Personen. Ihr Vater forderte sie auf zu tanzen. Chruschtschow sah, wie müde Swetlana war, die trotzdem dem Wunsch des Vaters entsprach, dann aber wieder gehen wollte. Sie stellte sich neben den Plattenspieler und lehnte sich mit der Schulter an die Wand. Stalin ging zu ihr und Chruschtschow gesellte sich zu ihnen. Stalin schwankte und rief: »Nun, Swetlanka, weiter, tanze! Du bist die Gastgeberin, also tanze!«[14] Sie antwortete: »Ich habe schon getanzt, Papa. Ich bin müde.« Darauf griff Stalin plötzlich nach ihren Stirnlocken und zerrte sie an den Haaren. Ihr Gesicht rötete sich und die Tränen stiegen ihr in die Augen. Doch er ließ nicht ab von ihr und zerrte sie noch heftiger an den Haaren und zog sie zurück auf die Tanzfläche. »Swetlanka tat mir so leid«, erinnerte sich Chruschtschow.[15] Er war jedoch der festen Überzeugung, dass Stalin seine Tochter sehr liebte.

Ihre Kindheit mit der Mutter hatte sechs Jahre gedauert, dann war ihr Vater ihr Ein und Alles geworden. Dankbar erinnerte sich die Tochter des Diktators: »Seine Liebkosung, seine Liebe und Zärtlichkeit für mich während der Kindheit werde ich nie vergessen.«[16] Doch schließlich brach der Vater das Herz seiner Tochter durch seine Unduldsamkeit ihr und ihren Wünschen gegenüber. Und als der »kleine Spatz« sich zum ersten Mal verliebte, begann eine zarte Liebesgeschichte, die tragisch endete.

Die erste und tragische Liebe

Von ihm strahlten das Licht und der
Zauber des Wissens aus.[1]

Aleksej Jakowlewitsch Kapler

Im Winter 1942/43 lernte Swetlana die erste große Liebe ihres Lebens kennen: Aleksej Jakowlewitsch Kapler. Sie wohnte damals in Subalowo, in der Datscha ihres Vaters. Ihr Bruder Wassilij war dort auch oft zu Gast und brachte zu ihrem Bedauern ständig irgendwelche Freunde mit, die sich meist hemmungslos betranken, tanzten und sangen. Niemand schien daran zu denken, dass man sich mitten im Krieg befand. Eines Tages erschien Wassilij mit einer übermütigen Gruppe von Filmleuten, darunter auch der verheiratete, 40-jährige jüdische Schriftsteller Aleksej Kapler, Moskaus »Champion Ladykiller«. Der bedeutende Stalin-Biograf Edvard Radzinsky[2] kannte ihn gut. In seinen Augen war Kapler fett, hässlich und außerdem kein guter Schriftsteller. Die Stärke dieser »legendären Figur« lag nach seiner Meinung auf einem anderen Gebiet: »Er war ein genialer Erzähler. Wenn er sprach, war dies wie Sirenengesang – man war verzaubert.«[3]

Für Swetlana war Aleksej »der gescheiteste, der beste, der mit Zärtlichkeit und Dankbarkeit schönste Mensch. Von ihm strahlten das Licht und der Zauber des Wissens aus«, schrieb sie 1967 in ihrem ersten Buch »Zwanzig Briefe an einen Freund«.[4] Einschränkend fügte sie hinzu: »Es war die flüchtige Begegnung eines 40-jährigen Mannes mit einer Gymnasiastin – ach, lohnt es denn überhaupt, viel davon zu reden und darüber nachzudenken?«[5] Wenn man auf das Ende der Affäre blickt, so war es – jedenfalls für Kapler – alles andere als nur eine flüchtige Episode.

In Subalowo zeigte sich Kapler sehr angetan von der attraktiven 17-jährigen Swetlana Stalina. Sie bemerkte dies und wurde sehr verlegen. Er begann, mit ihr Gespräche zu führen. Nach den ewig grölend vorgetragenen Anekdoten ihres Bruders, dem Stillschweigen ihres Vaters und der Spießigkeit seiner Kollegen war Swetlana von Kapler schnell verzaubert. Ihre Einsamkeit schien plötzlich ein Ende zu haben. Es gab nun eine Person, die auch ihr zuhörte. Als Kapler die junge Frau aufforderte, mit ihm einen Foxtrott zu tanzen, war es um sie geschehen.

Dem kommunistenfreundlichen italienischen Korrespondenten Enzo Biagi ist es 1967 gelungen, mit Swetlanas Kindern und mehreren Verwandten Interviews zu führen. Da ihn die Beziehung Swetlanas zu Kapler interessierte, besuchte er den inzwischen 60-jährigen Filmemacher in seiner Datscha. Kapler schien gerne über das junge Mädchen zu sprechen: »Was mich an Swetlana am meisten beeindruckte, waren ihre Anmut und ihre Intelligenz.«[6] Und er fuhr fort: »Es war die Art, wie sie mit den Menschen sprach, und die Kritik, die sie über einiges im sowjetischen System verlauten ließ. (…) Sie sagte einmal zu mir, sie habe Cronins ›Hatter's Castle‹ gelesen. Ich habe immer in einer Festung gelebt. (…) Ich fühle ganz genauso. Es scheint mir ständig ein Schatten zu folgen.«[7]

Kaplers erster Eindruck von der Stalin-Tochter war ein ganz anderer als er erwartet hatte. Sie trug einfache Kleidung, die gut genäht, aber wenig vorteilhaft für sie war. Nach seiner Erinnerung hatte Swetlana zum Gedenken an ihre an diesem Tag zehn Jahre zuvor verstorbene Mutter eine schöne Brosche angesteckt. Swetlana war in einer ganz besonders elegischen Stimmung und somit besonders empfänglich für Kaplers Zuneigung. Sie war fasziniert von diesem um 24 Jahre älteren Mann, der sie liebte. Mit einem Blick auf ihre Eltern war der Altersunterschied nicht erheblich. Ihre Mutter hatte sich einst in Josef Stalin verliebt, der ebenfalls mehr als 20 Jahre älter war als diese.

Dem italienischen Journalisten verriet Kapler, dass es in jener Zeit zwischen ihm und seiner jugendlichen Freundin nie zu intimen

Beziehungen gekommen sei. »Damals waren wir nicht das, was man allgemein unter einem Liebespaar versteht. Es war das Band einer einmaligen Freundschaft, das uns zusammenhielt.«[8]

Von Kapler erhielt das junge Mädchen Bücher und Schallplatten, und er erzählte ihr den Inhalt von in Russland verbotenen amerikanischen Novellen. Swetlana begeisterte sich für Ernest Hemingways Werk »Wem die Stunde schlägt«, das den Kampf gegen den Faschismus zur Metapher für Leiden und Tragik entwickelt. Im Roman »Haben und Nichthaben« von Hemingway las sie von der Romanze zwischen zwei Einzelgängern: einer selbstbewussten Frau und einem zynisch-melancholischen Überlebenskünstler. Russische Übersetzungen davon gingen damals von Hand zu Hand. Auch »Alle Menschen sind Feinde« von Aldington[9] gab ihr Kapler zum Lesen, ebenso Bücher für »Erwachsene« über die Liebe, die so viel schöner waren als die allzu oft gehörten Zoten ihres Bruders Wassilij.

Die Verliebten besuchten gemeinsam den Cinema-Artists-Club, wo amerikanische Musicals mit Ginger Rogers und Fred Astaire gezeigt wurden, der wunderbare Film »Der junge Mr Lincoln« und der Zeichentrickfilm »Schneewittchen bei den sieben Zwergen« von Walt Disney.

Kapler nannte sie Swet, sie nannte ihn Ljusja. Die Fäden zwischen ihnen sponnen sich immer dichter. Swet zog es unwiderstehlich zu ihrem geliebten Freund. Da Kapler in einem ungeheizten Hotel wohnte, gingen sie zusammen in Ausstellungen, die allerdings häufig ebenfalls in ungeheizten Räumen, wie beispielsweise der Tretjakow-Galerie, stattfanden. Oft blieben sie, bis das Glockenzeichen zur Schließung der Galerie ertönte, um sich erst da wieder zu trennen. Wesentlich angenehmer waren die Theaterbesuche. Noch 30 Jahre später erinnerte sich Swetlana an die damals gespielten Stücke, wie »Die Front« von Kornejtschuk, ein Stück, von dem ihr Freund sagte, dass die Kunst »dort nicht einmal übernachtet« habe. Sie gingen auch in »Der blaue Vogel«, ein berühmtes Bühnenstück des belgischen Dichters Maeterlinck, und hörten im Bolschoi-Theater die Oper »Pique Dame« von Peter I. Tschaikowski. Swetlanas Angebeteter gestand ihr, dass er Opern nicht sonderlich leiden könne. Doch die Räumlichkeiten waren höchst angenehm geheizt.

Im Kino sahen Kapler und Swetlana den alten Greta-Garbo-Film »Königin Christine«. Diese sentimentale Geschichte passte so richtig zu den beiden. Swetlana fühlte sich wie die große Dame, Kapler sah sie wie den armen Don Alfonso, den Liebhaber, den alle hassten. Obgleich der von John Gilbert gespielte Alfonso im Film stirbt und das edle Schwedenmädel ins Exil geht, fand Stalin für die Liebe seiner Tochter zu Kapler schließlich eine einfachere und weniger spektakuläre Lösung: zwei Ohrfeigen für Swetlana, fünf Jahre Lager für Kapler!

Sergo Berija erinnert in seinen Aufzeichnungen über seinen Vater, den Menschenschlächter Lawrentij Berija, an Swetlanas Liebesgeschichte mit Kapler.[10] Sergo behauptet, dass es diesem Mann allein um seine Karriere gegangen sei, als er Swetlana für sich gewann. Stalin habe gegen Kapler gewütet und die Beziehung als pervers empfunden. Er habe die ganze Sache als persönliche Beleidigung aufgenommen und Berija dafür verantwortlich gemacht, diese Beziehung mit einem Juden nicht unterbunden zu haben. Doch es war Kriegszeit und »mein Vater hatte wichtigere Dinge zu tun«, so der Sohn.[11]

Swetlana kam damals Hilfe suchend zu Sergos Mutter und erzählte ihr von ihrem Kummer mit dem Vater, der nicht mehr mit ihr sprach. Das junge Mädchen wollte Kapler bei den Berijas heimlich treffen. Doch Sergos Mutter rief aus: »Swetlana, ist dir überhaupt klar, um was du mich da bittest. Möchtest du, dass dein Vater mich beseitigt? Und außerdem, ich denke, du bist zu jung …«[12] Auf Swetlanas Einwand, sie selbst sei auch erst 16 gewesen, als sie heiratete, musste sie hören, dass Lawrentij damals immerhin erst 21 Jahre alt war und nicht 40 Jahre wie Aleksej Kapler. Sergo, ein Jahr älter als Swetlana, konnte überhaupt nicht verstehen, was diese so »attraktiv an dieser alten Ziege«[13] fand. Sergo Berija äußerte die Vermutung, dass Swetlana beim Kampf um Kapler zum ersten Mal das wahre Gesicht ihres Vaters gesehen habe.

Zu einer ersten Trennung kam es, als Kapler einen Tag vor der dortigen entscheidenden Schlacht als Kriegsberichterstatter nach Stalingrad ging. Als Swetlana eines Tages die *Prawda* aufschlug, fand sie einen Artikel des Sonderkorrespondenten A. Kapler mit der Überschrift »Briefe des Leutnants L. aus Stalingrad. Erster Brief«. In Briefform berichtete ein Leutnant seiner Geliebten die wichtigsten Ereignisse aus Stalingrad. Der erste Brief endete: »Sicherlich schneit es jetzt in Moskau. Aus deinem Fenster sieht man die Zinnen der Kreml-Mauer.«[14] Swetlana hoffte sehr, dass ihr Vater diesen Bericht nie zu Gesicht bekäme. Voller Verzweiflung ging sie zu Nina Berija und fragte sie um Rat.

Doch Stalin hatte schon seine Anweisungen gegeben. Sobald Kapler nach Moskau zurückkehrte, sollte ihn Wsewolod Merkulow, ein enger Mitarbeiter Berijas, in die Zange nehmen. Kapler blieb bei dieser Unterredung ruhig. Merkulow drohte ihm nicht nur Prügel an, sondern schlug ihn brutal zusammen. Aber Kapler ließ sich nicht aus Moskau vertreiben. Dann schaltete sich Oberst Rumjanzew ein, der Referent des allmächtigen Tschekisten Wlassik, und riet dem »Schriftsteller«, auf eine Dienstreise zu gehen, möglichst weit weg von Moskau. Kapler wünschte ihn zum Teufel.

Swetlana und Ljusja trafen sich nun wieder. Er versicherte ihr, dass er die »Briefe eines Leutnants« aus Stalingrad nicht selbst an die Zeitung geschickt habe, sondern seine Freunde hätten ihn »hereingelegt«.

Marfa Peschkowa, Swetlanas Schulfreundin und die spätere Ehefrau von Sergo Berija, äußerte sich zu dieser Romanze: »Ihre erste und ernsthafte Liebe war Kapler. Er verdrehte ihr den Kopf. Während des Unterrichts zeigte sie mir eine Zeitung mit dem Artikel ›Briefe von der Front‹, der zweifellos ihr gewidmet war. Ich las ihn während des Unterrichts, wobei ich die Zeitung unter dem Tisch hielt. An ihrem Geburtstag zeigte sie mir sein Geschenk – einen antiken Emailanhänger: ein grünes Blättchen mit einen Käfer darauf. Das war die erste Aufmerksamkeit, die ihr ein erwachsener Mann schenkte.«[15] Die Schulfreundin fragte sich, ob der verheira-

8 *Swetlanas erste Liebe, Aleksej Kapler, und Valentina Tokarskaja*

tete Kapler Swetlana wirklich liebte. Faszinierte ihn ihre Jugend, ihre Einsamkeit, ihr Anlehnungsbedürfnis, oder wollte er Stalins Schwiegersohn werden?

Die beiden versuchten, sich so oft wie möglich zu treffen. Doch am 28. Februar 1943 ging das erste Kapitel dieser Liebesgeschichte zu Ende. In einer leeren Wohnung ganz in der Nähe der Bahnstation von Kursk, in der sich Wassilij manchmal mit seinen Fliegerkameraden traf, sahen sie sich zum vorerst letzten Mal. Es war ein Abschied mit heißen Küssen, und wie immer war Klimow, der Agent des NKWD, dabei. Kapler musste nach Taschkent, wo sein Film über die weißrussischen Partisanen – »Sie verteidigten ihr Vaterland« – gedreht werden sollte. Swetlana brach es fast das Herz. Auf dem Heimweg schlich der Beschützer, »ebenso zitternd bei dem Gedanken, was jetzt wohl mit ihm geschehen würde«, hinter ihr her.

Anfang März, als sich Swetlana gerade für die Schule fertig machte, kam völlig überraschend ihr Vater ins Zimmer. Was sich dann abspielte, war so grob und gemein, dass es Swetlana später nicht wiedergeben wollte. Noch nie hatte sie ihren Vater so wütend gesehen. Swetlana lehnte sich gegen ihren Vater auf und wagte zu sagen, dass sie Kapler liebe. Die Antwort des Vaters: Er verabreichte ihr zwei Ohrfeigen, die ersten ihres Lebens. Mit heftigen Worten griff er auch Swetlanas geliebte Kinderfrau an. Das Schlimmste war jedoch, dass er seine Tochter entsetzlich demütigte: »Schau dich doch selbst einmal an – wer braucht denn so eine wie dich? Der ist umringt von Weibern, du dumme Gans!« Wie im Traum hörte sie dann ihren Vater sagen: »Dein Kapler ist ein englischer Spion.« Mit Müh und Not überstand sie an diesem Tag den Schulunterricht. Wieder zu Hause, musste sie fassungslos miterleben, wie ihr Vater alle ihre Liebesbriefe, Kaplers für sie bestimmte Fotografien und Entwürfe für mehrere Erzählungen und sogar ein neues Drehbuch über Schostakowitsch gelesen und durchgeschaut hatte und diese nun vor ihren Augen in kleine Stücke zerriss. Bevor sie das Zimmer verlassen durfte, hörte sie ihn noch sagen: »Ein Schriftsteller ... Nicht einmal ordentlich Russisch schreiben kann er! Hättest du dir nicht wenigstens einen Russen aussuchen können?«[16]

Edvard Radzinsky kann Stalin als eifersüchtigen Vater verstehen. »Der größte Schlag war für ihn: Sie war nun eine junge Frau und liierte sich ausgerechnet mit dem schlimmsten Schürzenjäger. Durch Kapler fiel sie von dem Sockel, auf den er sie gestellt hatte. Er hatte für sie ein Leben vorgesehen, wie das der Schwester von Lenin, einer unverheirateten Jungfrau. Er wäre aber durchaus auch mit einem hohen Parteigenossen einverstanden gewesen.« Doch Stalin musste aufpassen, dass er seine Tochter nicht noch mehr verletzte. Er konnte nicht ausschließen, dass sie wie die Mutter aus Protest gegen ihn an Selbstmord dachte. Radzinsky fügte noch hinzu, dass Sex für Stalin etwas Schmutziges gewesen sei. »Er hat eigentlich nur Berija seine unverschämten Seitensprünge ›verziehen‹, weil es für ihn wichtig war, kompromittierendes Material gegen ihn in der Hand zu haben.«[17]

Stalins Rache

Für Kapler begann ein bitterer Leidensweg. Als er wie vorgesehen am 2. März mit dem Filmteam aufbrechen wollte, kamen zwei Männer, die sich auswiesen und ihn baten mitzukommen. Er wurde zum riesigen Moskauer Lubjanka-Gefängnis gebracht, wo Tausende von Häftlingen schmachteten. Dort erschienen General

Wlassik und ein Minister Kabulow. Ohne Umschweife hieß es: »Aleksej Jakowlewitsch Kapler. Gemäß Artikel 58 unseres Gesetzes werden Sie unter Arrest gestellt, da Sie in Gesprächen Ihre antisowjetische und konterrevolutionäre Meinung kundgetan haben.«[18] Angeblich habe er auch für England spioniert, hieß es weiter. Es gab keine Gerichtsverhandlung. Zehn Jahre Lager war die übliche Strafe für ein solches Vergehen. Kapler wurde zu fünf Jahren verurteilt. Er bekam keine Möglichkeit, wenigstens seinen Freunden mitzuteilen, was mit ihm geschehen war. Noch nicht einmal seine Ehefrau konnte er warnen. Man ging sogar so weit, dass man auch Kaplers besten Freund Michail Slugki, den Direktor der Dokumentarfilm-Firma, aus dem Weg räumte.

Kapler wartete auf seinen Abtransport in ein Lager. Doch zunächst wurde eine Zelle im Lubjanka-Gefängnis für ein Jahr sein »Zuhause«. Ein gängiges Sprichwort hieß damals: »Alle Wege führen zum Giorginskij-Prospekt.« Dort befand sich nämlich der Haupteingang des berühmt-berüchtigten Gefängnisses.

Kapler war mutig genug, an Stalin zu schreiben, um aus dem Gefängnis herauszukommen:

> »Lieber Josef Wissarionowitsch!
> Ich wurde durch ein Sonderkollegium wegen antisowjetischer Äußerungen verurteilt. Ich habe sie nicht gestanden und werde sie auch nicht gestehen. Mir wurde der Leninorden verliehen, und ich wurde mit der Stalinprämie ersten Grades ausgezeichnet. Ich nahm an den Filmen ›Sie verteidigen ihre Heimat‹, ›Kotowski‹, ›Tag des Krieges‹ teil. Ich kann bei mir nur Unbescheidenheit gestehen. Gestatten Sie mir, an die Front zu gehen, ich flehe Sie darum an.«

Stalin verlangte von Berija genauere Auskünfte über Kapler. Man meldete ihm:

> »Kapler hat eine Schwester in Frankreich. Er hat sich mit den amerikanischen Korrespondenten Shapiro und Parker getroffen.

Er selbst hat seine Schuld nicht gestanden, jedoch ist er durch Agentenangaben entlarvt (…).
16. März 1944.«[19]

Stalin glaubte derartigen Denunziationen immer!

Lange Zeit hörte Kapler nichts mehr von Swetlana. Als eines Tages wieder einmal ein Gefangenentransport eintraf, erwähnte jemand, dass Stalins Tochter einen Studenten namens Morosow geheiratet habe. Kapler war weder erstaunt noch verletzt. Er wusste, dass ihm niemand seine Erinnerungen an Swetlana nehmen konnte.

Nach fünf Jahren Zwangsarbeit wurde Kaplers entlassen. Er erhielt die Auflage, nicht nach Moskau, sondern nach Kiew zu gehen. Er wollte jedoch wenigstens eine einzige Nacht bei seiner Frau verbringen und so versuchte er, heimlich nach Moskau zu reisen. Doch auf dem Bahnhof wurde er entdeckt und wieder streng bestraft: weitere fünf Jahre Zwangsarbeit in einer Mine in Inta, rund 260 Kilometer von Workuta entfernt in der ASSR Komi.

Als sich nach Stalins Tod dessen Kumpanen wie Malenkow, Molotow, Kaganowitsch und Berija gegenseitig umbrachten, kam auch Bewegung in die unzähligen Strafgefangenenlager, deren Tore sich endlich öffneten. Überall im Land sah man nun ausgehungerte Menschen mit schmutzigen wattierten Jacken. Zu den Befreiten gehörte auch Aleksej Kapler, den Swetlana einst geliebt hatte.

Nach Moskau zurückgekehrt, arbeitete er wieder als Schriftsteller und Filmemacher und heiratete, da inzwischen geschieden, die Schauspielerin Tokaraskaja. Im Jahr 1954 nahm Kapler in Moskau an einem Kongress im Haus der Autoren teil, zusammen mit Tatjana Tess.[20] Sie war eine sehr erfolgreiche Journalistin, Feuilletonistin und Buchautorin und wurde damals zur beliebtesten Schriftstellerin Russlands gewählt. Bei dieser Tagung traf sich das einstige Liebespaar Aleksej und Swetlana wieder. Noch immer nannte sie ihn Ljusja und er sie Swet. Beide hatten sich stark verändert. Swetlana klang bitter und völlig illusionslos, Aleksej war von den Erfahrungen der vergangenen Jahre gezeichnet. Sie sagte ihm zwar, dass er sich überhaupt nicht verändert habe, doch er zeigte auf sein schlohweißes Haar und lächelte nur.

Sie hatten sich viel zu erzählen, und so begann ein neues Kapitel ihrer Liebesgeschichte. Tatjana Tess konnte verstehen, dass Swetlanas Sehnsucht nach Glück grenzenlos war. Sie hatte letztlich zwei gescheiterte Ehen hinter sich. Immer öfter trafen die beiden sich nun, und Swetlana gestand ihm, wie leid es ihr tue, dass Aleksej ihres Vaters wegen so viel hatte erleiden müssen. Sie erzählte von ihren Kindern und viel von sich selbst. Die alte Leidenschaft für »Ljusja« flammte wieder auf.

Als Kapler für ein paar Tage ans Schwarze Meer fuhr, folgte sie ihm mit ihrem Sohn Josef in ihrem Auto Marke »Pobeda«. Nun begannen wieder wunderschöne Tage, und Kapler machte zahlreiche schöne Fotos von ihr. Erneut waren sie ein Liebespaar geworden.

Doch Kapler wollte seine Ehefrau nicht verlassen. Swetlana sollte sich damit abfinden, dass er sie nicht heiraten könne. Das gefiel der stolzen Frau nicht. Den wiedergefundenen Geliebten wollte sie mit niemandem teilen. Und so entschloss sie sich, Kaplers Zuneigung zu ihr auf die Probe zu stellen.

Nach einer Theatervorstellung ging sie daher hinter die Bühne und verlangte, Kaplers Ehefrau zu sprechen. Sie traf auf eine entschlossene Frau, die sich mit Ironie anstatt Beleidigungen zur Wehr setzte. Sie war gewiss keine Frau, die schnell in Tränen ausbrach, dafür hatte sie sich zu oft in ihrem Leben durchgekämpft. Zu ihrem Erstaunen musste Swetlana erfahren, dass jene über die Affäre ihres Mannes bestens informiert war. Valentina Tokaraskaja gab lächelnd zu, dass ihr Mann ständig untreu sei und im Grunde nur eine Frau wirklich geliebt habe, nämlich Tassja Slatogorowa. Ganz allmählich zeigte sich in Swetlanas Gesicht Hilflosigkeit. Sie erkannte ihre Niederlage und verließ das Theater.

Zu Hause erzählte Valentina ihrem Mann von dem Vorfall. Er war entsetzt über Swetlanas Verhalten. Das Ganze fand er falsch und unnötig. Sie hatte ihm nichts davon gesagt, dabei auch auf niemanden Rücksicht genommen, sondern nur an sich selbst gedacht. Er nahm es ihr sehr übel, dass sie die Initiative ergriffen hatte. Swetlana: »Ich bekam alle Schläge, die ich erwartet hatte. (…) Ich wusste – das ist das Ende.«[21] Warum hatte sie dies getan? Sie konnte es sich selbst nicht erklären. Etwas hatte sie gegen ihren eigenen Willen dazu getrieben.

Die Schauspielerin hat das Zusammentreffen mit Swetlana nie vergessen. Noch als alte Dame erzählte sie davon. Sie fand Swetlana höflich und intelligent, mit dem festen Willen, alles zu bekommen, was sie wollte. Die Schauspielerin konnte zwar verstehen, dass die Rivalin sich Kapler zum Ehemann wünschte, waren doch die Männer ihrer Umgebung ziemlich uninteressant, der Schriftsteller dagegen der Charme in Person. Nichtsdestotrotz ging dessen zweite Ehe letztendlich in die Brüche.

Kaplers dritte Ehefrau wurde die jüdische Dichterin und Schauspielerin Julija Drunina, damals etwa 40 Jahre alt, blond, graziös und sehr kultiviert. Sie hat ein zehnbändiges Werk mit ihren Gedichten veröffentlicht, einige ihrer lyrischen Gedichte wurden auch ins Französische übersetzt. In den Augen Swetlanas war Julija Drunina eine »mittelmäßige Poetin«.

Nachdem Nikita Sergejewitsch Chruschtschow mit seiner 22 000-Worte-Rede die Größe des Mannes zerstört hatte, der 30 Jahre lang der große Steuermann, die »Sonne und der Schöpfer der Freude« gewesen war, schlug Julija ihrem Mann vor: »Lass uns Swetlana einladen. Frage sie, ob sie uns besuchen möchte. Sie muss im Augenblick durch die Hölle gehen, und es ist abzusehen, dass sich viele Menschen von ihr abwenden werden.«[22] Kapler rief Swetlana an, und sie kam seiner Einladung nach. Aleksej stellte die Frauen einander vor, und die drei wurden gute Freunde. In der Datscha, in der Enzo Biagi das Interview mit Kapler führte, stand als eine Erinnerung an diese Freundschaft ein Schaukelstuhl – ein Geschenk von Swetlana an Aleksej Kapler.

Interessant ist die Einschätzung Swetlanas durch Julija Drunina: »Sie war immer sehr zurückhaltend. Es war schwer, sie wirklich kennenzulernen, und manche dachten, sie sei zu hochmütig. Wenn sie jemandem vorgestellt wurde, erwähnte niemand jemals ihren Vater. Manchmal kam es vor, dass jemand offen über Stalin sprach und ihn verdammte. Swetlana hörte zu, ohne etwas dagegen einzuwenden.«[23]

Etwa um 1962 ging auch das dritte Kapitel der Liebesgeschichte zwischen Aleksej und Swetlana zu Ende. Sie hatte ihm einen Brief geschrieben mit völlig ungerechten Angriffen gegen Julija und gegen ihn. Kapler reagierte darauf sehr verärgert und konsterniert. Er antwortete ihr, sie solle sich den ganzen Unsinn aus dem Kopf schlagen und sich schnellstens eine Arbeit suchen, gleich welcher Art.

Als 1967 Swetlanas Buch »Zwanzig Briefe an einen Freund« erschien, lebte Kapler in Moskau. Er hatte mehrere Auszüge aus diesen Aufzeichnungen gelesen und fand einiges von dem, was nun im Westen publiziert wurde, recht indiskret. Der Moskauer Radiosender »Swoboda« strahlte im Frühjahr 1969 eine Lesung aus Swetlanas Buch aus, das als ein Sensationsbericht über Stalin, seine Zeit und Swetlana selbst aufgenommen wurde. Die russische Schriftstellerin Larissa Wassiljewa saß neben Kapler und dessen Ehefrau Julija Drunina in einem Lokal, als ihm eine Dame sagte, dass Swetlana ihn, nach der Radiosendung zu schließen, nicht vergessen habe. Kapler reagierte wütend darauf: »Sie ist der Abschaum der Gesellschaft! Kleinbürgerin! Ich will nicht hören, was sie da erzählt! Alles, was sie sagt, ist Lüge!«[24]

Kaplers heftige Reaktion mag erschrecken und ist dennoch verständlich. Die Schatten der Vergangenheit schienen ihn wieder einzuholen. Möglicherweise hatte er Angst, dass ihm Swetlanas Memoiren und deren jeweilige Aufbereitung erneut viel Kummer bescheren würden.

Viele Jahre vergingen, bis Swetlana 1984 ihren Weg aus England zurückfand nach Moskau. Eines Tages klingelte sie an der Tür von Kaplers Wohnung. Seine Frau Julija öffnete, bat sie herein und brachte sie zu ihrem Mann. Dann ließ sie die beiden allein. Sie unterhielten sich zwei Stunden lang. Und Julija fragte ihren Mann nie, worüber er mit Swetlana gesprochen hatte.

Swetlanas Ehemänner in Russland

Ihre Ehemänner waren gute Menschen, die man respektierte.[1]

Gregorij Morosow

Nach Kaplers Verhaftung lehnte sich Swetlana offen gegen ihren Vater auf. Im Frühjahr 1944 heiratete die 18-jährige Studentin den Jurastudenten Gregorij Morosow, der wie Kapler jüdischer Abstammung war.

Stalin war mit Swetlanas Vorliebe für jüdische Männer mitnichten einverstanden.[2] Sein Kommentar: »Du verstehst das nicht! Die gesamte ältere Generation ist vom Zionismus infiziert, und sie unterrichten die Jugend. (...) Sie haben dir auch deinen ersten Mann vorgesetzt. Den haben dir die Zionisten untergeschoben.«[3] Stalin mag in der Tat den Einfluss der Zionisten gefürchtet haben, die er – fälschlich – auch im JAK (Jüdisches Antifaschistisches Komitee) am Werk sah.

Swetlana hatte längst bemerkt, dass in den vergangenen Jahren der Antisemitismus zur offiziellen Ideologie geworden war, wenn man das auch zu verschleiern suchte. Doch sie wusste von der Universität, dass man bei der Aufnahme zum Studium Russen den Vorzug gab, während für die Juden ein Numerus clausus bestand. In ihren Augen war das »die Wiedergeburt des autoritären Chauvinismus des zaristischen Russland, wo die Einstellung zu den Juden eine Art Wasserscheide zwischen der liberalen Intelligenz und der reaktionären Bürokratie gebildet hatte. (...) Seit der Verbannung Trotzkis und der Liquidierung der alten Parteimitglieder in den Jahren der ›Säuberungen‹ (viele von diesen waren Juden) entstand der Antisemitismus auf neuer Grundlage, und zwar vor allem in der Partei. Mein Vater unterstützte den Antisemitismus nicht nur, er selbst hatte ihn aufgebracht. In der Sowjetunion, wo der Antisemitismus im Kleinbürgertum und in der Bürokratie immer tief verwurzelt war, verbreitete er sich allseits mit der Schnelligkeit einer Seuche.«[4]

Swetlana und Gregorij Morosow hatten sich im Institut für Internationale Beziehungen an der Universität kennengelernt. Es entwickelte sich eine Freundschaft, aber Swetlana hat den Studenten nicht geliebt. Dennoch haben sie geheiratet, allerdings ohne jede Feier. Sie gingen allein zum Standesamt und dort wurde sie gefragt, ob ihr Vater von dieser Heirat wisse.

Stalin schrieb die Hochzeit seiner Tochter der Frühlingszeit zu, die das Blut der jungen Leute in Wallung brachte. Auf keinen Fall wollte er den jungen Mann kennenlernen. Und tatsächlich hat er seinen unerwünschten Schwiegersohn nicht ein einziges Mal gesehen. Doch weil niemand von der Aversion Stalins gegen Morosow wusste, genoss dieser überall hohe Achtung. Der Rektor seines Instituts, ein General des diplomatischen Dienstes, lud ihn liebedienerisch zu Gesprächen über Außenpolitik ein, weil er hoffte, auf diese Weise etwas über Stalins Vorstellungen zu erfahren. Morosows Porträt wurde sogar im Institut für Internationale Beziehungen der Sowjetunion ausgehängt.

Der Vater wies seiner Tochter eine schöne Wohnung im Regierungshaus an der Serafimowitsch-Straße zu, gegenüber dem Kreml unmittelbar am Ufer der Moskwa. Für das junge Paar begannen fröhliche Tage. Als Swetlana ihrem Vater sagte, dass sie ihr erstes Kind erwarte, bot er ihr an, wegen der besseren Luft zusammen mit ihrem Mann einige Zeit in seiner Datscha Subalowo zu verbringen. Swetlana malte ein Porträt ihres Mannes Gregorij, und sie freuten sich auf das Kind.

Als am 9. Mai 1945 der Rundfunk das Ende des schrecklichen »Vaterländischen Krieges« meldete, rief Swetlana ihren Vater an, um ihm zum Sieg zu gratulieren. Swetlana und ihr Mann luden alle ihre Bekannten ein, sie tranken Champagner und feierten den Beginn einer neuen Zeit. Ganz Moskau war in einem Siegestaumel, die Menschen tanzten fröhlich auf den Straßen und waren dankbar, dass endlich Friede im Land einkehrte. Im Mai kam Swetlanas erstes Kind zur Welt, ein Sohn, der den Namen Jossif oder Josef erhielt, aus dem der Kosename Osja (auch Oska) wurde. Erst drei Monate später sah Swetlana ihren Vater wieder, der damals gerade von der Potsdamer Konferenz zurückgekommen war. Sie teilte ihm das Ereignis der Geburt seines Enkels mit, doch er zeigte kaum Interesse, denn er stand völlig unter dem Eindruck der politischen Geschehnisse: des Abwurfes der ersten Atombombe auf Japan.

Nach der Geburt ihres Kindes nahm Swetlana wieder ihr Studium in Moskau auf. Sie hatte noch ein letztes Semester vor sich. Der kleine Bub lebte mit seiner eigenen und Swetlanas alter Kinderfrau auf der Datscha Subalowo, was der Großvater erlaubt hatte. Später meinte Swetlana, dass sie einfach noch nicht für die Ehe bereit war. »Ich hatte mit 19 Jahren einen Sohn. Wir hatten Freunde, die sich um das Kind kümmerten. (…) Es kam dann auch noch zu einer schlimmen Fehlgeburt.«[5]

Als der Kleine drei Jahre alt war, kam es zu einer ersten »Begegnung« zwischen dem Großvater und dem Enkel. Swetlana war völlig verunsichert, wie ihr Vater auf dieses »reizende, echt südländische Kind, halb Jude, halb Georgier, mit großen, strahlenden semitischen Augen und langen Wimpern reagieren würde«. Der Großvater folgte der Logik des Herzens und zerfloss vor Rührung, als er seinen Enkel im Arm hielt. Stalin war zufrieden mit Swetlanas »hübschem Kerl mit den schönen Augen«. Der Enkel sah seinen Großvater nur noch zwei Mal, das letzte Mal vier Monate vor dessen Tod. Osja war damals sieben Jahr alt und ging schon zur Schule. Stalin war begeistert von den »nachdenklichen Augen« seines Enkels und nannte ihn »ein kluges Kerlchen!«.[6] Swetlana war für diese Zusammenkunft, die auch dem Sohn in Erinnerung blieb, dankbar. Der heranwachsende Sohn stellte sich eine Porträtfotografie seines Großvaters auf seinen Schreibtisch.

Als Osja gerade zwei Jahre alt gewesen war, hatten sich die Eltern getrennt. Als Zehnjähriger wollte er unbedingt wissen, warum diese

9 *Swetlana und ihr*
erster Ehemann
Gregorij Morosow

Scheidung seiner Eltern hatte sein müssen. Die Mutter antwortete
lapidar: »Aus persönlichen Gründen.« Auch für den erwachsenen
Sohn war es schwer, eine Erklärung für die immer noch oft disku-
tierte Scheidung zu finden. Die Gerüchteküche brodelte. Angeblich
soll Morosow eines Tages nach Hause gekommen sein und einen
Polizisten vor seiner Haustür angetroffen haben, der ihm bedeutete,
dass er dort nicht mehr erwünscht sei. Er dürfe auch nicht versuchen, seine Frau telefonisch zu erreichen, die Nummer sei sowieso
nicht mehr gültig. Den eigentlichen Grund der Trennung nennt
Swetlana in ihren Büchern nicht. Wie immer sie sich auch abgespielt hat, Swetlana hatte sich aus dieser Ehe befreit, was wiederum
fast zu einer Aussöhnung zwischen Tochter und Vater führte.
Diese drei Ehejahre aber waren für sie eine sehr wichtige Erfahrung. Zum ersten Mal hatte sie außerhalb des furchterregenden
Schattens ihres Vaters leben können. Jetzt hatte sie eigene Freunde,
junge Intellektuelle und Studenten. Viele dieser damaligen Freunde
sind Swetlana über Jahre erhalten geblieben. Sie war damals glücklich, trotz ihrer Herkunft zu ihnen zu gehören.
Die Trennung von Swetlana hatte für Gregorij Morosow allerdings
erhebliche berufliche Probleme zur Folge. Er wurde sofort aus dem

Regierungshaus ausgewiesen. Stalin ließ ihn aus allen Stellen jagen, seinen Vater sogar liquidieren. Immerhin hatte der Diktator zum Erzeuger seines Enkels ein beinahe zärtliches Verhältnis entwickelt, sodass er wenigstens ihn nicht umbringen ließ.

Nach der Trennung von ihrem ersten Ehemann lud der Vater seine Tochter nach langer Zeit im Sommer 1947 ein, drei Wochen im August mit ihm in Sotschi – am »Kalten Flüsschen« – zu verbringen. »Das war angenehm und traurig zugleich und dabei unendlich mühsam. (…) Es fiel uns schwer, miteinander zu leben. So merkwürdig es klingt, wir wussten nicht, worüber wir reden sollten. (…) Ich hatte das Gefühl, als stünde ich am Fuß eines hohen Berges, während Vater sich oben auf dem Gipfel befand. Ich musste sozusagen hinaufschreien, mit aller Anstrengung – aber nur einzelne Worte flogen bis zu ihm hinauf. Auf diese Weise kann man nicht alles sagen, was man möchte, vieles bleibt ungesagt.«[7]

Dem sichtlich gealterten Vater las sie aus Zeitungen und Zeitschriften vor und am Abend sahen sie sich alte Vorkriegsfilme an, zum Beispiel »Wolga-Wolga« oder Charlie-Chaplin-Filme. An den üblichen Tagesablauf ihres Vaters konnte sich die Tochter nie gewöhnen. Er stand gegen Mittag auf, frühstückte gegen 15.00 Uhr nachmittags, und erst am Abend um 22.00 Uhr traf man sich zur Hauptmahlzeit. Swetlana fühlte sich überhaupt nicht wohl bei den drei bis vier Stunden dauernden Essen, an denen Berija, Malenkow und Bulganin (um nur einige der Genossen zu nennen) teilnahmen. Sie war froh, nach drei Wochen wieder nach Moskau zurückkehren zu können.

Jurij Andrejewitsch Schdanow

Ihre zweite Ehe ging Swetlana nicht nur mit väterlicher Billigung, sondern sogar auf dessen ausdrücklichen Wunsch ein: Jurij Andrejewitsch Schdanow war der Sohn des 1948 verstorbenen Andrej Aleksandrowitsch Schdanow[8], Stalins berüchtigtem Stellvertreter. Stalin schätzte Andrej Schdanow sehr und achtete auch dessen

Sohn. Sein Wunsch war, dass die beiden Familien sich verwandt-schaftlich verbinden möchten. Selbst wenn ihr Vater viel von Andrej Schdanow gehalten hatte, so hatte Jurij doch zu Hause unter der Fuchtel seiner Schwestern und seiner Ehefrau gestanden. Nach Stalin war es ein Haus, in dem »zu viel Weiber« das Regiment führten. Alles drehte sich um den einzigen Sohn.

Stalin bot seiner Tochter nach der Heirat sogar eine Wohnung in seiner umgebauten Datscha in Kunzewo an. Doch sie zog lieber mit ihrem Sohn zur Familie ihres Mannes. Auch merkte Stalin, dass die 23-Jährige jetzt im Frühjahr 1949 aus reiner Bequemlichkeit Jurij Andrejewitsch Schdanow heiratete, einen Mann, der sechs Jahre jünger war als sie und den sie weder liebte noch anziehend fand. Für Swetlana war es eine reine Vernunftehe. Sie fühlte sich besonders in den Jahren 1947 und 1948 sehr einsam, allein mit ihrem Sohn und ihrer alten Kinderfrau.

Chruschtschows Kommentar zum zweiten Ehemann der Swetlana: »Er ist ein kluger, gebildeter und verständiger Bursche. Stalin mochte ihn auch, aber Swetlana mochte ihn nicht.«[9] Da täuschte Chruschtschow sich, denn bei einem Telefongespräch mit Jurij Schdanow im Oktober 2003 stellte sich heraus, dass diese Ehe am Ende einer seit langer Zeit bestehenden Freundschaft stand und beide den Wunsch hatten zu heiraten. Gegenseitige Zuneigung war durchaus vorhanden.[10]

Es war wieder einmal Frühling, als im Jahr 1949 die Vermählung von Swetlana und Jurij stattfand. Sie hatten sich ein wirklich großes Fest mit russischem Pomp und vielen Gästen gewünscht. Swetlana trug ein wunderschönes Brautkleid mit einer zehn Meter langen Schleppe aus silbern glänzendem Stoff. Die gesamte Moskauer vornehme Gesellschaft war der Einladung zur Hochzeit gefolgt. Die Herren kamen mit ordensgeschmückter Brust, ihre – meist korpulenten – Damen in schwarz-silbernen Roben. Einer der mehr als zahlreich erschienenen Reporter erfuhr, dass das Hochzeitsmahl auf goldenen Tellern serviert wurde, die einst Zarin Katharina II. gehört hatten. Ein Orchester und das Bolschoi-Ballett verschönerten die stilvolle Feier. Stalin brachte mit Krimsekt Toasts auf die Zukunft des jungen Paares aus. Zu einem teuren Geschenk hatte er sich allerdings nicht durchringen können.

Am 21. Dezember 1949 feierte nicht nur die Familie, sondern Kommunisten in der ganzen Welt des Führers 70. Geburtstag in einem wahren Delirium. Nach 32 Jahren ununterbrochenen Kämpfen konnte der Diktator zufrieden sein.

»Auf keinen anderen Führer und Herrscher sind seit Menschengedenken derartige Elogen in allen Sprachen der Welt verfasst worden wie auf Jossif Wissarionowitsch Stalin zu seinem 70. Geburtstag im Dezember 1949«, schreibt Koenen.[11]

Weniger hoffnungsvoll ließ sich die junge Ehe an. Swetlana erstickte fast in der eigenartigen Mischung aus äußerlicher, offizieller und heuchlerischer »Parteigemäßheit«, die sich am schrecklichsten bei ihrer Schwiegermutter Sinaida Aleksandrowna zeigte. Ihren Ehemann sah Swetlana selten zu Hause, da er wie damals üblich erst gegen Mitternacht von der Arbeit heimkam. Außerdem litt der einstige »Liebling der Jugend« schwer unter seiner Arbeit beim ZK. Wenn er allerdings daheim war, fügte er sich in das gewohnte Familienleben ein, das seine Mutter, die von ihm »weise Eule« genannt wurde, völlig beherrschte.

Die Schwiegermutter mischte sich auch ständig in die Erziehung des kleinen Osja ein. Swetlana bat darum, ihre eigene frühere Kinderfrau zu sich nehmen zu dürfen, doch das »ungebildete alte Weib« war unerwünscht. Swetlana brach es fast das Herz, dass ihre Kinderfrau in Subalowo bleiben musste. Einige Male begegnete ihr Swetlana dann doch und Oska warf sich seiner »Babusja« an den Hals und war glücklich.

»Ich war vier«, erzählte Josef Morosow später einem Reporter, »als meine Mutter Jurij A. Schdanow heiratete. Ich nannte ihn Papa, da ich meinen eigenen Vater nie mehr sah. Jurij liebte mich; er lebt jetzt in Rostow am Don und ist Rektor der Universität. Immer wenn er nach Moskau kommt, dann sehen wir uns.«[12]

Im Jahr 1950 war Swetlana wieder schwanger, doch trübte eine Erkrankung der Nieren die Zeit der Erwartung. So musste sie sechs Wochen im Krankenhaus zubringen, bis dann die winzige, schwächliche Tochter Katja als Frühgeburt zur Welt kam.

Als einen glücklichen Umstand empfand es Swetlana, dass in der Klinik Polina Molotowa, die sie seit ihrer Kindheit kannte, neben ihr lag. Auch sie hatte ein Mädchen zur Welt gebracht, und zwei Tage nach der Entbindung kam ihr Mann Wjatscheslaw Michajlowitsch sie besuchen, wie sich das eben bei normalen Eltern gehört. Swetlana blieb ohne Besuch. Unglücklich wie sie war, wandte sie sich an den Menschen, der ihr in solcher Situation am nächsten stand, ihren Vater. Sie schrieb sich ihren Kummer von der Seele und klagte, wie schlecht es ihr gehe. Was sie nicht zu hoffen wagte: Der Vater beantwortete ihren Brief sofort.

»Ich grüße dich, Swetotschka!
Ich habe deinen Brief bekommen. Ich bin sehr froh, dass du dich so leicht losmachen kannst. Die Nieren sind eine ernste Sache. Dazu noch die Entbindung. (...) Woher willst du denn wissen, dass ich dich ganz aufgegeben habe? Das musst du wohl geträumt haben. Aber glaube den Träumen nicht! Sei vorsichtig, behüte das Kind: Der Staat braucht Menschen, auch solche, die vorzeitig geboren sind. Hab noch ein wenig Geduld, bald werden wir uns wiedersehen. Ich küsse meine Swetotschka. Dein Papi. 10. Mai 1950«[13]

Vom Vater zu hören freute sie wirklich, allerdings weniger, dass ihre kleine Katja, die noch zwischen Leben und Tod schwebte, bereits »für den Staat nötig« sei.

Das Land brauchte offensichtlich nicht nur Männer, sondern auch Frauen. Im Mai 1936 war ein neues Familiengesetz in Kraft getreten, mit dem zwei Ziele verfolgt wurden: sowohl die Bevölkerungszunahme als auch die Stabilisierung der Familie als Institution und Garant einer stabilen Ordnung.

Der 72-jährige Stalin und seine Tochter sahen sich erst im Sommer 1951 in Borschom in Georgien wieder, wo sie zwei Wochen miteinander verbrachten. Die Erholung hatte Swetlana wirklich nötig. Sie wusste nach der Geburt des Kindes nicht, wie es weitergehen sollte. Von ihrem Mann fühlte sie sich allein gelassen und sie wollte nicht mehr in das Haus ihrer Schwiegermutter zurück. Es wurde ihr auch immer klarer, dass ihre zweite Ehe nicht mehr von langer Dauer sein würde. Eleonora Mikojan, die Ehefrau von Stepan Mikojan, erinnert sich, dass Swetlana damals erklärte, sie wolle nach einer Scheidung von Schdanow zurück zum Vater, was sie auch begründete: »Ich kann noch viele Männer haben, aber Papa habe ich nur den einen.«[14]

Erhalten blieb folgender Brief vom 10. Februar 1952:

»Lieber Papa!
(...) Jurij Andrejewitsch Schdanow und ich haben noch vor Jahresbeginn beschlossen, uns endgültig zu trennen. Das war eine ganz logische Folge, nachdem wir uns fast ein halbes Jahr nichts mehr zu sagen hatten. Er hat mir nicht nur durch Worte, sondern auch durch Taten zu verstehen gegeben, dass ich ihm nichts bedeute und er mich nicht braucht, und hat zum zweiten Mal von mir verlangt, dass ich ihm die Tochter lasse. Nein, ich habe es satt, mit diesem trockenen Professor, diesem herzlosen ›Gelehrten‹. Soll er sich in seine Bücher vergraben, er braucht keine Familie und keine Frau, die ersetzen ihm seine zahlreichen Verwandten voll und ganz.
Kurz gesagt, ich bereue nicht, dass wir uns getrennt haben, mir tut es nur leid, dass ich meine echten Gefühle ihm, dieser Eiswand, umsonst entgegengebracht habe.
Hieraus ergeben sich einige rein materielle Fragen, über die ich mich mit dir beraten möchte, weil ich sonst von keiner Seite mehr Hilfe zu erwarten habe (auf die Großmut von Jurij Andrejewitsch möchte ich nicht angewiesen sein). Ich habe immerhin zwei Kinder, mein Söhnchen kommt im Herbst bereits in die Schule, außerdem lebt noch meine alte Kinderfrau bei mir (sie ist jetzt in Rente).
Um Geld allein geht es nicht. Ich habe noch genug von dem, was du mir geschickt hast.

Über die verschiedenen anderen Dinge, die sich hier abgespielt haben, werde ich dir auch erzählen. Sie sind aber nicht so wichtig.

Also, Papi, ich hoffe sehr, dich wiederzusehen, und du sei bitte nicht böse auf mich, dass ich dir von den Sachen post factum berichte, über die du sowieso schon informiert bist.

Ich küsse dich von ganzem Herzen.

Deine sorgenvolle Tochter.«[15]

Der Vater kam ihr erneut zu Hilfe, kommentierte ihre Entscheidung aber: »Du bist ja so dumm, einmal in hundert Jahren ist Dir ein intelligenter Mensch begegnet und Du hast ihn nicht festgehalten.«[16] Stalin willigte ein, dass sie die Schdanow-Familie verließ, und wies ihr eine Wohnung in der Stadt zu – im Kreml sollte sie allerdings nicht wohnen. Dazu stellte er einige Bedingungen. Wenn sie schon ein selbstständiges Leben führen wolle, dann stehe ihr weder ein Dienstwagen noch die Benützung eines staatlichen Landhauses zu. Er wünschte, dass sie den Führerschein erwarb und sich einen eigenen Wagen kaufte. Und das war alles nur möglich geworden, weil ab etwa 1947 der Vater seine Tochter hin und wieder auch finanziell unterstützte. Sie hatte sich für die Aspirantur an der Akademie für Gesellschaftswissenschaften vorbereitet, wofür sie ein recht ordentliches Stipendium bekam. »Du lebst wohl wie eine Schmarotzerin, bei gedecktem Tisch?«, fragte sie der Vater. Doch als Swetlana ihm sagte, dass ihr »gedeckter Tisch« in der Mensa stehe, wurde er wieder friedlich.

Wenn Swetlana hin und wieder das Geld nicht reichte, nahm sie »Anleihen« bei ihren »reichen« Kinderfrauen auf, die eine geregelte Entlohnung erhielten. Da ihrem Vater jeder Begriff für Geld fehlte und er überhaupt nicht wusste, was die Dinge kosteten, waren seine Zuwendungen an die Tochter von höchst unterschiedlicher Höhe. Sein eigenes Gehalt wurde ihm jeden Monat in Notenbündeln auf den Tisch gelegt. Da kam es schon vor, dass er seiner Tochter ein Bündel davon in die Hand drückte, meistens mit dem Zusatz, sie solle auch für ihre Nichte, Jaschas Töchterchen, etwas abgeben. Stalin selbst brauchte kein Geld. Für ihn sorgte der Staat. Doch wo letztendlich das viele Geld des Vaters blieb, darüber lohnte es sich nicht zu rätseln.

Swetlanas Tochter Katja hat ihren Großvater nur ein einziges Mal gesehen, und zwar am 20. Todestag ihrer Großmutter Nadeschda, in Subalowo. Katja war »damals zwei und ein halbes Jahr alt, ein bezauberndes, rotbäckiges Knöspchen mit großen dunklen Kirschenaugen«, beschrieb ihre Mutter sie liebevoll.[17] Der Großvater lachte laut auf, als er sie sah, und er bemühte sich den ganzen Abend um sie. Swetlana war der Meinung, dass er zu Katja eine ganz besondere Beziehung gehabt habe, da er doch ihren Vater und die ganze Familie Schdanow so gerne hatte.

Diesem Besuch war ein Brief Swetlanas an ihren Vater vorausgegangen. Sie fragte am 28. Oktober 1952, ob er ihr erlauben würde, zwei der Novemberfeiertage, den 8. und 9. November, bei ihm in Blischnjaja verbringen zu dürfen. Swetlanas Wunsch war also in Erfüllung gegangen. Das war das erste und einzige Mal, dass Swetlana mit ihren beiden Kindern bei ihrem Vater war, der sich sehr zufrieden zeigte. Sie selbst hat von diesem Ereignis noch lange gezehrt und sich an diesen Abend immer wieder erinnert, auch zusammen mit ihren Kindern. Sie saßen beieinander am Tisch, auf dem frisches Gemüse, Obst, Nüsse und dergleichen standen. Den Kindern schmeckten die Früchte, und das bereitete dem Großvater sichtlich Vergnügen. Der gute, extra für ihn besorgte georgische Landwein durfte nicht fehlen, der auch den Kindern gereicht wurde, was Swetlana gar nicht mochte. Osja und Katja verstanden sich gut mit dem Großvater, und Swetlana bedauerte, dass ein Familienleben überhaupt nicht mehr möglich war. Stalin hatte sich schon zu sehr an ein Leben in der Einsamkeit gewöhnt.

Die zierliche Katja wuchs zu einem fröhlichen Mädchen heran, wenngleich ihre Mutter meinte, sie sei offenbar durch ein Missverständnis als Mädchen zur Welt gekommen, Gott hätte aus ihr und ihrer Freundin Zwillingsbrüder machen sollen. Katja kletterte auf Bäume, kein Zaun war ihr zu hoch; sie fuhr mit dem Fahrrad, ging baden im Flüsschen, schlief nachts im Zelt neben der Datscha, spielte

Basketball und war von Hunden und Katzen umgeben. Swetlana hat sich damals wohl nicht mehr an ihre eigene Kindheit in Subalowo erinnert. Denn im September 1934 hatte sie dem Vater geschrieben, dass sie sich dort den ganzen Tag im Wald herumgetrieben habe.

Ihren Sohn nannte Swetlana einen hübschen, zärtlichen und sanften Jungen. Dieser sagte später: »Die Geburt meiner Schwester machte mich unglücklich. So ging es mir immer, wenn wieder jemand Neues in die Familie kam. Dann lebte ich bis zu meinem siebten Lebensjahr ganz allein mit meiner Kinderfrau in der Datscha. Ich hatte keine Freunde, war immer allein und spielte mit meiner Kinderfrau. Meine Mutter hatte ihre eigenen Sorgen.«[18] Die Sehnsucht nach seiner Mutter ist aus diesem Bekenntnis sehr deutlich zu spüren, obwohl diese meinte, er sei in Subalowo unter ihren »traditionellen Fittichen« und unter der Aufsicht zweier zärtlicher alter Frauen aufgewachsen.

Nach der Trennung im Herbst 1952 blieben Swetlana und Jurij Andrejewitsch Freunde. Er besuchte sie und die Kinder oft. Auf Swetlanas Wunsch hatte Schdanow ihren Sohn Josef Morosow adoptiert. Jurij Schdanow schreibt in seinem Buch »Ein Blick in die Vergangenheit« auch, dass er einer der Delegierten auf dem XX. Parteitag war und damit die Rede über Stalins Gräueltaten gehört hat. Er sei fassungslos gewesen, habe den Parteitag verlassen und sei zu seiner geschiedenen Frau gegangen, um sie zu warnen, dass auf sie ein fürchterlicher Schlag zukommen werde. Doch Mikojan hatte sie schon gewarnt. Was Schdanow bis heute nicht weiß: Chruschtschow hatte Swetlana die Rede vor dem Parteitag lesen lassen.[19]

Iwan Aleksandrowitsch Swanidse

Swetlanas Nichte Galja, die als eine recht kritische junge Frau angesehen werden kann, behauptete in einem 1967 gegebenen Interview unter anderem, dass ihre Tante Swetlana »vor ein paar Jahren« Iwan Aleksandrowitsch Swanidse geheiratet habe. Die Romanze habe sich vor ihren Augen entwickelt. Damit sei Swetlana »now entangled in another dangerous relationship«.[20]

Iwan Aleksandrowitsch Swanidse war der Sohn von Onkel Aljoscha (Aleksander Semjonowitsch Swanidse) und Tante Marusja (Maria Anissimowna) – beide ließ Stalin ermorden.

Nach der Ermordung seiner Eltern ließ ihn seine Kinderfrau nicht im Stich. Um das Kind durchzubringen, arbeitete sie in einer Fabrik. Dass die Tragödie seiner Eltern nicht spurlos an ihm vorübergegangen war, zeigte sich in seinem schwierigen Charakter, und als er größer wurde, kam er mit der Polizei in Konflikt und wurde einige Zeit eingesperrt. Swetlana traf ihn wieder in Moskau, als er dort seine Doktorarbeit abschließen wollte. Swetlana fand ihn sehr gut aussehend. Und es dauerte nicht lange, da spazierten sie als verliebtes Paar durch Moskau. Sie lebten eineinhalb Jahre als Ehepaar zusammen, dann trennten sie sich; sie kamen einfach nicht miteinander zurecht. Iwan litt sehr unter der Trennung von Swetlana. Sie dagegen schien nicht unglücklich. Es stellte sich indes heraus, dass die »Auflösung der Ehe« nicht leicht zu bewerkstelligen war. Iwan und Swetlana kamen immer wieder ins Haus von Galja und stritten sich dort lautstark über die bei der Scheidung anzugebenden Trennungsgründe.

Diese dritte Ehe der Stalin-Tochter kann auch die bedeutende Musikwissenschaftlerin Eleonora Mikojan bestätigen. Eleonora Mikojan stand Swetlana als Freundin sehr nahe. Eleonora erinnert sich, dass sie öfter mit Iwan Aleksandrowitsch auf der Krim zusammengetroffen ist, wo auch Swetlana Urlaub machte. Eines Tages, das Jahr weiß Eleonora nicht mehr genau, kehrte eine sehr beschwingte Swetlana zu Eleonora nach Moskau zurück. Sie hielt ihre Hände so merkwürdig versteckt hinter ihrem Rücken. Schließlich sagte sie: »Kätzchen, du hast mich lange nicht gesehen. Ich habe eine Neuigkeit für dich«, und streckte Eleonora ihren Pass entgegen. Darin war zu lesen, dass Swetlana wieder verheiratet war, und zwar mit Iwan Aleksandrowitsch.[21]

Dass die Ehe nur von kurzer Dauer war, könnte damit zusammenhängen, dass das Ehepaar sich nicht auf einen gemeinsamen Wohnsitz einigen konnte. Er lebte in einer Wohnung ziemlich weit weg vom Zentrum, sie wollte, dass er zu ihr in das »Haus am Ufer« zog. Das wollte er nicht. Swetlana scheint Iwan dann völlig aus ihrer Erinnerung ausgeblendet zu haben.

Der amerikanische Journalist Henry Shapiro, der als erster Josef Morosow interviewte, hörte von ihm: »Es stimmt, dass meine Mutter neben ihren legalen Ehemännern andere Männer kannte, und ich weiß, dass sie offen darüber spricht.«[22]

Swetlana nennt in ihren Büchern keinen ihrer zahlreichen Freunde. »Anders als die meisten es wissen«, erzählte Tatjana Tess, »gab es einen Wissenschaftler und einen jungen Mann, deren Namen ich nicht nennen möchte. Die Kinder sahen sie kommen und gehen, denn Swetlana brachte sie mit nach Hause.«

Die Reihe ihrer (falschen) Ehemänner wurde im Laufe der Zeit immer länger: Die *Stuttgarter Zeitung* wähnte, Swetlana Allilujewa sei mit dem Sohn des hingerichteten Gewerkschaftsführers Tomskij verheiratet gewesen, *Kristall* sah sie am 18. März 1942 mit dem Architekten Kobelew auf dem Moskauer Standesamt vereint, andere »Kenner« wussten von einem Ehebund mit dem Kautschukforscher Karanowitsch zu berichten. Im Juni 1951 begeisterte sich die Weltpresse an der Nachricht einer angeblichen Hochzeit Swetlanas mit dem Sowjetobersten Michail Kaganowitsch. Nach einer Meldung der *Münchner Illustrierten* »dauerten die Feierlichkeiten neun Tage«, im Urteil der *Kölnischen Rundschau* kostete die »Prunkhochzeit Swetlanas etwa zwei Millionen Goldrubel«. Sie stellte die »Hochzeiten der persischen und ägyptischen Höfe in den Schatten«, kommentierte der *Sunday Express* in London.[23] Swetlana selbst schrieb in ihrem zweiten Buch »Das erste Jahr«, dass sie zu ihrer großen Verwunderung aus dem *Stern* erfuhr, sie habe sich mit einem Sohn Kaganowitschs verheiratet. »Erstaunlich«, meinte sie, »denn es gab gar keinen Sohn Kaganowitsch«; mit der Kaganowitsch-Tochter war sie eng befreundet. Der Junge, den die Kaganowitschs adoptiert hatten und in ihrer Familie aufzogen, war zehn Jahre jünger als Swetlana.[24]

Swetlanas Freunde und Familie

Du wolltest mich ja nicht haben! Stimmt's?[1]

Sergo Berija und Marfa Peschkowa

Die im Jahr 1999 erschienenen Aufzeichnungen von Sergo, dem Sohn des berüchtigten zweiten Mannes im NKWD Lawrentij Pawlowitsch Berija, tragen dazu bei, Swetlanas Beziehungen zu dieser Familie näher zu beleuchten.[2] Sergo Berijas Buch ist ein Stück Zeitgeschichte, wie sie der Sohn eines Mitglieds der sowjetischen Nomenklatura selbst erlebt beziehungsweise wie ihm seine Mutter Nina, promovierte Chemikerin, darüber berichtet hatte.

In einem Kapitel seines Buches befasste sich Sergo mit den Personen, die Stalin, diesem »fleischgewordenen Satan«[3], persönlich am nächsten standen, also auch dessen drei Kindern Jakow, Wassilij und Swetlana. Nach dem Tod ihrer Mutter suchte Swetlana oft die Nähe von Nina Berija, die das kleine Mädchen liebevoll umsorgte. Als junges Mädchen verliebte sie sich dann in Ninas Sohn Sergo. Sie wollte ihn heiraten. Doch seine Mutter redete ihr gut zu und machte ihr klar, dass ihr Sohn in ihr eine Schwester sehe und sie niemals heiraten werde; das würde sie schon zu verhindern wissen.

Während des Großen Vaterländischen Krieges wurde Sergo Berija zusammen mit drei Lehrern seiner Akademie nach Swerdlowsk geschickt. Dort sollten die Instrumente der englischen »Spitfires«[4] untersucht werden, mit denen man feindliche Flugzeuge auch in der Nacht abfangen konnte. Sergo hatte Swetlana mitgeteilt, wo er sich aufhielt. Eines Tages bat sie ihren Bruder Wassilij, den Piloten, ein Flugzeug bereitzustellen und sie nach Swerdlowsk zu fliegen. Sergo freute sich, Swetlana zu sehen, ließ für sie ein Zimmer in seiner Unterkunft herrichten, und zusammen mit seinem Kommandeur feierten sie fröhlich ihre Ankunft. Doch dann tauchte plötzlich Sergos Mutter auf, die ihr Mann, der Geheimdienstchef, nach Swerdlowsk beordert hatte. »Das hat uns gerade noch gefehlt, dass unser junger Narr etwas Dummes macht«, schimpfte die Mutter. Und zu Swetlana: »Machst du dir eigentlich klar, was du getan hast? Wenn dein Vater davon erfährt, wird er Sergo fertigmachen.«[5] Swetlana entgegnete, dass sie sich ohne Sergo gelangweilt habe.

Auch Kira Pawlowna Allilujewa, Swetlanas Cousine, erinnerte sich an diesen Besuch, da sie damals mit ihrer Familie nach Swerdlowsk evakuiert gewesen war. Sie nannte Sergo einen »schönen Jungen« und meinte, es sei nicht zu übersehen gewesen, dass Swetlana ihn »unbedingt« sehen wollte.[6]

Nach zwei Tagen in Swerdlowsk nahm Nina Berija Swetlana wieder mit zurück nach Moskau. Sergo war froh, dass die Affäre für ihn keine weiteren Konsequenzen hatte, abgesehen von der »Predigt« seiner Mutter: »Vor allem, heirate sie nicht. Sie wird dich unglücklich machen. Du kennst ihren Charakter, sie hätte die Hosen an. Ich möchte nicht, dass dies meinem Sohn passiert.«[7]

Im Jahr 1946 heiratete Sergo Berija dann die schöne Marfa Peschkowa, eine Enkelin von Maksim Gorkij. Sergo hatte Marfa Peschkowa schon vor dem Krieg durch Swetlana kennengelernt, da die beiden Schulkameradinnen waren. Es war im Jahr 1934, als sich die Schulmädchen im Landhaus von Marthas Großvater in Gorki erstmals gegenüberstanden. Stalin hatte seine Tochter dorthin gebracht. Da sie Altersgenossinnen waren, wollten die Erwachsenen, dass sie sich miteinander anfreundeten. Die kleinen Mädchen mochten sich, und so folgte ein Besuch Marfas in Subalowo. Die Kinderfrau brachte sie in den ersten Stock zu Swetlana. Diese saß am Boden und schnitt mit einer Schere etwas Schwarzes aus. Es war ein mit Perlen besticktes Kleid ihrer Mutter, aus dem sie ein Kleid für ihre Puppe nähen wollte. Marfa: »Sie hatte keine Mutter, und ich hatte vor kurzem meinen Vater verloren. Wir beide fingen an zu heulen.«[8]

Am Beginn des neuen Schuljahres, dem 2. September 1935, hatte Swetlana aus Moskau ihrem Vater geschrieben, dass neben ihr in

10 Die Freundin-
nen Marfa
Peschkowa, Enkelin
Maksim Gorkijs,
spätere Ehefrau
Sergo Berijas und
Swetlana am
Schwarzen Meer

der Klasse Marfa Peschkowa sitze. Fünf Jahre später waren die beiden so eng befreundet, dass sie den Sommer zusammen in Sotschi
verbrachten, wie aus Swetlanas Brief vom 5. August 1940 an den
Vater hervorgeht: »Ich schicke dir erstmals ein Foto, was bisher
noch nie der Fall war. Zwei Affen auf einem Bananenbaum – Sweta
und Marfa auf einer Eiche. Sage Marfa nicht, dass ich dir das Bild
geschickt habe, sonst wird sie böse und lässt sich nicht mehr fotografieren.«[9]
Mit Kriegsausbruch war Swetlana auf Anweisung ihres Vaters nach
Kujbyschew gebracht worden. Da Marfa sie dort gerne besuchen
wollte, übernahm Wassja wieder den Transport. Er flog mit seinem
Kampfflugzeug zu seiner Schwester. Am Flughafen in Kujbyschew
stieg die wartende Swetlana in die Maschine und alle drei flogen
über die Stadt, um dann im Sturzflug zu landen. Swetlana saß eine
Weile selbst am Steuer. Die Wiedersehensfreude war groß. Swetlana
und Marfa waren so eng befreundet, dass sie gegenseitig ihre
Gedanken lesen konnten. Marfa erlebte damals auch eine traurige
Freundin, die erstmals die Wahrheit über den Tod ihrer Mutter

erfahren hatte. Swetlana schrieb in Kujbyschew ein Gedicht darüber, »wie sie auf den Friedhof kam und dort die so lebensnahe Statue ihrer Mutter vorfand. Dieses Gedicht hat mich sehr beeindruckt«, sagte Marfa.[10]

Sergo blieb stets informiert über Swetlanas Lebensweg. Er erfuhr von ihrer unglücklichen Liebe zu dem viel älteren Filmemacher Kapler und kannte auch die beiden Ehemänner Swetlanas. Und sie spottete über Sergo: »Du wolltest mich ja nicht haben! Stimmt's?«[11] Als auch Swetlanas zweite Ehe nicht glücklich verlief, vertraute sie sich wieder Sergos Mutter an. Sie hatte genug von Ehemännern. »Man muss sie behandeln, wie die Bienen die Hummeln behandeln.«[12]

Nina Berija vergab Swetlana später »all die Geschichten«, die sie über ihren Mann Lawrentij in ihren Büchern schrieb. Sie hatte Verständnis dafür, dass Swetlana so handeln musste. Natürlich wollte sie ihren Vater entlasten, so gut sie nur konnte.

Mit der Verhaftung von Lawrentij Berija im Jahr 1953 wurden seine Frau und sein Sohn sofort unter Hausarrest gestellt. Ihre rührenden Gnadengesuche für den Ehemann und Vater nützten nichts. Am 23. Dezember 1953 wurde der »Schlächter« Berija hingerichtet.

Sergo und seine Mutter kamen in Einzelhaft, zuerst in Lefortowo, dann in Butyrka. Ironie des Schicksals: Nina verbrachte ein Jahr in einer Einzelzelle, in der man weder sitzen noch liegen konnte – eine Erfindung ihres Mannes!

Mutter und Sohn wurden Ende 1954 endlich entlassen.

Swetlanas Halbbruder Jakow (Jascha)

Jossif Wissarionowitsch Dschugaschwili heiratete in erster Ehe im Juni 1904 die 1881 in Kaspegi geborene, sehr hübsche dunkelhaarige Näherin Jekaterina (Kato) Swanidse in seinem Geburtsort Gori in Georgien.[13] Die heimliche Trauung vollzog Christopher Tchinwoleli in der Kirche des hl. David. Der Rebell, der sich damals Koba nannte, wollte ein unschuldiges und gottesfürchtiges Mädchen zu seiner Frau. Von freidenkenden revolutionären Frauen, die wie er ständig auf der Flucht waren und vom Bett des einen Kameraden in das des nächsten wechselten, hatte er gerade genug.

Jekaterina hatte bei ihrer Eheschließung keine rechte Vorstellung davon, in welche – in ihren Augen gottlosen – politischen Umtriebe ihr Mann verstrickt war. Sie flehte zu Gott, dass er sich von den revolutionären Ideen abwenden möge, um Glück in einem friedlichen Familienleben zu finden.

Am 23. März 1905 kam der Sohn Jakow zur Welt. Damals hatte die junge Frau große Schwierigkeiten, mit dem wenigen ihr zur Verfügung stehenden Geld auszukommen. Und als Jekaterina krank wurde, fehlte Koba das Geld für einen Arzt. Außerdem behandelte er seine Frau lieblos, ja betrog sie mit der Begründung, »dass sie für Geschlechtsverkehr – insbesondere für seine wenig zärtlichen Praktiken – viel zu schwach geworden sei«[14]. Nach nur dreijähriger Ehe starb die lungenkranke Jekaterina am 10. April 1907. Ihr Mann hatte sie auch im Sterben allein gelassen, ihr jedoch ein Begräbnis nach orthodoxem Ritus versprochen.

Zu einem alten Freund sagte er: »Diese Kreatur hat mein hartes Herz weich gemacht. Nun da sie tot ist, sind auch meine letzten Gefühle für alles Menschliche erstorben.«[15] Seinen Sohn ließ er in der Obhut von Jekaterinas Schwester: Die Großeltern kümmerten sich rührend um ihn. Jascha ging in Tbilisi zur Schule. Als 15-Jährigen holte ihn sein Vater zum Studium nach Moskau, wo er erst einmal Russisch lernen musste. Er kam in Stalins Familie. »Sehr zärtlich, mit aufrichtiger Liebe verhielt sich Mama zu Jascha, meinem ältesten Bruder«, meinte Swetlana.[16]

Nadeschda war durchaus bereit, sich ihrem Stiefsohn zu widmen, der nur sechs Jahre jünger war als sie selbst. Bald blühten die Gerüchte über eine Liebesbeziehung zwischen den beiden. Seiner Ziehmutter Maria Anissimowa Swanidse (Tante Marusja) teilte sie mit, dass sie beim besten Willen zu diesem Jungen keinen Zugang finde. Sie fand ihn entsetzlich scheu und begriffsstutzig.

Laut Swetlanas Aufzeichnungen trat Jascha im Jahr 1935 in Moskau in die 1. Fakultät der Artillerieakademie der Roten Armee ein. Jakow galt als ordentlicher, ehrlicher und schüchterner Mensch, der von der Abneigung seines Vaters stark geprägt war. Er erbrachte schlechte Leistungen, hatte große Wissensrückstände und versuchte sich das Leben zu nehmen.

Swetlana erinnerte sich, dass Jascha hin und wieder zu ihnen in die Wohnung im Kreml kam, er sehr zärtlich zu ihr war, ihr bei den Hausaufgaben zusah und mit ihr spielte. Wenn er zum Essen dablieb und Stalin tatsächlich einmal anwesend war, kam allerdings kein rechtes Gespräch in Gang. Jaschas »Ruhe und Sanftmut« – so Swetlana – regten den selbst noch im Alter aufbrausenden Vater auf. Er liebte jedoch Jaschas Tochter Galja und sie liebte ihren Großvater. Er nannte sie »kleines Fräulein«, eine Bezeichnung, die er sonst nur für Swetlana benützte.

Bei Ausbruch des Großen Vaterländischen Krieges war Jascha 33, seine Schwester Swetlana 15 Jahre alt. Jascha wurde als Reservist eingezogen und an die weißrussische Front in die Gegend von Baranowitschi geschickt. Die Nachrichtenübermittlung aus dem Westen Weißrusslands riss sehr bald ab. Als Jascha in deutsche Kriegsgefangenschaft geraten war, schwieg die Sowjetpresse darüber. Aus anderen Quellen erfuhr dann Jaschas Frau Julija, dass ihr Mann schon am 16. Juli 1941, kurz nach dem deutschen Einmarsch, als die Deutschen über Smolensk in Richtung Moskau vorzustoßen versuchten, bei Grosna gefangen genommen worden war. Swetlana war von ihrem Vater telefonisch davon in Kenntnis gesetzt worden, hatte es aber nicht übers Herz gebracht, dies Julija und ihrer kleinen Tochter Galja mitzuteilen.

Swetlana musste sich anhören, dass ihr Vater in Jaschas Frau Julija »eine Komplizin« ihres Mannes bei dessen »Fahnenflucht« sah. Jaschas Gefangennahme sei nicht zufällig erfolgt, er sei dazu verführt worden, sich gefangen nehmen zu lassen. So absurd dieser Gedanke war, so tragisch waren die Folgen für Julija: Sie wurde im Herbst 1941 zusammen mit ihrer Mutter in Moskau verhaftet und saß bis zum Frühjahr 1943 im Gefängnis. Es bedurfte ziemlicher Überzeugungskraft, bis Stalin zustimmte und Berija beauftragte, die kleine Tochter nach Kujbyschew zu bringen.

Nach einem Bericht der *New York Times* vom 4. Oktober 1944, der aus vatikanischen Quellen stammte, soll der gefangen genommene Jascha zu Hermann Göring gebracht worden sein, der versuchte, ihm »Deutschlands militärische und industrielle Macht auf eindrucksvollste Weise vor Augen zu führen«. Stalins Sohn habe jedoch »Verachtung für alles Nichtrussische gezeigt« und über sein Privatleben nur gesagt, dass er »seinen Vater nur selten gesehen und als Sohn des Ministerpräsidenten auch keinerlei Vorrechte genossen habe«.[17]

Stalin hätte seinen Sohn aus deutscher Gefangenschaft befreien können, als Generalfeldmarschall Friedrich Paulus in Stalingrad in russische Hände fiel. Die Deutschen boten Stalins Sohn im Austausch gegen den Kommandeur der Sechsten Armee von Stalingrad an. Stalin lehnte verächtlich ab. »Wir tauschen keinen Soldaten gegen einen Feldmarschall.« Im KZ Oranienburg kam Jascha in Einzelhaft, musste hungern, wurde geschlagen und gedemütigt. Doch Jakow erwies sich als stärkere Persönlichkeit, als sein Vater dachte. Er fürchtete, dass die Deutschen ihn durch Folter und psychologische Bearbeitung dazu bringen könnten, seinen Vater und sein Volk zu verraten. Als man ihm sagte, dass Stalin das deutsche Angebot, ihn gegen einen gefangenen hohen deutschen Offizier auszutauschen, abgelehnt habe, riss Jakow sich von seinen Wächtern los und rannte in den elektrisch geladenen Stacheldraht. Die Maschinenpistole eines Wärters machte seinem Leben ein Ende.

1993 kam Swetlana in einem Gespräch mit Rosamond Richardson nochmals auf den Tod ihres Stiefbruders zurück. Sie konnte sich nicht vorstellen, dass er fliehen wollte. Er habe gewusst, dass der Zaun unter Starkstrom stand. »Davon leite ich ab, dass er sterben wollte. Er war am Ende seiner Kräfte.«[18] Swetlana war ihrem Stiefbruder immer zugetan gewesen: »Wäre der Krieg nicht gekommen, wären Jascha und ich wohl richtig gute Freunde fürs ganze Leben geworden.«[19]

Swetlanas Bruder Wassilij (Wassja)

Wassilij kam 1921 nicht in dem auf seine Geburt vorbereiteten Kreml-Krankenhaus zur Welt, sondern in einer kleinen Entbindungsstation am Stadtrand von Moskau. Die hochschwangere Nadeschda und ihr Mann waren kurz vor der Geburt so sehr in Streit geraten, dass diese das Haus verlassen hatte. Der Junge sah seinem Vater ähnlich, der ihn liebte, aber kaum Zeit für ihn hatte. Die strenge Mutter besorgte für das Kind eine Kinderfrau, später eine Erzieherin, dann einen Erzieher und das entsprechende Wachpersonal.

Wassilij war elf Jahre alt, als sich seine Mutter das Leben nahm. Der Tod der Mutter traf den Halbwüchsigen hart. Im Gespräch mit der englischen Autorin Rosamond Richardson im Jahr 1993 sagte Swetlana: »Als Mutter starb, war er am Ende. Sie war seine Liebe und sein Schutz: Sie bedeutete ihm alles.«[20]

Wassilij war ein leidenschaftlicher Reiter und ritt gerne mit seiner Schwester aus. Die beiden spielten auch sehr gut Schach, ein Spiel, das ihnen der Vater beigebracht hatte. Wassilij war ein guter Radiobastler, versuchte sich in der Malerei und interessierte sich für Astronomie. Er liebte den in den Augen seines Vaters »dekadenten« westlichen Jazz, schwärmte für amerikanische Autos und besaß sowohl einen roten Mercedes-Benz als auch ein Harley-Davidson-Motorrad, mit dem er überall Aufsehen erregte, vor allem bei der Damenwelt. Seine Beziehungen zu Frauen begannen sehr früh. Wassilijs Schwester beklagte sich, dass er mit ihr in frühester Jugend über Sex gesprochen habe, leider in einer geschmacklosen Art. Seine Ausdrucksweise sei überhaupt ordinär gewesen, und er habe am liebsten schmutzige Geschichten erzählt. Er sei immer wieder gebeten worden, in Anwesenheit seiner so viel jüngeren Schwester den Mund zu halten. Doch das habe er nicht getan. Swetlana sei dann eben vom Tisch aufgestanden und habe das Zimmer verlassen.[21]

Wassilijs erste Frau war Natascha Aleksandrowna Burdonskaja, die Tochter von Molotow, mit der er seit Kindertagen befreundet war.

Mit ihr hatte er zwei Jungen, ließ sich aber später von ihr scheiden. Seine zweite Frau war Jekaterina (Ninel), die Tochter von Semjon K. Timoschenko[22], von der man erzählte, dass sie eine »sehr schöne Frau mit rabenschwarzem Haar und blauen Augen« war. Sie gebar ihm ebenfalls zwei Jungen. Und die dritte Ehefrau wurde Kapitolina Wassiljewa[23]. Drei glücklichen ersten Ehemonaten folgten vier unglückliche Jahre mit Quälereien, Beleidigungen und Saufgelagen. Schließlich jagte er sie davon. Seine zweite Frau, die er daraufhin wieder ins Haus geholt hatte, hielt es auch nur kurze Zeit bei ihm aus.

Wassilij war während des Krieges zunächst beim Stab, seit dem Frühjahr 1943 Kommandeur eines Fliegerregiments, dann befehligte er eine Division, später ein Fliegerkorps an der Westfront. Er hatte ein zweistöckiges Einfamilienhaus für sich und seine Familie nicht weit von Berlin. 1946 war Swetlana mit ihm für zehn Tage in Deutschland, um seine Frau, die eben ein Mädchen zur Welt gebracht hatte, zu besuchen, und kehrte dann mit dem »persönlichen« Flugzeug zurück, das mit »Trophäen« (Beutestücken) für die Datscha ihres Bruders vollgestopft war. Swetlana war ziemlich niedergeschlagen, denn das, was sie von Deutschland gesehen hatte, war ein zerbombtes Land, das in Schutt und Trümmern lag. Sie war mit dem Auto von Warnemünde über Rostock, Berlin, Dresden und Leipzig bis Jena und Weimar gefahren.

Stalin selbst sah sich schließlich gezwungen, Wassilij aus dem Oberkommando der Luftstreitkräfte wieder zu entfernen. Wie seine Schwester Swetlana bestätigte, trug Wassilij die Verantwortung dafür, dass der Oberkommandierende der sowjetischen Luftstreitkräfte, Marschall A. A. Nowikow, in Ungnade fiel und verhaftet wurde.[24]

So saß Wassilij als General im Ruhestand allein zu Hause und trank und trank, bis er 1953 eines Tages völlig den Kopf verlor. Nach einem Gelage mit irgendwelchem Gesindel wurde Wassilij Jossifowitsch Stalin am 28. April 1953 verhaftet.

S. N. Kruglow informierte Georgij Maximilianowitsch Malenkow, seit 1953 Vorsitzender des Ministerrates der UdSSR, nach der Verhandlung am 8. August 1953 über die Vergehen Wassilij Stalins.[25] Er habe sich falscher Berichterstattung und der Verleumdung von Mitgliedern der Regierung schuldig gemacht. Das Kriegsgericht verurteilte ihn zu acht Jahren Kerker. Swetlana besuchte ihren Bruder im Gefängnis zusammen mit seiner dritten Frau, Kapitolina Wassiljewa. Im trostlosen, dunklen Arbeitszimmer des Gefängnisdirektors hing immer noch ein gewaltiges Porträt Stalins an der Wand. Der Direktor wusste nicht so recht, wie er sich den beiden in teure Pelze gekleideten Damen aus der Hauptstadt gegenüber verhalten sollte. Schließlich kam Wassilij und stellte ununterbrochen Forderungen an seine Schwester und seine Frau. Sie sollten alle möglichen Leute anschreiben und um seine vorzeitige Entlassung bitten.

Seine vorzeitige Entlassung verdankte Wassilij jedoch weitgehend der Tatsache, dass Nikita Chruschtschow Mitleid mit ihm hatte und ihn wie ein Vater behandelte. Wassilij erhielt seinen militärischen Rang und seine Parteimitgliedschaft zurück, und auch seine Pension wurde ihm wieder zuerkannt. Doch bald ging es erneut mit ihm bergab. Daraufhin wurde er nach Kasan in die Verbannung geschickt. Dort lebte er zusammen mit seiner vierten Frau, der Krankenschwester Maria Nussberg, die er bei einem Aufenthalt im Gefängniskrankenhaus kennengelernt hatte.

Stalins Sohn Wassilij starb am 19. März 1962 im Alter von 41 Jahren an seiner Trunksucht. Der Vorsitzende des Komitees für Staatssicherheit W. J. Semitschastni teilte am 19. März 1962 Nikita S. Chruschtschow streng geheim mit, dass es für zweckmäßig gehalten werde, W. J. Dschugaschwili in Kasan ohne militärische Ehren beizusetzen.[26] Auf seinem Grabstein steht eingemeißelt: »Dem einzigen Dschugaschwili«.

Stalins Terror gegen die eigene Familie

*Ich war eine stolze Person und ich wusste,
dass diejenigen, die mich eingesperrt
hatten, dies mit Zustimmung Stalins getan
haben. Warum sollte ich ihm schreiben?
Ich sah darin wirklich keinen Sinn.*[1]

Die Familie von Pawel Allilujew

Swetlana konnte nicht umhin, in all ihren Publikationen immer
wieder darauf hinzuweisen, dass selbst die eigene Familie vom Terror ihres Vaters nicht verschont blieb. Gerade die Familie seiner
zweiten Frau, die ihm immer wieder geholfen hatte, musste unendlich leiden. Das Ehepaar Allilujew hatte vier Kinder: Pawel (1894–
1938), Anna (1896–1964), Fjodor (1898–1955) und Nadeschda
(1901–1932). Alle kamen im Kaukasus zur Welt. Und wie Swetlana
stolz schrieb, waren alle besonders schöne Kinder einer sehr elegant
und gut aussehenden Mutter. Ein vernichtendes Urteil über die
Familie von Stalins zweiter Frau fällte allerdings eine Schwägerin
der ersten Frau Stalins, Maria Anissimowna Swanidse: »J.[osef] tut
mir leid. Wenn man sich die einzelnen nur näher ansieht: Die halb-
gebildete O.[lga] J.[ewgenjewna], der Idiot Fjodor, der schwachsin-
nige Pawel.«[2]
Pawel, der älteste der Geschwister Allilujew, wurde gegen Ende der
1920er-Jahre als sowjetischer Militärattaché nach Deutschland ent-
sandt und lebte dann längere Zeit mit seiner Familie in Berlin. Ab
und zu schickte er seiner Schwester ein schönes Kleid oder Parfüm.
Als Nadeschda im Juni 1930 zur Kur nach Karlsbad reiste, besuchte
sie auch ihren Bruder in Berlin. Als man ihm die schreckliche
Nachricht vom Tod seiner Schwester überbrachte mit dem Hinweis,

dass der Selbstmord mit genau der Pistole geschah, die er ihr gegeben hatte, brach er zusammen. Pawels Kinder Kira, Sergej und Aleksander lebten mehrfach längere Zeit mit ihren Eltern zusammen im Kreml und in Subalowo.

Pawels Frau Jewgenija, genannt Schenja, war eine wunderschöne Frau. Sie dürfte seit 1934 Stalins Geliebte gewesen sein und genoss viele Privilegien. So erlaubte Stalin ihr sogar, zusammen mit ihrem Mann nach Paris zu reisen. Er konnte sie aber auch bei Tisch ärgern, wenn die ganze Familie sich in seiner Datscha traf. Er schaute sie an und rief aus: »Du wirst ja schon wieder fett.«[3]

Als Ende der 1930er-Jahre Stalins krankhafter Verfolgungswahn immer deutlicher wurde und er selbst Freunde von Pawel hatte verhaften lassen, ging dieser zu ihm und verlangte, ihn gleich mit zu verhaften, denn er habe während seiner Zeit in Berlin mit den verschiedensten Leuten in Deutschland zusammengearbeitet. Zwei Tage später teilte man Pawels Frau mit, ihr Mann sei sehr krank und man müsse das Schlimmste befürchten. Allilujew starb am 2. November 1938 im Alter von 43 Jahren in seinem Arbeitszimmer, angeblich an einem Herzinfarkt. Die Wahrheit war, dass Pawel vom Geheimdienst vergiftet worden war.

Als sich die Witwe bald darauf mit ihrer Jugendliebe, dem Juden Nikolaj Wladimowitsch, wieder verheiratete, brach Stalins Zorn über sie herein. Und nun kam auch noch Berija ins Spiel. Er setzte in Umlauf, Jewgenija habe ihren ersten Mann Pawel vergiftet, weil sie von Anfang an Wladimowitsch habe heiraten wollen.

So kam Jewgenija zehn Jahre nach dem Tod ihres ersten Ehemannes ins Lubjanka-Gefängnis: Neben der Beschuldigung des Giftmordes traf sie auch die Anklage, an »Spionageaffären« beteiligt gewesen zu sein. Das Urteil lautete auf zehn Jahre Einzelhaft. Ihrer Nichte Swetlana sagte sie später: »Dort unterschreibst du alles, wenn man dich nur am Leben lässt und nicht quält! Nachts hat niemand schlafen können wegen der Schreie aus den Zellen, die Menschen schrien mit unmenschlichen Stimmen, baten und beschworen, dass man sie doch töten möge, lieber sogleich töte (…).«[4]

Jewgenija musste sechs Jahre in Einzelhaft verbringen und erhielt nicht einmal die Erlaubnis, mit ihren Angehörigen zu korrespondieren. Ein Jahr nach Stalins Tod wurden dann alle Anschuldigungen gegen sie für falsch erklärt, und sie kam endlich frei.

Kurz nachdem ihre Mutter Jewgenija abgeholt worden war, ereilte die 18-jährige Tochter Kira das gleiche Schicksal. Stalin ließ sie für sechs Monate ins Lubjanka-Gefängnis stecken, bevor sie für fünf Jahre ins Exil nach Schuija im Distrikt Iwanowo gehen musste.

»Allmählich war er uns alle los«, resümierte Kira, »er merzte unsere Familie aus.« Während ihrer Haft baten die übrig gebliebenen Familienmitglieder sie, doch an Stalin zu schreiben, aber sie fürchtete, das würde alles nur noch schlimmer machen. »Ich war eine stolze Person, und ich wusste, dass diejenigen, die mich eingesperrt hatten, dies mit Zustimmung Stalins getan haben. Warum sollte ich ihm schreiben? Ich sah darin wirklich keinen Sinn.«[5]

Da Kira und Swetlana sich stets zugetan waren, stellte Swetlana ihrem Vater immer wieder die Frage, warum diese Festnahmen auch Mitgliedern von Familien passierten, die ihn doch auf dem Weg zur Macht begleitet hatten und die ihm gegenüber stets loyal geblieben waren. »Sie wussten zu viel. Sie quatschten zu viel, was den Feinden zugespielt wurde.«[6] Swetlana konnte diese unaussprechlich brutalen Aktionen einfach nicht begreifen.

Als Schauspielerin konnte Kira, die »Volksfeindin« und Verwandte des Tyrannen, lange nicht mehr Fuß fassen. Doch 1957 erhielt sie einen Posten beim Fernsehen und arbeitete dort bis zu ihrer Pensionierung im Jahre 1980. Sie war zunächst Regieassistentin und später Regisseurin in der Musikredaktion.

Kira und Swetlana blieben immer in Kontakt, doch störte es Swetlana, dass Kira jederzeit bereit war, Interwies über die Stalinzeit zu geben. Nach 1967 gab es nur noch ein Treffen zwischen den beiden Frauen. Swetlana hatte Kira 1985 nach Georgien eingeladen. Dort lernte sie Olga kennen. Nachdem Swetlana 1998 in die USA zurückgekehrt war, telefonierte sie hin und wieder mit Kira. 2003 schrieb Simon Sebag Montefiore in seinem Buch »The Red Tsar«: »Kira

(…) is as irrepressible today as she was when she refused to climb under Stalins's billard table in 1937.«[7]

Bei einem Besuch der Autorin bei ihr im Jahr 2004 im Moskau öffnete sie ihre Wohnungstür mit Schwung und sang das deutsche Kunstlied »Sah ein Knab ein Röslein stehen«. In ihrem winzigen Wohnzimmer hatte sie eine regelrechte Tafel inszeniert mit russischen Spezialitäten und zelebrierte russische Gastfreundschaft.

Die Familie Redens

Nadeschdas ältere Schwester Anna Sergejewna hatte zu dieser ein sehr enges Verhältnis. Anna, eine lebhafte, redselige und intelligente Revolutionärin, war besonders ehrgeizig. Ihren Mann Stanislaw Franzewitsch Redens (Swetlanas »Onkel Stach«), einen polnischen Bolschewiken, betete sie an, obwohl er als grob und hochmütig galt. Nach dem Bürgerkrieg lebte das Ehepaar in Charkow, dann wurde Redens zur Tscheka Georgiens versetzt. 1938 wurde er seines Amtes enthoben, nach Kasachstan versetzt und, obwohl er zu den führenden NKWD-Offizieren zählte, 1941 auf »Befehl des Diktators ohne erkennbaren Grund getötet«.[8]

Anna hatte den Mut, ihre eigenen Erlebnisse mit der Familie und in der Revolution aufzuschreiben. Diese Memoiren erschienen 1946 unter dem Titel »Wospominanija« (Erinnerungen). Stalin tobte, als er das Buch las. Sergo Berija schrieb über Annas Buch: »Arme Frau, hat es nicht schon gereicht, mit einem Redens verheiratet zu sein, jetzt schreibt sie und erinnert die Menschen an des Generalissimus physische Defekte!«[9]

Es dürfte u. a. ein von Anna veröffentlichter Brief gewesen sein, der der Öffentlichkeit vorenthalten werden sollte, weil er den späteren Diktator in einem ungünstigen Licht zeigte – nämlich als »ehrerbietig, sogar unterwürfig und ein wenig wehleidig«.[10]

Höchst unangenehm war es für Stalin, lesen zu müssen, dass seine Beteiligung am Aufstand vom 25. Oktober, der Oktoberrevolution, minimal zu nennen sei. Stalin ärgerte sich auch über das, was Anna über ihn *nicht* schrieb. Er war es längst gewohnt, zwischen den Zeilen zu lesen, und zog daraus sofort seine Schlüsse. Selbst die Zuneigung und Bewunderung durch Anna missfiel ihm – jener Anna, die für ihn gewaschen, geputzt und gekocht hatte in den Zeiten, als er völlig mittellos dastand.

Sie fiel der Verhaftungswelle 1947 zum Opfer. Zusammen mit ihrer Schwägerin Jewgenija Aleksandrowna wurde sie ins Gefängnis gebracht. Das Urteil: zehn Jahre Einzelhaft.

1954 kam Anna endlich nach Hause, völlig teilnahmslos und von Halluzinationen geplagt. Ihr Sohn hatte einen Anruf erhalten, dass sie entlassen würde. Ihre Tochter holte sie ab und Swetlana war auch zur Begrüßung erschienen. Anna sah entsetzlich schlecht aus. Sie suchte und suchte ihren Sohn. Doch der stand neben ihr, groß gewachsen und fast 20 Jahre alt. Als sie eingesperrt worden war, war er gerade zwölf Jahre alt gewesen. Sie erkannte ihn nicht mehr. Nur langsam ging es Schritt für Schritt mit ihrer Gesundheit wieder aufwärts.

Anna Sergejewna starb im August 1964 in einem Moskauer Krankenhaus. Seit dem Ende ihrer Kerkerzeit litt sie an Klaustrophobie. Ungeachtet ihrer Bitten schloss man sie eines Abends wieder einmal in ihrem Krankenzimmer ein. Am anderen Morgen fand man sie tot.

Das Schicksal von Swetlanas Onkel Fjodor Allilujew war ebenfalls tragisch. Er galt als der intelligenteste unter den Geschwistern ihrer Mutter. Seine besondere Begabung lag auf dem Gebiet der Naturwissenschaften. Wegen seiner außerordentlichen Fähigkeiten wurde er in die Gardemarine, einer aristokratischen Kaste, aufgenommen. Im Bürgerkrieg wollte er als Aufklärer an die vorderste Front. Fjodor hielt den entsetzlichen »Anforderungen« des militärischen Drills allerdings psychisch nicht stand. Er drehte durch und lebte schließlich als Halbinvalide vereinsamt bis zu seinem 60. Lebensjahr von einer kleinen Pension.

Jedes der bisher genannten Mitglieder der Allilujew-Familie hatte auf die eine oder andere Art unter der verwandtschaftlichen Verbindung mit Stalin zu leiden. Lediglich Olga und Sergej Allilujew, die Eltern von Swetlanas Mutter, starben eines natürlichen Todes.

Die Familie Swanidse

Nicht nur der Familie von Stalins zweiter Frau wurde so übel mitgespielt, auch der Familie seiner ersten Frau Jekaterina Swanidse.[11] Maria Anissimowna – Tante Marusja –, die Ehefrau von Jekaterinas Bruder, liebte ihre Schwägerin Nadeschda sehr. Nach deren Verheiratung blieben Bruder und Schwägerin in ihrer Nähe in Moskau. Obwohl Nadeschda 1932 aus dem Leben schied, war vor allem Tante Marusja deren Familie lieb und teuer. Sie war sehr viel mit Stalin auf seiner Datscha zusammen und kümmerte sich rührend um die kleine Swetlana.

Marusja, 1889 in Tbilisi geboren, eine Opernsängerin, hatte als Witwe 1921 Aleksander Semjonowitsch Swanidse geheiratet. Dieser wurde kurz darauf befördert – zum Stellvertreter des Vorsitzenden der Verwaltung der Staatsbank für Auslandsoperationen der UdSSR. Aleksander Semjonowitsch Swanidse galt als ein bedeutender Finanzfachmann, der viele Jahre im Ausland, in London, Genf und Berlin, gearbeitet hatte. Swetlana zählte ihn zum Kreis europäisch gebildeter und kultivierter Marxisten.

Das Schicksal der Eheleute Swanidse gestaltete sich tragisch. Beide wurden im Rahmen der »Säuberungen« verhaftet und verurteilt. Aleksander Swanidse zeigte sich als ein mutiger Mann, der Stalin nicht um Gnade anflehte, obwohl es gerade das war, was Berija während dessen Haftzeit vom Dezember 1937 bis Dezember 1940 unbedingt erreichen wollte. Ursprünglich zum Tode verurteilt, änderte das Plenum des Obersten Gerichts für Swanidse die Höchststrafe in eine Freiheitsstrafe von 15 Jahren. Das gleiche Plenum hob am 20. August 1941 den eigenen Beschluss wieder auf und setzte das Urteil des Militärkollegiums von 1940 erneut in Kraft. Noch am gleichen Tag wurde Swanidse auf Weisung Berijas erschossen.

Marusja, Swetlanas geliebte Tante, wurde am 29. Dezember 1939 auf Beschluss des Sonderkollegiums beim NKWD zu acht Jahren Freiheitsentzug verurteilt, weil sie »antisowjetische Gespräche geführt, die Strafpolitik der Sowjetmacht verurteilt und terroristische Absichten gegen einen Führer der Kommunistischen Partei und der Sowjetregierung geäußert« habe. Am 3. März 1942 fasste das Sonderkollegium beim NKWD auf der Grundlage derselben Akten den Beschluss zu Marias Erschießung, die am selben Tag vollstreckt wurde. Sie wurde zusammen mit der Schwester ihres Mannes, Maria Semjonowna Swanidse, umgebracht. Diese war ursprünglich vom Militärkollegium des Obersten Gerichts der UdSSR zu zehn Jahren Freiheitsentzug verurteilt worden, jedoch auf Beschluss des Sonderkollegiums vom 3. März 1942 wurde sie erschossen.

Das Schicksal ihrer Tanten und Onkel kommentierte Swetlana lapidar: »Jeden zerbrach das Leben unbarmherzig.«[12] Nein, es war nicht das Leben, es war ihr Vater. Sie gab zu, dass sie es sich einfach nicht vorstellen konnte, »dass mein Vater fähig wäre, Menschen, deren Ehrlichkeit und Anständigkeit ihm wohlbekannt waren, als Schuldlose zum Tode zu verurteilen. Erst später, in meinen Mädchenjahren, kam ich durch gewisse Entdeckungen zu dieser furchtbaren Überzeugung.«[13]

Jahre der Selbstbefreiung

*Siebenundzwanzig Jahre meines Lebens
hatte ich unter schwerem Druck gelebt, die
folgenden vierzehn Jahre befreite ich mich
allmählich davon.*[1]

Nach dem Tod des Vaters

In den Jahren nach Stalins Tod setzte der Prozess der »Entstalinisierung« ein. Auf dem XX. Parteitag der KPdSU im April 1956 war es
dann der Vorsitzende Nikita Chruschtschow, der in einer dramati-
schen Sondersitzung die ungeheuerlichen Gräueltaten Stalins in
einer langen und sehr persönlichen Rede anprangerte. Dabei sprach
er nur von den an der Partei selbst begangenen Verbrechen, so wie
auch die Öffentlichkeit, an die er sich wandte, nur die Partei war.
»Aber die leidenschaftliche Form verriet«, so Gerd Koenen, »dass
seine Rede sich insgeheim doch an die Menschen im Land und an
die internationale Öffentlichkeit richtete. Denn es war mindestens
so sehr eine Verteidigungsrede wie eine Anklagerede.«[2] Chruschtschow schien nicht über Massenverbrechen, an denen er selbst
beteiligt war, zu sprechen, sondern so, als sei die Partei das Hauptop-
fer des Diktators gewesen.
Bei diesem Parteitag wurde Stalin als Schwerverbrecher entlarvt.
Der Gegensatz zwischen dem Bild, das sich das Volk von Stalin
gemacht hatte, und der schrecklichen Wirklichkeit rief eine zwar
verständliche, aber doch kuriose Reaktion hervor. Es entstand das
Märchen vom »getäuschten Stalin«. Jene Gläubigen gaben zwar zu,
dass Stalin Zehntausende von Unschuldigen hatte töten lassen und
dass er die Massenrepressionen der 1930er-Jahre veranlasst hatte,
bestanden jedoch darauf, dass er damit im Grunde nichts Böses

beabsichtigt hätte, sondern vielmehr von anderen in die Irre geführt worden sei. Man war auch nicht verlegen, entsprechende Schuldige dafür mit Namen zu nennen: Nicht Stalin, sondern Jeschow, Merkulow, Berija und Abakumow seien verantwortlich gewesen.[3]

Der russische Historiker Grigorij Medwedew nannte in diesem Zusammenhang Swetlanas Behauptung, ihr Vater habe völlig unter Berijas Einfluss gestanden, »eine bewusste Lüge«.[4] Denn Swetlana verteidigte ihren Vater nach ebender gleichen Methode. Nachdem sie in ihrem Buch »Zwanzig Briefe an einen Freund« viele Verwandte und Freunde aufgezählt hatte, die mit Wissen und Billigung ihres Vaters verhaftet und erschossen worden waren, rief sie aus: »Wie konnte Vater das tun? Ich weiß nur das eine: Ihm selbst, ihm allein wäre das nie eingefallen. (…) Ich bin der Meinung – und davon kann mich niemand abbringen –, dass Berija schlauer, treuloser, heimtückischer, unverschämter, zielbewusster, härter und infolgedessen auch stärker war als Vater. Mein Vater hatte schwache Seiten, er konnte zweifeln, er war vertrauensseliger, schroffer, heftiger, er war natürlicher, und es war für einen schlauen Fuchs wie Berija leicht, ihn hinters Licht zu führen.«[5]

40 Jahre später ließ Swetlana vernehmen: »Sowjetologen werfen sich auf mich und sagen: ›Oh, sie macht für alles Berija verantwortlich.‹ Nein, so nicht. Ich wollte nur auf die Sachen hinweisen, die sie zusammen machten. Er war ein cleverer, gerissener Politiker.«[6]

Swetlana hatte weiterzuleben in dem Widerspruch, den Vater lieben zu wollen und in ihm zugleich den Urheber einer tödlichen Tyrannei sehen zu müssen. Sie zog das Fazit: »Für mich war es besonders schwer, zu erfassen, was mein Vater für Russland tatsächlich gewesen ist, weil es zu furchtbar war. Und je mehr ich die Wahrheit begriff, desto schmerzlicher wurde sie für mich.«[7]

Nun wusste sie, dass während der totalitären Regierungszeit ihres Vaters mehrere Millionen vermeintliche und tatsächliche Gegner verhaftet und in Schau- und Geheimprozessen zu Zwangsarbeit verurteilt, hingerichtet und ganze Volksgruppen besetzter Gebiete in GULAG-Strafarbeitslager deportiert und dort ermordet worden waren. Etwa sechs Millionen Menschen kamen durch die Kollektivierung der Landwirtschaft zu Tode; sie verhungerten, insbesondere in der Ukraine, an der Wolga, im Kuban-Gebiet. Mit dem Tode Stalins endete der Massenterror gegen das eigene Volk. Ab 1954/55 begannen die riesigen Lagerkomplexe des GULAG – nach einer Kette von Streiks, Meutereien und Aufständen – sich allmählich aufzulösen. Vor allem das Jahr 1956 war das Jahr der Rückkehr von Hunderttausenden, die Opfer des Terrors geworden waren. »Diese Rückkehr«, schrieb Swetlana, »ist zugleich ein gewaltiger historischer Umschwung; eine riesige Flutwelle rollt über das Land – das Ausmaß dieser Heimkehr ins Leben lässt sich nur schwer abschätzen.«[8]

Freiwilliger Verzicht auf Privilegien

Schon kurz nach der Beisetzung ihres Vaters am 21. März 1953 hatte Swetlana an den Vorsitzenden des Ministerrates der UdSSR G. M. Malenkow geschrieben. Sie sah es als ihre Pflicht an, einige Rechte, die ihrer Familie eingeräumt worden waren, als überflüssig zurückzuweisen, da sie diese nicht mehr für annehmbar halte. Dazu gehörte vor allem die Bereitstellung der Datscha »Wolynskoje« samt Personal. Außerdem die finanzielle Zuwendung in Höhe von monatlich 4000 Rubel. Swetlanas Ansinnen erregte Aufsehen. Ein Vertreter des Ministerrates erklärte ihr, es sei noch nie vorgekommen, dass jemand auf seine Datscha verzichtet habe. Man sah ihren Brief eben doch als eine Form des Protestes gegen die neue Regierung nach Chruschtschows Sturz an. Man legte ihr nahe, nicht mehr auf die Angelegenheit zurückzukommen und die Datscha in Schukowka zu behalten.

Swetlana wohnte mit ihren Kindern, dem siebenjährigen Osja und der zweijährigen Katja, in der schönen Wohnung am Moskwakai. 1956 starb Swetlanas geliebte Kinderfrau Aleksandra Andrejewna mit 71 Jahren. Sie wurde auf dem Nowodewitschi-Kirchhof schräg gegenüber dem Grab der schon 1932 dort bestatteten Nadeschda Allilujewa, Swetlanas Mutter, beerdigt.

Swetlana arbeitete bis 1966 auch am Institut für Weltliteratur in Moskau. Schon während ihrer Schulzeit war ihr der Unterricht in Literatur besonders lieb, vor allem die Lektüre von Goethe, Schiller, Tschechow und Gorkij. Das war für sie der Einstieg, gefolgt von der Dichtkunst der Akmëisten[9] bis Majakowskij[10] und Jessenin[11] und weitere sowjetische Literaten. Ganz besonders schätzte Swetlana Anna Achmatowa (1889–1966), neben Marina Zwetajewa (1892–1941) die wichtigste russische Lyrikerin des 20. Jahrhunderts.

Nach 1956 folgte eine kurze Zeit des Liberalismus in der Sowjetunion. Die sogenannten Intellektuellen, unter denen Swetlana jetzt lebte, machten sich große Hoffnungen. Es war die Zeit, in der Boris Pasternak seinen Roman »Doktor Schiwago« vollendete. Pasternak sollte zum markantesten Beispiel für den politischen Terror werden. An den Universitäten entbrannten heftige Diskussionen, und kaum einer der Studenten lag auf der offiziellen Linie, wie dies Aleksander Jakowlew damals als Student miterlebt hatte. Er studierte zur gleichen Zeit wie Swetlana und erinnerte sich, dass der Lehrstuhl, an dem sie war, »sich am vorsichtigsten verhielt«[12].

In ihrem ersten in den USA veröffentlichten Artikel zu Pasternaks »Doktor Schiwago« hat Swetlana eine vernichtende Anklage gegen die sowjetische Zwangsherrschaft über die Literatur geschrieben: »Oh, Märtyrer der russischen Literatur. Seit der Zeit Radischtschews[13] und der Dekabristen[14] hat sich nichts geändert (…).«[15]

Im Februar 1966 fand der erste öffentliche politische Prozess der nachstalinistischen Ära in Moskau statt, der auch als Beginn des Dissidententums zu bezeichnen ist.[16] Es ging dabei vor allem um die Schriftsteller Andrej D. Sinjawskij[17] und Julij M. Daniel[18], die zu sieben beziehungsweise fünf Jahren Zwangsarbeit verurteilt wurden. Swetlana sagte mit aller Deutlichkeit, dass dieser Vorgang großen Einfluss auf ihren Entschluss gehabt habe, ihr Vaterland zu verlassen. »Die Art, wie man diese beiden Schriftsteller behandelt und bestraft hat, hat mir jeden Glauben an die Gerechtigkeit genommen.«[19]

Swetlana sah sich daraufhin nicht länger imstande, in dem Institut für Weltliteratur weiter zu arbeiten. Sie verließ es im Sommer 1966. Wie sie selbst schrieb, arbeitete sie ein wenig, beschäftigte sich vor allem mit Geschichte und russischer Philologie. Später fertigte sie Übersetzungen für einen Verlag an. Einige ihrer Übersetzungen sind auch veröffentlicht worden: Andrew Rotsteins Buch »Das Münchner Abkommen« und »Mensch und Evolution« von John Lewis. Für den Verlag »Kinderliteratur« in Moskau machte sie Übersetzungen aus dem Englischen.[20] Doch das waren Einzelarbeiten und daraus floss kein kontinuierliches Einkommen.

Swetlana legt den Namen des Vaters ab

Im Jahr 1957 beschloss Swetlana, nicht mehr den Familiennamen ihres Vaters zu tragen, sondern den der Mutter: Allilujewa. Nach den sowjetischen Gesetzen war es damals möglich, dass die Kinder den Familiennamen des Vaters oder der Mutter wählten. »Ich war nicht mehr imstande, diesen Namen zu tragen, der mir durch seinen metallischen Klang in den Ohren, in den Augen und im Herzen wehtat.«[21] Swetlana besprach diesen Schritt mit dem damaligen Präsidenten der Sowjetrepubliken, Kliment Woroschilow, einem alten Freund ihrer Familie, der ihre Mutter sehr geliebt hatte. Woroschilow fand ihren Entschluss richtig und war sofort bereit, ihr behilflich zu sein.

Sie hatte diesen Schritt schon bei der Einschreibung an der Universität erwogen. Damals trug sie den Wunsch ihrem Vater vor, doch dieser antwortete darauf überhaupt nicht. Für Swetlana war mit »Stalin« die Partei gemeint und nicht die Familie.

Doch sie musste erleben, dass viele Leute diesen Schritt verurteilten. Andere fragten sie besorgt, ob man sie gezwungen habe, den Namen ihres Vaters abzulegen.

Die Reise nach Indien

Heute hat sich mein Herz irgendwie aufgetan,
Friede ist eingetreten und hat mich umarmt (…).[1]

Der Lebensgefährte Brajesh Singh

Nach der bittersüßen ersten Liebe zu Aleksej Kapler und den drei
gescheiterten Ehen erhoffte sich Swetlana mit dem Inder Brajesh
Singh eine glückliche Beziehung: »Brajesh Singh gehörte einer alten
indischen Adelsfamilie an. Sein Neffe, Dinesh Singh, ist gegenwärtig Minister für Auswärtige Angelegenheiten. Brajesh Singh war in
den frühen dreißiger Jahren der Kommunistischen Partei Indiens
beigetreten. Er war mehrmals in England, Deutschland und Frankreich gewesen und um diese Zeit ein intimer Freund und Anhänger
M. N. Roys. Er verfügte über eine gute Bildung, sowohl indischer
als auch europäischer Art, und hatte auf alle, die ihn kannten, großen Einfluss«[2], schrieb sie in »Das erste Jahr«.
Die Liebesgeschichte zwischen Swetlana und dem Inder begann an
einem recht ungewöhnlichen Ort und wenig romantisch. Ihre erste
Begegnung fand im Oktober 1963 im Regierungskrankenhaus in
Kunzewo statt. Swetlana, in Krankenhauskleidung und mit einem
Schal um den Hals, mit abgehärmtem Gesicht und ungepflegten
Haaren, traf Singh auf dem Krankenhausflur, als dieser mit weißen
Wattetampons in den Nasenlöchern in einem Krankenhausmantel
auf und ab ging. Während Swetlana lediglich die Mandeln entfernt
worden waren, war Singh unheilbar krank. Er litt an einer chroni-
schen Bronchitis, und ein Emphysem hatte seine Lungen in einen
hoffnungslosen Zustand versetzt. Swetlana konnte hören, dass der
kleine, grauhaarige, untersetzte Herr mit Brille sich in Englisch und
Französisch mit anderen Kranken unterhielt.

Von all den anderen Kranken, die auf dem Flur des Krankenhauses spazieren gingen, interessierte Swetlana wirklich nur der »aus Indien stammende Kommunist«. Und das war nicht ganz zufällig, denn in der UdSSR war dank Jawaharlal Nehru das Interesse für Indien schon seit einiger Zeit erwacht. Auch die Morallehre des frühen Buddhismus, die Persönlichkeit Buddhas, das beispielhafte Leben des Mahatma Gandhi interessierten Swetlana schon längere Zeit. Und wie der Zufall es wollte, hatte sie die Gandhi-Biografie von Nambudripad mit ins Krankenhaus genommen. Gar zu gern wollte sie darüber mit dem Fremden ins Gespräch kommen und legte sich einige Sätze in Englisch zurecht; sie wagte es aber dann doch nicht, Singh anzusprechen. In der Krankenhausbibliothek suchte sie nach Büchern über Indien.

Zufällig stand sie dann einmal neben der Tür seines Krankenzimmers, als Singh herauskam. Sie nahm die Gelegenheit wahr und sprach ihn an. Die beiden setzten sich im Korridor hin und unterhielten sich über Gandhi, über Nehru, über die Kasten in Indien usw. Swetlana konnte nicht umhin, Singh auf Nambudripad anzusprechen. Singh nannte ihn mit einer gewissen Verachtung in der Stimme einen Linken. Und dann erzählte er seiner Gesprächspartnerin, dass er, der Sohn eines reichen Radschas, vor 28 Jahren in London Kommunist geworden, aber erst 1934 in die indische KP eingetreten sei.

Im Krankenhaus hatte sich Singh zwar seiner Gesprächspartnerin vorgestellt, doch er selbst wusste zunächst nicht, mit wem er sich unterhielt, bis Swetlana sich als Stalins Tochter zu erkennen gab. Singh betrachtete sie durch seine dicken Brillengläser und sagte nur »Oh – das wunderbare englische ›Oh‹, in dem so viele Bedeutungen mitschwingen«. Mehr sagte er nicht. »Auch später, als wir schon miteinander lebten, stellte er mir nicht eine einzige Frage über meinen Vater.«[3]

Es kam, wie es kommen musste. Die Klinikärzte empfahlen Singh und auch Swetlana eine Kur. Und beide wurden in dieselbe Klinik

nach Sotschi geschickt. Es war damals im November 1963 ungewöhnlich warm am Schwarzen Meer, und so verlebten Swetlana
und Singh herrliche Tage in einem Erholungsheim, einem »Wunder an geschmacklosem Prunk«. Noch in späteren Jahren schwärmte
Swetlana von »Sotschi mit seinen Rosen, orangeroten Sonnenun-
tergängen und zirpenden Zikaden« unter dem Sternenhimmel.

In den vier Wochen Aufenthalt in Sotschi gelangte Singh zu dem Entschluss, wieder nach Indien zu reisen, aber nach höchstens einem
halben Jahr zu Swetlana nach Moskau zurückzukehren. Er hatte sich
vorgenommen, bei einem Verlag als Übersetzer zu arbeiten.

Swetlanas Sohn Josef, in jener Zeit 18 Jahre alt, erzählte dem Journalisten Enzo Biagi: »Ich lernte Singh im Krankenhaus kennen;
manchmal besuchte er uns. Wir führten damals ein ruhiges und
normales Leben. Wir drei hielten das Haus zusammen, Mutter,
Jekaterina und ich. Wir hatten keine Sorgen. Singh war eine nette
Person, kultiviert und freundlich. (...) Wir nannten ihn bei seinem
Vornamen und riefen ihn mit seinem Spitznamen Radscha. Er war
ruhig und geduldig und er betrachtete manches ziemlich humor-
voll (...). Dann äußerte er den Wunsch, ganz bei uns zu leben. Für
Katja und mich war er der Ehemann unserer Mutter, und wir zoll-
ten ihm Respekt. Ich denke, er war glücklich.«[4]

Als Singh sich entschloss, nach Indien zu reisen, hatte er schreckliche Angst, dass er seine »Sweta« nie wiedersehen würde. Er nannte
sie gerne Sweta, »weil es im Sanskrit diesen Namen gibt, der ›Weiße‹
bedeutet«. Aus vielerlei Gründen dauerte die Trennung eineinhalb
Jahre. Erst am 7. April erwartete »Sweta« zusammen mit ihrem
Sohn ihren Freund Singh am Flughafen Scheremetjewo.

Eheschließung mit einem Ausländer nicht gestattet!

Wie die Explosion einer Bombe verbreitete sich in Kreml-Kreisen
die Nachricht, Swetlana Stalina heiratet wieder! Swetlana ging
damals sogleich zu dem einzigen Standesamt in Moskau, das Ehe-

schließungen mit Ausländern registrierte. Sie hoffte auf verständnisvolle Menschen, die einer Heirat mit ihrem indischen Freund zustimmten. Zu ihrem größten Erstaunen wurde sie jedoch plötzlich zum Ministerpräsidenten gerufen. Als sie am 4. Mai 1965, einem sehr kalten Tag, durch das Erlöser-Tor in den Kreml ging, überfielen sie unendlich viele Erinnerungen, schöne und unangenehme. Sie musste durch das alte Senatsgebäude, in dessen erster Etage sich knapp 20 Jahre zuvor die stalinsche Wohnung befunden hatte. In der zweiten Etage lagen nun das Empfangszimmer, das Arbeitszimmer und die Kanzlei des Ministerpräsidenten.

Kossygin empfing Swetlana im früheren Arbeitszimmer ihres Vaters. Nach einem schlaffen Händedruck wollte er wissen, wie es Swetlana in »materieller Beziehung« gehe und ob sie arbeite. Sie leide keine Not, antwortete sie, und habe ihr Stellung aus gesundheitlichen Gründen aufgegeben, aber auch, um sich mehr um ihre heranwachsenden Kinder kümmern zu können. Kossygin ließ sie wissen, dass die »faule Linie Chruschtschows« vorüber sei und sie wieder eine Stellung im Kollektiv einzunehmen habe. Swetlana erklärte ihm ohne Umschweife, dass sie nicht mehr berufstätig sein wolle, da sie auch ihren schwer kranken Mann pflegen müsse. Nun

11 Swetlana und ihr indischer Lebensgefährte Brajesh Singh

hatte Swetlana das Reizwort »Mann« ins Spiel gebracht. Kossygin kam in Fahrt und wetterte gegen diesen alten, kranken Inder. Sie als sportliche, junge und gesunde Frau solle sich einen Russen suchen. Denn »alle« seien gegen eine Verbindung mit Singh. Eine Registrierung dieser Ehe würde er auf keinen Fall zulassen, denn dann könnte der Inder seine Ehefrau nach dem Gesetz sogar in seine Heimat mitnehmen.

Daraufhin begann Singh sein Leben in Moskau zu hassen, denn er kam sich wie ein Verbrecher vor. Noch am selben Abend schrieben Swetlana und Singh gemeinsam einen Brief an Kossygin, der aber nie antwortete. Dazu kam die spürbare Ablehnung, die Singh im Progress-Verlag erlebte, wo er englische Texte ins Hindi übersetzte. Es war für ihn eine schwere Hypothek, dass der Chefredakteur der englischen Abteilung W. N. Pawlow war, der ehemalige persönliche Dolmetscher Stalins. Er hatte den von ihm verehrten Stalin als Dolmetscher in Teheran, Jalta und Potsdam begleitet. Pawlow konnte sich überhaupt nicht mit der Tatsache abfinden, dass Singh nun Swetlanas Lebensgefährte war. Der Chefredakteur der Hindi-Abteilung, unter Chruschtschow aus dem ZK in den Verlag versetzt, begann völlig ungerechtfertigt an Singhs Arbeit herumzunörgeln, was diesen tief verletzte.

Swetlana besuchte immer wieder Anastas Mikojan, der inzwischen nicht mehr Präsident der UdSSR war. Er fand die Ablehnung einer formellen Eheschließung nicht gar so schlimm, denn für die Liebe sei sie sowieso nicht von Bedeutung. Er selbst habe 40 Jahre mit seiner Frau zusammengelebt, ohne sich registrieren zu lassen, und nie habe jemand zu ihm gesagt, dass seine fünf Kinder unehelich seien. Mikojan schien ihrer Meinung nach nicht zu begreifen, dass durch eine formale Eheschließung das Gesetz auch Singh geschützt hätte.

Der Gesundheitszustand des Mannes, den Swetlana so liebte, dass sie nichts unversucht ließ, ihm das Leben zu erleichtern, verschlechterte sich zusehends von Tag zu Tag. Als er in eine Tuberkuloseanstalt eingewiesen werden sollte, kämpfte Swetlana wie eine Löwin, dass er ins Krankenhaus nach Kunzewo kam. Drei Mal war er in den eineinhalb Jahren dort Patient, auch am 9. Oktober 1966, dem Tag, an dem sich Swetlana und Singh drei Jahre zuvor kennengelernt hatten. Die Ärzte und Schwestern gratulierten und überschütteten die beiden mit Blumen. Nach einiger Zeit wollte Singh wieder zurück nach Moskau. Am Sonntag, dem 31. Oktober, nahm Singh Swetlanas Hand in die seine und sagte ihr, dass er zum Sterben bereit sei. Er litt unter asthmatischen Erstickungsanfällen, und auch der herbeigerufene Notarzt konnte nichts mehr für ihn tun. Swetlana wehrte sich vehement gegen die von der Gesundheitsbehörde getroffene Verfügung, an der Leiche eine Sektion vornehmen zu lassen, da dies bei den Indern nicht üblich war. Sie verständigte die indische Botschaft, die nun alle weiteren Formalitäten übernahm.

Der 1. November war ein sonniger, kalter Tag. Die Trauergäste versammelten sich in Swetlanas Wohnung. Ein Inder las Sanskritverse aus der Bhagavadgita über die Unsterblichkeit des ewigen Geistes. Dann formierte sich der Trauerzug. Nur Katja und Lenotschka blieben zu Hause, da sie sich vor dem Krematorium fürchteten. Nach der Einäscherung nahm Swetlana die kleine Urne mit in ihre Wohnung. Sie hatte einmal die von Singh verfasste Verfügung gelesen, dass er im Falle seines Todes eingeäschert werden wollte, und so sollte seine Asche in einen Fluss gestreut werden. Auf Swetlanas Frage, dass mit dem Fluss doch nur der Ganges gemeint sein könne, antwortete Singh, dass er auch im Ausland sterben könnte und dann wohl kaum jemand extra mit seiner Urne zum Ganges reisen würde. Alle Flüsse seien gleich, alle würden in den Ozean fließen, sagte er seiner Frau. Doch Swetlana war entschlossen, die Urne ihres Mannes nach Indien zu bringen.

Sie schrieb sowohl an Kossygin als auch an Breschnew. Der Brief an Letzteren stammt vom 3. November 1966:

»Werter Leonid Iljitsch!
Am 31. Oktober ist mein Mann Brajesh Singh, Mitglied der KP Indiens, nach langer Krankheit gestorben. Ich bitte Sie inständig,

mir zu helfen, meine letzte Pflicht ihm gegenüber zu erfüllen –
die sterblichen Überreste des Toten zu seinen Verwandten nach
Indien zu überführen. Das verlangen die nationalen Traditionen.
Ich möchte nochmals betonen, dass er meinetwegen hier war, in
Indien würde er jetzt noch leben. Diese Tatsache legt mir beson-
dere Verpflichtungen gegenüber seinen Nächsten auf.
Ich weiß, dass es unerwünscht ist, wenn ich ins Ausland reise.
Dennoch bitte ich unter diesen besonderen Umständen um die
Genehmigung und bestehe darauf.
Die Reise dauert höchstens sieben bis zehn Tage. Der Pass und das
Visum können auf einen beliebigen Namen ausgestellt werden.
Der Neffe meines verstorbenen Mannes, Dinesh Singh, Staatsmi-
nister für Auswärtige Angelegenheiten, wird mich vom Flugplatz
abholen und mich in sein Haus fahren, wo der Bruder meines
Mannes wohnt und die Asche dem Fluss anvertraut wird. Außer
an diesen beiden Orten werde ich mich nirgendwo aufhalten. Ich
werde nur die nächsten Verwandten treffen. Ich versichere Ihnen,
dass aus politischer Sicht nichts Negatives geschehen wird.
Genosse Generalsekretär, ich bitte Sie, mich zu verstehen und
mir zu gestatten, meiner Pflicht umgehend nachzukommen.
Hochachtungsvoll
S. J. Allilujewa.«[5]

Swetlana wurde dann nochmals zu Kossygin gebeten, dem es offensichtlich unangenehm war, Stalins Tochter nun als Trauernde vor
sich zu haben. Das Gespräch dauerte keine fünf Minuten, und
schon am nächsten Tag hielt sie den offiziellen Beschluss des Politbüros des ZK der KPdSU[6] in Händen:

»4.11.1966
Genossin Swetlana Allilujewa (Stalina) hat sich an Gen. L. I.
Breschnew mit der Bitte gewandt, ihr eine siebentägige Auslands-
reise nach Indien zur Beisetzung ihres Mannes zu gestatten.
Diese Frage wurde telefonisch von den Genossen Breschnew,
Woronow, Kirilenko, Kossygin, Podgorny, Poljanski und Schel-
jepin beraten. Der Bitte Swetlana Allilujewas um eine siebentä-
gige Reise nach Indien wird stattgegeben.

Genosse Semitschastni wird beauftragt, zwei Mitarbeiter zu benennen, die mit ihr nach Indien reisen. Genosse Benediktow soll Ihnen während des Aufenthaltes in Indien Unterstützung gewähren.

K. Tschernenko.«[7]

In kürzester Zeit, schon am 11. November, erhielt Swetlana ihren Pass mit dem indischen Visum für einen Aufenthalt von der Dauer eines Monats. Die Abreise musste dann aber auf den 20. Dezember verschoben werden, weil Singhs Bruder darum gebeten hatte. Swetlana war in einem höflichen Brief eingeladen worden, in seinem Haus zu wohnen.

Ende November heiratete Swetlanas Sohn Osja. Seine Frau Lenotschka zog in Swetlanas Wohnung mit ein. Nach all der Trauer war es Swetlana angenehm, dieses junge glückliche Paar um sich zu haben.

Singhs Heimkehr

Der 20. Dezember 1966 war der Tag, an dem Stalins Tochter Swetlana mit der Urne ihres verstorbenen Mannes Brajesh Singh von Moskau nach Delhi flog. Weder Swetlana selbst noch ihre Kinder und die sie verabschiedenden Freunde konnten ahnen, dass es eine Reise ohne Wiederkehr werden würde. Sie selbst hatte bis zu diesem Abschied nicht geglaubt, dass sie wirklich ihr Land verlassen dürfe.

Der Erste Sekretär der indischen Botschaft kam zu Swetlanas Wohnung, um sie zum Flughafen zu begleiten. Als ihre Schwiegertochter Lenotschka ihre Reisetasche zum Auto tragen wollte, wurde sie von Swetlana förmlich angeschrien, sie solle das Gepäckstück stehen lassen. Lenotschka konnte ja nicht ahnen, dass sich darin die Porzellanurne befand. Osja ärgerte sich sehr über die Behandlung seiner Frau durch seine Mutter, fuhr aber doch mit zum Flughafen. Von Katja hatte sich die Mutter verabschiedet, allerdings, wie sie später meinte, auf eine sehr flüchtige Art, was ihr sehr leidtat. Swetlana hatte gehofft, am Flughafen mit ihrem Sohn noch in Ruhe

sprechen zu können, doch alle »Passagiere, die die Grenze überschreiten« würden, wurden sofort von den übrigen Passagieren
getrennt. So geriet auch der Abschied vom Sohn zu einer hekti-
schen Angelegenheit. Aber bei einer so kurzen Trennung von vier
Wochen sollte dies ohne Bedeutung sein. Ihr Sohn meinte später:
»Ich fuhr mit ihr zum Flughafen. Ich küsste sie und wartete, bis die
Maschine gestartet war. (…) Ich konnte mir noch nicht einmal in
meinen Träumen vorstellen, welchen Ausgang diese Reise nehmen
würde.«[8]
Auf Anweisung des Politbüros musste Swetlana von einer Mitarbeiterin des Ministeriums begleitet werden, einer Frau, die sie von
»allem Anfang an zur Verzweiflung« brachte.[9] Es war die hübsche
Jewgenija Kassirowa, die als Aufseherin oft prominente sowjetische
Frauen auf Auslandsreisen, unter anderem die Kosmonautin Valentina, begleitete.
Nach einem achtstündigen Flug mit einer Maschine der sowjetischen Aeroflot erreichte Swetlana mit ihrer Aufpasserin die Stadt
Delhi, in die sie so gerne zusammen mit ihrem Lebensgefährten
gereist wäre. Sie hatte sich bis dahin keine Gedanken gemacht, wer
sie am Flughafen erwarten würde. Doch dann kamen zwei Frauen
im Sari auf sie zu: Naggu, Dineshs Frau, und Priti Kaul, die Tochter
des ehemaligen Botschafters in Moskau.
Sie konnte kaum ein Wort mit den Damen wechseln, da die Kassirowa dazwischen rief, dass die »Unsrigen« aus der Botschaft kämen.
Swetlana wurde für die ersten drei Tage im Gästehaus der Sowjetbotschaft, in einem Zimmer ohne Telefonanschluss, untergebracht.
Da der Botschafter, I. A. Benediktow, nicht in Delhi weilte, lud sie
der Geschäftsträger, Nikolaj Iwanowitsch Smirnow, zusammen mit
ihrer Begleiterin zum Frühstück ein. Die Angelegenheit entwickelte
sich sehr unerfreulich für Swetlana. Der Geschäftsträger machte ihr
klar, dass sie in einer politisch sehr schwierigen Zeit gekommen sei.
Außerdem wolle er ihr vorschlagen, nicht in Singhs Heimat nach
Kalakankar zu reisen, sondern die Asche des Verstorbenen in der
Botschaft in Delhi an Singhs Bruder zu übergeben. Somit könne sie

bereits nach zwei Wochen nach Moskau zurückkehren, da ihr Visum nur für diesen Zeitraum gültig sei.

Die übernächtigte Swetlana wusste nicht, wie ihr geschah. Es wurde ihr gerade noch zugestanden, mit der Genossin Kassirowa in Delhi einkaufen zu gehen, dann sollte sie nach Agra fahren, um das Tadsch Mahal zu besichtigen. An ein touristisches Besichtigungsprogramm hatte Swetlana ganz gewiss nicht gedacht. Doch sie fügte sich und blieb erst einmal im Gästehaus, um dann später zu Radscha Dinesh Singhs Haus zu fahren. Naggu und ihre sechs europäisch erzogenen Töchter waren sehr nett zu ihr. Schließlich schlug der wie immer liebenswürdige Dinesh vor, sie in ein paar Tagen zusammen mit seiner Familie nach Kalakankar bringen zu lassen.

Daraufhin folgte am nächsten Tag ein weiteres Gespräch mit Smirnow. Nun erlaubte er ihr, doch aufs Land zu reisen, jedoch in Begleitung der Kassirowa. Swetlana nahm sich zusammen und widersprach nicht. Es war sowieso zwecklos. Ihr wurde die Bedingung genannt: Rückflug am 4. Januar 1967.

Es war Swetlana versprochen worden, dass sie am 25. Dezember von Dinesh abgeholt und für den Flug nach Lucknow zum Flugplatz gebracht werden sollte. Doch Dinesh erschien nicht. Da bot sich Surow, der Zweite Sekretär der Sowjetbotschaft in Delhi, an, die beiden Damen mit seinem Wagen zum Flugplatz zu fahren. Doch der Flug war gestrichen worden. Dinesh hatte versucht, für Swetlana in der russischen Botschaft diese Nachricht übermitteln zu lassen, doch er bekam keine Verbindung. Swetlana bat nun Surow, sie direkt zu Dinesh zu bringen. Auf dem Weg zurück in die Stadt begegneten sie der Limousine von Smirnow. Beide Wagen hielten an, aber trotz des Protests von Smirnow bestand Swetlana darauf, direkt zu ihrem Schwager gefahren zu werden. So kam sie um acht Uhr morgens dort an, wurde sehr freundlich empfangen und erhielt die Versicherung, dass sie gegen Mittag zusammen mit seiner Tochter Reba nach Lucknow abfliegen werde. Von dort aus waren es dann noch drei Stunden Fahrt mit dem Wagen bis Kalakankar.

Nach einem gemeinsamen englischen Frühstück sagte Dinesh: »Ich fahre zum Premierminister Frau Indira Gandhi. Sie weiß, dass Sie hier sind, und lässt Sie ihrer Sympathie versichern. Wenn Sie wollen, nehme ich Sie jetzt mit zu Indira Gandhi.«[10] Doch wenn man bedenkt, durch welches Wechselbad der Gefühle Swetlana in den letzten fünf Tagen gegangen war, so ist es verständlich, dass sie sich nicht in der Lage fühlte, dieses Angebot anzunehmen. Über ihre Antwort an Dinesh war sie selbst erstaunt: »Dinesh, sagen Sie Indira Gandhi, dass ich in Indien bleiben möchte. Ist das möglich?«[11] Dinesh schien nicht sehr überrascht von diesem Wunsch und versprach ihr, sich um die Angelegenheit zu kümmern.

Am gleichen Tag flog Swetlana nach Lucknow, dann folgte eine dreistündige Fahrt auf staubigen Landstraßen, und endlich erreichten sie Kalakankar, rund 60 km nordwestlich von Allahabad im Bundesstaat Uttar Pradesh. Die Familie Singh stammte von dort. Swetlana drückte voll Rührung die Tasche mit der kleinen Urne an sich. Zwei Männer – einer davon war Brajeshs Bruder – in weißem Gewand traten auf sie zu und nahmen ihr die Tasche ab. Endlich war der in Moskau Verstorbene zu Hause. Die Frau des Bruders, Prakashvati, die Lieblingsnichte Dadu und deren Bruder Sirish, dem dicke Tränen über das Gesicht liefen, waren ebenfalls anwesend. Die lange Dorfstraße hatte sich mit Menschen gefüllt, die alle Brajesh Singh gekannt hatten und ihn nun hier gebührend »empfangen« wollten.

Weinend ging die Familie zum Flussufer. Die Männer stiegen in Boote, um in die Mitte des Ganges hinauszufahren. Dort wurde die Asche von Swetlanas Lebensgefährten Singh verstreut. Sie selbst wäre gerne dabei gewesen, aber Frauen war dies nicht gestattet. So blieb sie mit den anderen Trauernden am Flussufer und blickte den Booten nach. Das war also der endgültige Abschied von dem Mann, den sie so sehr geliebt und für den sie so viel auf sich genommen hatte. Plötzlich versagten Swetlana die Nerven. Sie begann am ganzen Körper zu zittern, weinte und schluchzte. Da nahm Prakashvati sie in die Arme und hielt sie lange fest. Alle blickten auf den Fluss hinaus, verharrten in tiefem Schweigen und sahen die vielen, vielen Blumen, die ins Wasser gestreut worden waren.

In dem Haus, das einst Singh gehört hatte und das jetzt sein Bruder bewohnte, durfte Swetlana Singhs frühere Zimmer bewohnen. Im Dorf nannte man sie »Lady of misfortune« – eine Dame im Unglück. Am 16. Januar besuchte die Ministerpräsidentin Indira Gandhi mit großem Gefolge, nämlich rund 600 als Bauern verkleideten Sicherheitsleuten, das Dorf, da im Februar Parlamentswahlen stattfinden sollten. So ergab sich die Gelegenheit, dass die Töchter von Staatsmännern sich die Hände reichten: Nehrus Tochter und Stalins Tochter, die eine als devote Bittstellerin, die andere auf dem Höhepunkt ihrer politischen Macht. Swetlana ließ erkennen, dass sie gerne in Indien bleiben würde. Indira Gandhi war bereits informiert, dass ihr das nicht gestattet werden sollte. Am nächsten Tag wurde Swetlana deutlich gesagt, dass es wegen der bevorstehenden Wahlen sehr ungünstig sei, etwas für sie zu tun. Nach einem Frühstück mit Dinesh und Indira Gandhi reichte diese Swetlana beide Hände und wünschte ihr viel Glück für den weiteren Lebensweg. Swetlana wiederum wünschte der Ministerpräsidentin viel Erfolg bei den Wahlen. Es war offensichtlich, dass keiner der Anwesenden die guten Beziehungen zwischen Indien und der Sowjetunion aufs Spiel setzen wollte. Folglich musste sie nach Delhi zurückkehren.
Jetzt musste sie sich endgültig entscheiden, wohin ihr Weg sie führen sollte: »Die Schatten der Vergangenheit umgaben mich in der Sowjetunion wie ein enger Ring. Jetzt (...) begriff ich: Wenn ich nur die Kraft finde, nicht mehr zurückzukehren, dann wird das auch für mich die Rettung sein, nur dann wird es mir möglich sein, ein anderes, neues Leben zu beginnen. Das Schicksal selbst stellte mich vor die Wahl. Und ich erkannte, dass das für mich den endgültigen Bruch mit dem Kommunismus bedeutete. Umso besser! Mein Leben würde viel ehrlicher sein als in der UdSSR.
Dort erwartete mich wieder das ›Kollektiv‹; dort offen mit der Partei zu brechen, zu kritisieren, zu protestieren war gleichbedeutend

mit der Zerstörung des Lebens meiner Kinder. Jede illegale Tätigkeit, jedes Doppelleben hatte mich stets abgestoßen. Nein, ich konnte nur offen und frei leben, und das musste weit weg und getrennt von meinen Kindern geschehen, sodass sie keinerlei Verantwortung für mich zu tragen hatten. Das war für mich aber nur außerhalb der Sowjetunion möglich (…).«[12]

Die Flucht aus Delhi

Am 5. März 1967 erreichte Swetlana Delhi. Dinesh, der sie liebenswürdigerweise am Flughafen Palam abgeholt hatte, bot ihr an, bis zu ihrer Abreise am 8. März bei ihm zu wohnen. Doch Swetlana wollte die verbleibende Zeit allein verbringen und ließ sich zum Gästehaus der sowjetischen Botschaft bringen.

Als Nächstes musste sie eine Einladung zum Lunch bei Botschafter Iwan Aleksandrowitsch Benediktow über sich ergehen lassen. Alle waren auffallend freundlich, doch sie war klug genug zu spüren, dass sowohl ihre indischen Verwandten als auch die »Sowjetkolonie« froh waren, sie bald auf der Rückreise nach Moskau zu wissen. Im Laufe des Abends sollte sich dann allerdings der Glücksfall schlechthin für Swetlana ereignen: Sie bat Botschafter Benediktow um ihren in der Botschaft liegenden Pass und erhielt ihn tatsächlich zurück. Eigentlich hätte man ihr dieses Dokument erst unmittelbar vor der Abreise auf dem Flugplatz aushändigen dürfen. Benediktow scheint so froh über die Abreise des schwierigen Gastes gewesen zu sein, dass er gegen die Vorschrift verstieß.

Sobald als möglich ließ Swetlana sich zum Gästehaus zurückfahren, und dann lief alles ab wie in einem Film. Sie machte einen kleinen Koffer reisefertig und stellte dabei fest, dass sie die vielen Geschenke für ihre Kinder nun zurücklassen musste: hübsche klirrende Armbänder für ihre Tochter Katja und deren Freundin Tonja, die goldbestickten Hausschuhe für die Schwiegertochter sowie die komischen Hukkan für ihren Sohn. Da überfielen sie wieder fürchterliche Zweifel und eine große Sehnsucht nach ihren Kindern.

Doch mit einem Mal fühlte sich Swetlana in ihrem Gästehaus in Delhi wie von einer unsichtbaren Macht getrieben. Sie verließ ihr Zimmer und ging ein Taxi rufen, das sie am Tor des Gästehauses erwartete. Erstaunlicherweise blieb sie völlig unbeachtet von den dort Tag und Nacht stationierten Geheimpolizisten. An diesem Abend fand im Gästehaus ein Bankett für den in Indien weilenden Stabschef der sowjetischen Streitkräfte, Marschall Sacharow, statt. Die Sicherheitsbeamten hatten daher andere Sorgen als die Überwachung der Genossin Allilujewa. Während der Marschall tafelte, bat Swetlana den Taxifahrer, sie zur amerikanischen Botschaft zu bringen, die nur eine Minute weit entfernt war. Die Glastür der amerikanischen Botschaft war für Stalins Tochter der Eingang zur westlichen Welt. An einem kleinen Tisch stand ein blutjunger Wachsoldat vom Marinekorps, der ihr bedeutete, dass kein Botschaftspersonal mehr anwesend sei. Als er den Sowjetpass sah, führte er die ihm völlig unbekannte Dame in ein kleines Zimmer.

Swetlana setzte sich auf einen Stuhl, stellte den Koffer neben sich, legte den Mantel darauf und wartete auf das, was da kommen sollte.

Swetlana erfuhr, der amerikanische Botschafter Chester Bowles sei erkrankt. Dennoch war er bereit, eine Entscheidung zu treffen, wie mit dieser sowjetischen Überläuferin, die angeblich Stalins Tochter war, verfahren werden sollte. Es gab drei Möglichkeiten: Swetlana die Hilfe und das Asyl zu verweigern, was er aber wegen der Tradition Amerikas und aus persönlicher Überzeugung als unmöglich erachtete; ihr als Flüchtling ein diplomatisches Asyl im Roosevelt-Haus in Delhi zu gewähren, die Regierungen Indiens und der Sowjetunion zu verständigen und die Entscheidung über einen Asylantrag den Gerichten zu überlassen; die Asylantin rasch legal und ohne Aufsehen ausreisen zu lassen. Bowles entschloss sich für Letzteres, zumal Swetlana dank dem Leichtsinn des Botschafters Benediktow einen sowjetischen Auslandspass in Händen hatte, der für zwei Jahre gültig war.

Die Bürgerin Swetlana Jossifowna Allilujewa – auf diesen Namen lautete ihr Pass – wurde folglich gebeten, eine Erklärung aufzusetzen, ihre Motive darzulegen und fragmentarisch biografische Angaben zu ihrer Person zu machen. Das fast fünf Seiten umfassende Dokument, das in einem hoch emotionalen Zustand in englischer Sprache verfasst ist, beinhaltet die folgenden Passagen:

> »(…) Ich muss zugeben, dass die Gründe, derentwegen ich nicht in die Sowjetunion zurückkehren will, nicht nur in den geschilderten Umständen liegen. Man hat mich von Kindheit an den Kommunismus gelehrt, und ich habe an ihn geglaubt ebenso wie meine ganze Generation. Jedoch allmählich, mit reifendem Alter und größerer Erfahrung, fing ich an, anders zu denken. Die Jahre unter Chruschtschow, eine gewisse Erweiterung der Freiheit, der XX. Parteitag haben in dieser Hinsicht viel für meine Generation getan. Wir begannen nachzudenken, zu diskutieren, zu debattieren und blieben nicht mehr jenen Idealen, die man uns gelehrt hatte, automatisch ergeben. (…)
> Ich hoffe, dass ich irgendwann wieder nach Indien kommen und für immer hierbleiben kann. Meine Kinder leben in Moskau; ich weiß, dass ich sie möglicherweise lange Jahre nicht sehen werde; doch ich weiß auch, dass sie mich verstehen werden. Sie gehören ebenfalls der neuen Generation in unserem Lande an, die nichts davon wissen will, dass man sie mit alten Idealen verdummt. Auch sie wollen ihre eigenen Schlüsse über das Leben ziehen. Gott mag ihnen helfen. Ich weiß, sie werden sich nicht von mir lossagen, und einmal werden wir uns doch wiedersehen – ich will darauf warten.
> New Delhi, 6. März 1967
> Swetlana Allilujewa.«[13]

Dann erfuhr die Weltpresse, dass Swetlana Allilujewa, Josef Stalins einzige Tochter, von Indien aus nicht mehr in ihre Heimat zurückkehren werde. Sie habe in Delhi in der amerikanischen Botschaft um Asyl gebeten. »Diese Nachricht schlug wie eine Bombe ein«, schrieb Richard Pipes, Professor der Universität Harvard, »denn sie wies alles von sich, wofür ihr Vater stand, und das ist eine schwierige Situation.«[14]

Die *New York Times* berichtete aus Moskau, Swetlanas Auftauchen in der amerikanischen Botschaft in Delhi habe in Washington große »Besorgnis im Hinblick auf die sowjetisch-amerikanischen Beziehungen in einer Periode internationaler Spannung« ausgelöst.

In der *Prawda* konnte man die vom Chefideologen des Zentralkomitees, Michail Suslow, vorgezeichnete Linie nachlesen. Danach hätte sich eine bunte Gesellschaft gegen den Kreml verschworen – darunter die amerikanische CIA, eine Handvoll amerikanische Senatoren, die üblichen russischen Emigranten, die »Überläuferin Allilujewa«.

Der Kreml reagierte mit der sofortigen Abberufung seines Botschafters Benediktow aus Delhi, da dieser sich in der Behandlung der Stalin-Tochter zu nachlässig verhalten habe. Oder hatte er den Wirbel um Swetlana nur ignoriert, um nicht Stellung beziehen zu müssen? Der Fehler, der ihm zum Verhängnis wurde, war die schon erwähnte Aushändigung ihres Passes. Als Nächster wurde der Chef des KGB, Wladimir W. Semitschastnyj, Anfang April entlassen.

Nikita Chruschtschow empfand großes Mitleid mit Swetlana. Chruschtschow nannte es einen schrecklichen Fehler von Swetlana, dass sie in den Westen gegangen war. Seine Worte klingen wie ein Nachruf: »So endete ihr Leben als sowjetische Bürgerin. Das ist sehr traurig. Mir tut Swetlanka so leid. Ich nenne sie noch immer ganz unwillkürlich bei diesem Namen, obgleich sie seit vielen Jahren nicht mehr Swetlanka ist, sondern Swetlana Jossifowna.«[15]

Warum sollte Mutter uns verlassen?

Josef und Jekaterina erfuhren von der Entscheidung ihrer Mutter, nicht nach Russland zurückzukehren, am 10. März 1967 durch einen Bekannten, der die Nachricht auf der Kurzwelle der BBC gehört hatte. Am 8. März hatten die Kinder bereits vergeblich am

12 *Swetlanas Kinder Josef Morosow und Jekaterina Schdanow in Moskau 1967*

Flughafen gestanden, um ihre Mutter zu begrüßen, doch dann erreichte sie ein Telegramm, dass sie noch einige Zeit in Indien bleiben werde.

Neue Radiomeldungen brachten den Hinweis, dass Stalins Tochter in die USA emigrieren wolle. Josef und Jekaterina hielten das immer noch für ein Missverständnis oder gar für eine Pressekampagne gegen ihre Mutter. Jekaterina, damals 16 Jahre alt, sagte vor der Presse: »Wir sind eine glückliche Familie, wir haben uns immer gut verstanden. Warum sollte Mutter uns verlassen?«[16]

Swetlana gelang es, vom schweizerischen Fribourg aus einmal mit ihrem Sohn Josef in Moskau zu telefonieren. Weitere Versuche Swetlanas, mit den Kindern zu sprechen, scheiterten jedoch daran, dass unter ihrer altgewohnten Telefonnummer niemand mehr abhob. Swetlana hegte infolgedessen große Zweifel, ob ihre Kinder ihre Post überhaupt bekämen. Dies und die drückende Ungewissheit, wie die Kinder ihren Entschluss, die Sowjetunion zu verlassen, verarbeiten würden, mögen sie zu dem offenen Brief an Josef veranlasst haben, der in der amerikanischen Zeitschrift *The Atlantic Monthly* erschien. Die Rundfunksender *Voice of America* und BBC zitierten daraus unmittelbar nach der Veröffentlichung. Swetlana hoffte wohl, ihre Zeilen würden auf diese Weise ihre Kinder in

Moskau, und sei es auf inoffiziellem Wege, erreichen. In diesem Brief heißt es unter anderem:

>Doktor Morosow – aber natürlich, mein Sohn wird in zwei Jahren Doktor sein, so wie sein Großvater und sein Urgroßvater es waren. Wie froh ich bin, dass du Arzt sein wirst, anstatt deine Zeit an leere Worte zu verschwenden. Mein Kind, du musst stark sein, du musst dich zusammennehmen, Lenotschka und Katja zuliebe. Du darfst nicht verzweifeln, wir sind nicht auf immer getrennt. Du bist ein empfindsamer Junge, und die bösen Blicke der ›gewöhnlichen Bürger‹ werden dich verletzen, aber du musst über den Dingen stehen! Du wirst entdecken, dass du mehr Freunde hast, als du glaubtest, und auch jene, die mich verurteilen, werden kommen, um euch zu helfen, meine Kleinen (…).
Lass alle mich verurteilen – und auch du sollst mich verurteilen, wenn es dir helfen kann (sag, was du willst, es werden nur leere Worte sein, die mich nicht verletzen werden), aber bitte verstoßt mich nicht aus euren Herzen, denn ihr seid kostbarer für mich als sonst irgendetwas in der Welt, meine Lieben, und ich denke immer an euch und bete für euch, denn hier gibt es niemanden, der mich daran hindert. (…)«[17]

Zwischenaufenthalt in Europa

Swetlana symbolisiert den Drang von
Millionen gebildeter Sowjetbürger, einfach
auszubrechen.[1]

Erste Station: Rom

Nachdem Botschafter Bowles entschieden hatte, Swetlana in der
US-amerikanischen Botschaft aufzunehmen und sie aus Indien
ausreisen zu lassen, sorgte er dafür, dass Swetlana auf ihrer weiteren
Reise begleitet wurde. Die Wahl fiel auf den CIA-Beamten Robert F.
Rayle. Dieser buchte zwei Plätze für den Flug Nr. 751 der australi-
schen Luftfahrtlinie Quantas, Abflug 7. März, 1.14 Uhr morgens. In
Swetlanas Pass wurde ein US-Visum eingetragen, um ihr in Italien
alle Schwierigkeiten zu ersparen. Frau »Svetlana Allilolev« flog
pünktlich vom Palam-Flughafen von Delhi ab und landete um 7.45
Uhr Ortszeit in Rom.
Als das State Department »aufwachte«, befanden sich Swetlana und
Bob bereits in Rom. Doch die Neuigkeit konnte nicht geheim gehalten werden, und der Name Robert Rayle tauchte in allen Zeitungen
auf. Am Flughafen Leonardo da Vinci wurde er von einigen sehr
aufgeregten Mitarbeitern der amerikanischen Botschaft empfangen. Alles, was sie sagten, war: »Stopp! Sie kann nicht in die USA
reisen.«[2]
Swetlana bemerkte glücklicherweise wenig von dem, was da vorging und was diese Männer aufgeregt diskutierten. Sie schaute sich
um und hoffte, etwas von dem Land zu sehen, in dem sie noch nie
gewesen war. Dann wurde ihr mitgeteilt, dass sie vorerst einmal in
Rom bleiben müsse. »Nichts lieber als das«, dachte Swetlana. Was
sie nicht erfuhr, war die Tatsache, dass auch die italienische Regie-

rung sie nicht haben wollte. Schließlich wurde ihr für zwei Stunden der Aufenthalt im Flughafen zugestanden. Dann fiel die Entscheidung, dass sie an einem geheimen Ort bleiben sollte, bis irgendein Land sich bereit erklärte, sie aufzunehmen. Bob Rayle und die US-Botschaft in Italien standen vor einer schwierigen Situation.

Man brachte Swetlana in eine kleine Wohnung, wo sie die nächsten drei Tage blieb. Sie hatte ein Schlafzimmer und ein Wohnzimmer zur Verfügung, in dem pausenlos das Telefon läutete. Bob musste Swetlana beibringen, dass sie »aus verschiedenen Gründen« nicht in die USA einreisen könne. Sie mussten wohl »aussitzen«, wie es weitergehen sollte. Der Zweite Sekretär erhielt laufend neue Anweisungen von der amerikanischen Botschaft, und er wurde immer blasser.

Inzwischen konnte Swetlana in der Zeitung lesen, dass die Sowjets über sie schreiben ließen: »Madame Allilujewa ist eine kranke Frau und ihr darf man keinen Glauben schenken.« Eigentlich erwartete man von ihr, dass sie sich neurotisch aufführte; doch da sie sich ganz normal gab, wurde deutlich, dass über sie Lügen verbreitet wurden. Rayle teilte der Presse mit, dass die russische Dame weder rauche noch herumschreie, weder Beruhigungsmittel noch Drogen nehme und noch nicht einmal Fragen stelle. Ihr war völlig klar, dass von dem Moment an, an dem sie nicht mehr nach Russland zurückkehrte, die gesamte Weltpresse über sie herfallen würde.

Drei Tage lang saß Swetlana in der kleinen Wohnung in Rom. Da sie »illegal« im Land war, durfte sie nicht ausgehen. In der Zwischenzeit hatte das State Department den Schweizer Bundesrat regelrecht beschworen, Swetlana wenigstens vorübergehend aufzunehmen. Die Schweiz stimmte zu, jedoch unter dem Vorbehalt, dass die Sowjetrussin sich nicht politisch betätige, was diese ja sowieso nicht vorhatte.

Da sie und Bob nicht einmal ein Restaurant zusammen aufsuchen durften, wurde ihnen das Essen in die winzige Küche gebracht. Das erste europäische Essen bestand für Swetlana aus Spaghetti, Fleischklößchen und Chianti-Wein. Da Bob ein sehr humorvoller Mann war und Swetlana voller Zuversicht, fand sie das gemeinsame italienische Mahl recht lustig.

Eine junge Frau von der US-Botschaft wurde beauftragt, für Swetlana einen dunkelgrünen Regenmantel und ein Halstuch zu kaufen, sowie eine dunkle Brille, die diese sich aber weigerte zu tragen. Sie sollte unerkannt zum Flughafen gebracht werden und ihren alten Mantel und ihren Koffer einfach in der Wohnung zurücklassen. Der neue Koffer war knallrot, absolut nicht ihre Lieblingsfarbe. Die junge Frau entschuldigte sich, es habe keinen Koffer in einer anderen Farbe gegeben.

Zuerst wurde der Koffer zum Flughafen gebracht und dann in einem italienischen Auto der Amerikaner und die Russin. Swetlana bekam wenigstens einige wenige Eindrücke von der Ewigen Stadt mit und war vergnügter Stimmung. Die beiden Reisenden, mit Flugtickets auf Mr und Mrs Rayle in der Hand, sangen fröhlich »Arrivederci Roma!«.

Am Flughafen erhielt Swetlana erneut Anweisungen, wie sie sich verhalten sollte: Bob sollte als Erster an Bord des Flugzeugs gehen. Swetlana wurde von zwei Italienern in Empfang genommen, die sie zu einem kleinen Fahrzeug brachten, das wie ein Postzustellauto aussah. Sie zwängte sich auf den Rücksitz hinter dem Fahrer, und los ging es quer übers Flugfeld, was ziemlich lange dauerte. Endlich in der Nähe der startbereiten Maschine angekommen, bekam der Fahrer jede Menge Zeichen, er solle sofort umkehren und zum Flughafengebäude zurückfahren. Das tat er auch; aber zuerst würgte er den Motor ab und hatte alle Mühe, ihn wieder in Gang zu bringen. Er setzte Swetlana mit ihrem Handgepäck vor einer schwach erleuchteten Halle ab und brauste davon. Swetlana bemühte sich, jemanden in der Halle zu finden, doch es war bereits Abend, und alle vorher hilfreichen Personen schienen mit einem Mal wie vom Erdboden verschluckt zu sein.

Swetlana setzte sich auf eine Treppe und wartete – wie lange, konnte sie nicht abschätzen. Es waren 45 Minuten! So lange hatte Bob nach ihr gesucht. Die Maschine nach Genf war längst abgeflogen, obwohl

Bob den Kapitän immer wieder darauf hingewiesen hatte, dass seine Frau noch nicht an Bord sei, bis er schließlich gebeten wurde auszusteigen. Nun löste sich auch das Rätsel, warum der Fahrer Swetlana nicht zum Flugzeug bringen konnte. In der Maschine saß ein italienisches Fernsehteam, und dieses sollte Swetlana, die Flüchtige, keinesfalls entdecken.

Inzwischen war klar, dass an diesem Tag kein Flugzeug mehr nach Genf abgefertigt würde. Sie konnten bei einer Bob bekannten Familie übernachten. Am folgenden Morgen wurden sie in aller Frühe abgeholt und zum Flughafen gebracht, unmittelbar in den Hangar, wo die Maschine für sie bereitstand.

Swetlana war glücklich und genoss den Flug über die Alpenkette. Nur Bob wurde sehr still und fühlte sich ziemlich unwohl. Er musste Swetlana wieder jede Menge Verhaltensregeln beibringen. Ein Wagen mit einem Repräsentanten des Schweizer Auswärtigen Amtes würde sie erwarten. Ein Signor Kristino würde ihr vorgestellt werden, dem sie dann folgen sollte. Die amerikanische Botschaft würde über einen Schweizer Beauftragten mit ihr in Verbindung bleiben. Bob versicherte ihr, dass die Amerikaner sie nicht im Stich lassen würden, man brauche nur noch etwas Zeit, um alles zu arrangieren. Beim Anflug auf Genf mussten sie sich verabschieden. Bobs Hände zitterten unmerklich, und Swetlana war gerührt über so viel Fürsorge. »Sie sind wunderbar«, sagte er und küsste ihre Hand. »Gott segne Sie, Sie sind wunderbar.«[3]

Ein Wagen der amerikanischen Botschaft wartete bereits auf Bob, und die gesamte anwesende Presse stürzte sich auf ihn. Swetlana konnte dagegen unbemerkt zu dem Schweizer Botschaftsauto gehen.

In den folgenden Tagen tauchten in der Presse plötzlich solche Sätze auf wie: »Sie hat ihre Meinung geändert«; »Sie ersucht nicht mehr um Asyl in den USA«; »Sie hat sich entschlossen, zur Erholung in die Schweiz zu gehen«. Doch nicht Swetlana hatte ihre Meinung geändert, sondern das State Department in Washington. Von dieser Stelle aus wurden ihr durch endlose Presseveröffentlichungen jede Menge Schwierigkeiten bereitet. So wurde ihr nachgesagt, sie sei in die Schweiz gereist, um die Konten ihres verstorbenen Vaters zu plündern. Es begannen nicht mehr endende Pressekampagnen über sie, für und gegen sie.

Die erzwungene Ruhepause in der Schweiz

Die Nachrichtenagentur TASS gab am 12. März 1967 in Moskau folgende Erklärung ab:»In der Auslandspresse sind Berichte erschienen, wonach Swetlana Allilujewa, die Tochter J. W. Stalins, sich gegenwärtig im Ausland aufhält.«

Am 7. März hatte das Eidgenössische Politische Departement von amerikanischer Seite das Gesuch um Aufnahme der Stalin-Tochter in der Schweiz erhalten.

Die»Operation Swetlana« unterstand dem Vorsteher für Justiz und Polizei, Ludwig von Moos.[4] Als persönlichen Begleiter für die Stalin-Tochter wurde Dr. Antonio Janner, Mitarbeiter der Ostabteilung des Außenministeriums, bestimmt. Bob Rayle übergab ihm seinen teuren Schützling und flog mit der nächsten Maschine in die USA, um Außenminister Dean Rusk persönlich Bericht zu erstatten. Dann sollte Rayle wieder nach Indien zurückkehren. Swetlana trennte sich nur ungern von diesem so loyalen Amerikaner. Er hatte sie immer wieder aufgeheitert, und sie begann, vieles mit Humor zu nehmen.

Zunächst musste Swetlana an einen geheim gehaltenen Ort gebracht werden. Zu ihrer Begleitung wurden ein Detektiv und zwei uniformierte Beamte abgestellt. Ein Mittagessen – frische Forellen – wurde im Hotel »Des Treize Cantons« in Chatel Saint-Denis in der französischen Schweiz eingenommen. Anschließend ruhte sich Swetlana im Hotelzimmer Nr. 7 kurz aus, und dann ging es weiter nach Beatenberg, einem Fremden- und Kurort im Berner Oberland. Dort wohnte Swetlana im Hotel »Jungfrаublick« und hatte aus ihrem Zimmer Nr. 16 eine herrliche Aussicht auf die Gebirgsgruppe

Eiger, Mönch und Jungfrau. Dabei stellte sie fest, dass die Berge sie im Grunde bedrückten. Sie hatte erwartet, dass die Schweiz so aussehe wie in dem Film »Sound of Music«, den sie kurz zuvor in Indien gesehen hatte. In Beatenberg waren schon oft Russen zu Gast gewesen, Revolutionäre und »Weiße«, Touristen oder Flüchtlinge und selbst Verwandte des Zaren. Vielleicht nennt man diese Gegend deshalb auch »Mandschurei«.[5]

Der Besitzer der Pension, Hans Zahler, erinnerte sich im Gespräch mit dem Journalisten Biagi noch sehr gut an Swetlana: »Sie war sehr zurückgezogen und aß sehr wenig. Gerne mochte sie gegrilltes Fleisch, Consommé und frisches Wasser. Um 16.00 Uhr trank sie Tee.«[6]

Die Atmosphäre im Hotel wurde für Swetlana zunehmend bedrückend, ganz besonders, nachdem sie aus dem Radio hören musste, dass ihre Ankunft in Genf gemeldet wurde. Ein einziges Mal ging Swetlana zum Einkaufen aus und wurde dabei am 13. März im Sportgeschäft Stahili von der Verkäuferin Sylvia Schmocker anhand eines Zeitungsbildes erkannt. Wegen der sehr winterlichen Witterung erstand Swetlana eine dunkelblaue Skihose, eine Jacke, Handschuhe und eine weiße Wollkappe. Sie sprach Englisch, aber auch ein gutes Schuldeutsch, jedoch mit starkem Akzent. Sie trug keinen Schmuck, war sehr nett und bezahlte mit amerikanischen Dollar. Ins Hotel zurückgekehrt, musste sie feststellen, dass die Presse im Haus war, denn der Besitzer feierte seinen Geburtstag. Da Swetlana hier nicht länger unerkannt bleiben konnte, musste sie in ein anderes Versteck umziehen. Sie verließ mit ihrer Begleitung derart überstürzt das Hotel, dass vergessen wurde, die Rechnung zu bezahlen, was man später aber nachholte.

Unten an der Seilbahnstation am Thuner See wartete schon ein Wagen der Schweizer Bundespolizei. Damit die Meute der Reporter Swetlana nicht gleich wieder auf die Spur käme, hatte Janner für sie das ruhigste und sicherste Asyl, das man sich denken kann, ausgesucht: ein Kloster, und zwar das Nonnen-Erholungsheim Theresienstift des katholischen Ordens San Canisio in Burgbühl bei St. Antoni.

Der Gedanke an ein Kloster beunruhigte Swetlana erst einmal sehr. Ihr fielen die düsteren Zimmer in russischen Klöstern ein, und sie wollte nicht »weggeschlossen« werden. Doch das spartanische Zimmer, das sie vorfand, hatte elektrisches Licht, fließend warmes und kaltes Wasser, einen Waschtisch und ein modernes Bett. An der Wand hing ein von Palmblättern eingerahmtes modernistisches Kruzifix.

In der Festschrift »25 Jahre Bildungszentrum Burgbühl – Vom Theresienstift zum Bildungszentrum« aus dem Jahr 1997 wird an einen »berühmten Feriengast« erinnert, die Stalin-Tochter, die auf Bitten des Bischofs und der kantonalen Fremdenpolizei im März/April 1967 dort »gastierte«. Erst nach ihrer Abreise berichtete die Presse über den Aufenthalt Swetlanas in Vorarlberg. Da wurde unter anderem bemerkt, die »gottlos« erzogene Frau habe den Weg zum Christentum gefunden. Es habe ihr Freude bereitet, in der Burgbühlkapelle zu beten.

Die Nonnen empfingen sie mit großer Herzlichkeit. Sie galt dort offiziell als Miss Karleen, eine Irin, die gerade aus Indien angekommen war. »Sie war still und zufrieden, eine glückliche, einfache Person«, sagte die Schwester Oberin. Die nächsten fünf Tage fühlte sich Swetlana richtig wohl. Ihr gefiel ihr Asyl zunehmend besser. Schwester Florentina holte sie zum Frühstück in den Speisesaal ab und stand ihr auch ansonsten zur Verfügung. Swetlana kramte all ihre Deutschkenntnisse hervor und unterhielt sich mit den Schwestern. Sie erzählte ihnen auch, dass sie sich 1962 in Moskau nach russisch-orthodoxem Ritus habe taufen lassen. Am Ostersonntag durfte Swetlana dem Hochamt in dem aus dem 14. Jahrhundert stammenden Münster St. Nikolaus von Fribourg beiwohnen.

Swetlana hat über ihren Aufenthalt in der Schweiz ein Tagebuch geführt. Darin berichtet sie von Ausflügen mit ihren beiden Geheimpolizisten, die sie mit ihrem Volkswagen fahren ließen und ihr die Gegend zeigten. Es waren ausgesprochen fröhliche Stunden in einer Landschaft, die ihr nun gut gefiel. Sie ertappte sich sogar bei dem Gedanken, ob sie nicht für immer in der Schweiz bleiben sollte. Doch sie musste sich an ihre Auflage halten zu schweigen.

Swetlana erfuhr, dass BBC London meldete, ein Vertreter des amerikanischen State Department habe die Absicht, sich mit ihr in Verbindung zu setzen. Der Schweizer Bundesrat werde die Frage über ein mögliches Asyl und eine Verlängerung ihres Visums in Betracht ziehen.

Am 20. März fiel Swetlana in ein tiefes, tiefes Loch. Sie nannte es einen Tag des Kräfteverfalls und des sinkenden Mutes. Ständig musste sie an ihre Kinder denken. Doch dann fing sie an, ihre Umgebung zu erkunden. Sie unternahm eine Bootsfahrt auf dem Murtensee, ging am Ufer des Neuchâteler Sees spazieren, besichtigte Schloss Grayertz, reiste nach Zürich und Bern, Montreux und Vevey. Swetlana wusste, dass in der Nähe von Vevey die Villa Charlie Chaplins stand, den sie sehr schätzte. In der Sowjetunion waren allerdings nur die letzten Filme Chaplins, »Rampenlicht« und »König von New York«, gezeigt worden. Das hatte den Künstler derart verärgert, dass er trotz mehrerer Einladungen nicht nach Moskau gereist war.

Inzwischen waren die Journalisten in einem Umfang lästig geworden, dass für Swetlana ein erneuter Ortswechsel geboten schien. Sie übersiedelte ins Kloster des Ordens der Heimsuchung in der Murtengasse in Fribourg[7], einen Ort, den sie nie vergessen sollte und wohin sie sich später immer wieder zurücksehnte. Dort war ihre Identität nur der Mutter Oberin, Schwester Louise Raphael, bekannt. Schwester Marguerite Marie gab ihr drei Schlüssel, mit welchen sie drei Türen aufschließen musste, wenn sie nach 20.00 Uhr nach Hause kam. Sie erhielt auch eine Taschenlampe, mit der sie leise durch die langen dunklen Korridore schlich, damit sie niemanden störte.

Hier in Fribourg, dem malerischen Städtchen im Uechtland, konnte sie unbehelligt Besucher empfangen und in Begleitung ihrer Beschützer spazieren gehen. Zu einem ganz besonderen Treffen, einem Wiedersehen mit ihrem einzigen europäischen Bekannten,

dem französischen Diplomaten Emmanuel d'Astier de la Vigerie,
kam es in Nonan bei Fribourg. Seine Frau Ljuba war die Tochter
von Leonid D. Krassin und eine Schulfreundin von Swetlana. Zu
Ljuba Krassina hatte Swetlana schon von Indien aus Kontakt aufgenommen. Sie schrieb ihr auf Russisch, dass sie nicht mehr in die
Sowjetunion zurückkehren wolle, und fragte sie, ob sie es für
möglich halte, ihr im Manuskript vorliegendes Buch im Ausland
herauszugeben. Ljuba bejahte in einem Telegramm die gestellte
Frage und zeigte in einem darauffolgenden Brief Verständnis für
Swetlanas Vorhaben. Somit wusste Emmanuel d'Astier, in welch
schwieriger Lage sich Stalins Tochter befand. Es ist offensichtlich,
dass er sich dafür verwendet hat, damit sie in die Schweiz gebracht
würde. Der Diplomat schlug Swetlana allerdings vor, in Frankreich
zu bleiben, denn ansonsten würde sie »von einem Gefängnis ins
andere« gehen.
Doch mittlerweile waren die Weichen für Amerika gestellt. Der
Sowjetbotschaft in Washington wurde mitgeteilt, Swetlana habe

sich »für einen Besuch in den Vereinigten Staaten entschieden«
und die Erlaubnis erhalten, sich so lange in den USA aufzuhalten,
wie sie wünsche. Allerdings wurde ausdrücklich betont, dass dies
nicht die Erteilung eines politischen Asyls in den USA bedeute.

Für Swetlana hieß es nun wieder Abschied nehmen. Und dieser
Abschied fiel ihr sehr schwer. Unter Tränen verließ sie das Kloster,
in dem Schwester Marguerite Marie ihr nicht nur eine gute Reise
wünschte, sondern auch versprach, für ihr künftiges Glück zu
beten. Und es sollte sich zeigen, dass in Swetlana, wann immer ihr
Leben in Turbulenzen geriet, der Wunsch aufkam, ins Kloster des
Ordens der Heimsuchung nach Fribourg zurückzukehren. Schwester Marguerite Marie lebte bald nicht mehr, auch die Dolmetscherin war schon gestorben. Im Kloster konnten sich 2003 noch ein
paar Schwestern an Swetlana erinnern. Das Gastzimmer trägt heute
noch den Namen »Swetlana«.[8]

Dass es den pedantisch auf ihre Neutralität bedachten Schweizern
nicht ganz wohl in ihrer Haut war, konnte man einem Zeitungs-
kommentar entnehmen: »Vielleicht ist unsere Neutralität während
des Besuches von Fräulein Stalina etwas belastet und auch gedehnt
worden. Unsere Beamten in Bern haben uns die ganze Zeit versi-
chert, sie sei hier lediglich zur Erholung und um Ruhe zu finden,
und dass es sich um eine völlig unpolitische Angelegenheit handle.
Die Zeitungen wurden ihr vom Leibe gehalten, weil sie nicht mit
Interviews über ihre Vergangenheit und ihre Gegenwart belästigt
werden sollte. Aber wir sind wohl zum Narren gehalten worden.
Vielleicht durchaus zu Recht. Vielleicht müssen Dinge dieser Art
wirklich in solcher Manier erledigt werden.«[9] Das führende Blatt
der Schweiz, die *Neue Zürcher Zeitung*, schrieb am 24. April 1968:
»Swetlana symbolisiert den Drang von Millionen gebildeter Sowjetbürger, einfach auszubrechen.«

Eine Polizeieskorte brachte Swetlana am 21. April zum Flughafen
Kloten bei Zürich. Um 12.10 Uhr startete die DC-8 der Swiss Air
zum Direktflug nach New York. Der amerikanische Rechtsanwalt
Alan Schwartz und Stalins Tochter reisten als Herr und Frau Stae-

helin. Der Name war von Swetlanas Rechtsanwalt Staehelin »entlehnt«. Die Stewardess erinnerte sich, dass die VIP-Dame sehr blass und müde, aber durchaus entspannt ausgesehen habe. Nach achteinhalb Stunden Flug landete die Maschine um 2.46 Uhr auf dem John F. Kennedy International Airport. Swetlana verließ als Letzte das Flugzeug und betrat zum ersten Mal amerikanischen Boden.

Mit dem ersten Buchvertrag kommt der Wohlstand

Doch bevor die Tochter Stalins ins Flugzeug steigen konnte, tobte noch der Kampf um den einzigen Reichtum, den sie mit sich führte: ein Manuskript von 80 000 Wörtern, aus dem das »Buch des Jahrhunderts« – so die internationale Presse – entstehen sollte.

Diese Aufzeichnungen hatte Swetlana in nur 35 Tagen in dem kleinen Dorf Schukowka unweit von Moskau zu Papier gebracht. Auf Empfehlung eines Freundes hatte sie für ihre Niederschrift die Briefform gewählt; sie sah in diesen aufgezeichneten Erinnerungen eine regelrechte »Beichte«.[10] Bis zur Veröffentlichung vergingen vier Jahre, doch die Autorin wollte daran nichts mehr ändern oder hinzufügen. Das Manuskript sollte so bleiben, wie es ihre Freunde seinerzeit in Moskau gelesen hatten. Welchen Personen sie es zum Lesen gegeben hatte, ist nicht bekannt. Aber einer ihrer »literarischen Freunde« brachte eine Kopie zu ihrer Tante Jewgenija Aleksandrowna mit der Bitte, vor der Drucklegung etwaige Ungenauigkeiten zu markieren. Deren Sohn Sergej bat aber seine Mutter, nichts zu unternehmen, sondern dies dem KGB und der Regierung zu überlassen: »Ich sagte zu ihr, lass sie das machen, wir mischen uns nicht ein.«[11]

Swetlana war mit dem Gedanken, ihr Leben aufzuschreiben, bereits länger schwanger gegangen. Nachdem der Vorsitzende des Ministerrates der UdSSR, Anastas Iwanowitsch Mikojan, erfahren hatte, dass sie Kontakt zu »progressiven ausländischen Funktionären« unterhalte, hatte er sie 1962 zu einem Gespräch zu sich gebeten.

Ziemlich unvermittelt hatte er wissen wollen, ob Swetlana nicht ihre Familiengeschichte selbst aufzeichnen wolle. Er hatte sie ermutigt, dies zu tun, hatte aber zugleich die Bitte geäußert, solche Aufzeichnungen nie an »irgendwelche Ausländer« zu geben, die dann die Jagd auf sie eröffnen würden. Ein Jahr später schrieb sie dann tatsächlich ihre Erinnerungen nieder. Sie konnte damals nicht ahnen, dass dieses Manuskript eines Tages der Freifahrtschein in ein anderes Leben sein würde. Ihr Wunsch war, eine Familienchronik, nicht aber historische Memoiren zu schreiben.

Sie hatte nie daran gedacht, dass die »Zwanzig Briefe an einen Freund« für den westeuropäischen Leser eine politische »Enthüllung« sein könnten. Aber selbstverständlich war ihr bewusst, dass der Leser einer so ungewöhnlichen und tragischen Familiengeschichte auch politische Schlüsse daraus ziehen würde.

Es war der indische Botschafter in Moskau, Triloki Nath Kaul, dem Swetlana ihr Manuskript anvertraute und den sie dann bat, es bei sich in Delhi aufzubewahren. Sie war der Meinung, ein Schriftsteller müsse »die Freiheit des Ausdrucks besitzen«, und sie rechnete nicht damit, dass ihr Buch in ihrer Heimat jemals veröffentlicht werden würde. Während ihres Aufenthaltes in Indien erbat sie dann das Manuskript von Kaul zurück und trug es die ganze Zeit bei sich. In ihrem dritten Buch »The Faraway Music«[12] beschrieb Swetlana später am ausführlichsten den Weg, den ihr erstes Manuskript nahm. Als sie am 6. März 1967 in der US-Botschaft in Delhi erschien, lag das Manuskript in ihrem Koffer. Es war nicht besonders klug von ihr, doch sie überließ die Seiten für kurze Zeit einem amerikanischen Botschaftsangestellten. Auf die Idee, dass dieser Kopien anfertigen und nach Washington schicken könnte, kam sie nicht. Auf diese Weise war ihr Manuskript einen Monat früher in Amerika als sie selbst. Erst viel später stellte sich heraus, dass es insgesamt sechs Mal kopiert worden war. Jedem, der im State Department Russisch lesen konnte, war es zugänglich.

Noch während ihres Aufenthaltes in Rom hatte die US-Botschaft das amerikanische Außenministerium wissen lassen, dass Stalins

Tochter ein autobiografisches Manuskript von vermutlich weittragender Bedeutung bei sich habe. Daraufhin suchte Außenminister Dean Rusk einen erfahrenen Diplomaten aus, der wie wenige Spitzenbeamte seines Ministeriums perfekt Russisch sprach und ein absoluter Kenner der sowjetischen Politik war: George F. Kennan. Dieser hatte bereits als junger Beamter zur Zeit von Präsident Franklin D. Roosevelt in Moskau Dienst getan und vier Jahre lang dort Erfahrungen gesammelt. Von 1949 bis 1950 war er dann Berater des Außenministeriums und schließlich bis zu Stalins Tod Botschafter in Moskau gewesen. Ende 1953 quittierte er den Dienst und zog sich in das höchst angesehene »Institute of Advanced Studies« in Princeton, New Jersey, zurück.

Kennan, der auf einer Farm in Pennsylvania lebte, erhielt zu seinem großen Erstaunen am 10. März, dem Tag der Abreise Swetlanas aus Rom, einen Anruf aus Washington mit der Anfrage, ob er das Manuskript von Stalins Tochter durchsehen könne und auch bereit sei, notfalls als ihr Berater zu fungieren. Da Kennan damals an einer starken Grippe litt und das Bett hüten musste, wurde ihm eine Kopie des Manuskripts zugesandt. Noch bevor er alle Seiten gelesen hatte, stand sein Entschluss fest, sich für die Aufgabe zur Verfügung zu stellen. Es ging dabei um mehr als lediglich eine Betreuung zur Veröffentlichung in Buchform; es ging vor allem darum, die Tochter des ehemaligen sowjetischen Diktators aus dem Kalten Krieg herauszuhalten. Außerdem sollten Kennans Ansicht nach das State Department wie der Kreml die Angelegenheit, die für alle Beteiligten schwierig war und auf keinen Fall peinlich werden sollte, möglichst emotionslos angehen – und schon gar nicht zu Lasten der jungen Frau. Doch das war Wunschdenken!

Bevor Kennan nach Genf flog, wollte er sich juristisch absichern. Er bat, obwohl noch grippekrank, den Brigadegeneral a. D. und New Yorker Rechtsanwalt Edward Samuel Greenbaum zu sich. Kennan sah voraus, dass der Fall Swetlana so kompliziert war, dass von Anfang an ein Rechtsanwalt eingeschaltet werden müsse. Greenbaum, durchaus an der Sache interessiert, konnte allerdings nicht sofort zusagen, mit Kennan in die Schweiz zu reisen. Für seine Rechtsanwaltspraxis Greenbaum, Wolff & Ernst erhielt er eine Kopie des Manuskripts. Eine weitere Kopie ging sofort an die Übersetzerin Priscilla Johnson McMillan. Sie sollte ein kurzes Resümee in englischer Sprache für jene, die kein Russisch konnten, vor allem aber auch für die infrage kommenden Verlage verfassen.

In der Schweiz meldeten sich bei Swetlana Verleger aus aller Welt, die sich für das »Buch des Jahrhunderts« interessierten. Unter anderem von den Zeitschriften *Life* und *Stern* wurden bei ihr Journalisten vorstellig und boten ihr 500 000 Dollar. Dem Vertreter einer Literaturagentur, Josef von Sernczy, gelang es ebenfalls, Swetlana aufzuspüren, und er winkte ungeniert mit einem unterschriebenen Scheck über 300 000 Dollar. Die Hurst Corporation machte ihr den Vorschlag, sowohl die Memoiren herauszugeben als ihr auch beim Schreiben behilflich zu sein. Randolph Hurst junior erinnerte sie an ein Interview mit ihr im Winter 1955 in Moskau und sandte ihr eine Kopie des damaligen Zeitungsberichtes. Vor diesem Interview war sie allerdings von Außenminister Molotow genau instruiert worden, wie sie sich zu verhalten hatte.

In New York boten 1967 Greenbaum, Wolff & Ernst das Manuskript ihren New Yorker Geschäftsfreunden und Klienten Harper & Row an, und zwar in Form der Kurzfassung von Priscilla Johnson McMillan, eine wenig geglückte Arbeit, wie Swetlana erst Monate später feststellen konnte. Dass dieser Verlag das Rennen um die Memoiren machte, erklärte ein New Yorker Verleger, der das Buch ebenfalls gerne herausgebracht hätte, ziemlich scharfzüngig so: »Ich musste einfach lachen! Natürlich bin ich gelb vor Neid. Ich bin so vernarrt in die Idee, ihr Buch zu verlegen, dass ich nachts aufwache und daran denke. Dabei habe ich nie unter Schlaflosigkeit gelitten. Und wer bringt sie heraus? Harper, der Verleger des Establishments. Und wer hat sie zu Harper bugsiert? Das Establishment und Harpers Anwälte Greenbaum, Wolff und Ernst. Und wer hat Greenbaum herangezogen? Der superintellektuelle Autor-Diplomat des Establishment George Kennan. So etwas nennt man einen ›Inside-

Job‹. Der größte Verleger von New York bot ihr eine Million Dollar Vorschuss an und war bereit, die Katze im Sack zu kaufen.«[13]

Am 24. März sollte die »Wanderin zwischen den Welten« George Kennan treffen. Von Antonio Janner, ihrem Schweizer Begleiter, hatte sie Kennans Buch »Russland und der Westen zu Lenins und Stalins Zeiten« bekommen. Sie las eifrig darin, denn sie wollte vorbereitet sein auf diesen Mann, der ihr Land sehr gut zu kennen schien. Dass er sich gegenüber dem Kommunismus, also auch gegenüber ihrem Vater und dessen Regime, unbarmherzig zeigte, erschreckte sie nicht. Als sie auf George Kennan wartete, von dem sie nicht wissen konnte, wie er auf sie, die Tochter des Diktators, reagieren würde, war sie ziemlich nervös. Auf der anderen Seite fühlte sie sich aber auch geehrt, dass sich Kennan zu ihr in die Schweiz bemühte.

Sie erwartete ihn in einem »Sprechzimmer« des Klosters. Und dann stand er vor ihr: ein hochgewachsener, hagerer Mann mit strahlend blauen Augen und auffallend elegant gekleidet. Er sprach sie russisch an, wechselte dann aber ins Englische. Sie führten ein einstündiges Gespräch, das Swetlana sehr anstrengte: Das Blut hämmerte ihr in den Schläfen und ihre Nerven schienen zu vibrieren. Kennan schlug einen Spaziergang vor, doch Swetlana ließ ihn allein gehen; sie wollte lieber auf ihn warten. Anschließend aßen sie gemeinsam Abendbrot und plauderten dabei vergnügt. Kennan erzählte von seiner Familie. Seine beiden erwachsenen Töchter, die in Pennsylvania auf einem alten Familienbesitz lebten, luden Swetlana jetzt schon ein, zu ihnen zu Besuch zu kommen. Kennan nannte diesen Besitz eine Art »Subalowo«, was Swetlana sehr rührte. Die Bemerkung vermittelte ihr aber auch die Gewissheit, dass Kennan ihr Manuskript gelesen hatte. Er erklärte ihr, dass er ihr gerne behilflich sei, geeignete Rechtsanwälte zu finden, die ihr bei der Herausgabe des Buches zur Seite stehen würden. Dann verabschiedete sich der höchst liebenswürdige Politiker und flog in die USA zurück.

Zwei Tage später, am 26. März, kam der 77-jährige Rechtsanwalt Greenbaum, der »General« genannt wurde, zusammen mit zwei weiteren Anwälten zu Stalins Tochter in die Schweiz. Eine höchst unerfreuliche »Unterhaltung« begann zwischen einem fast tauben Rechtsanwalt und einer Klientin, die nur die Hälfte von dem verstand, was Greenbaum sagte, der wiederum nur die Hälfte der von Swetlana gestellten Fragen hörte und somit auch nicht beantwortete. Swetlana wollte schnellstmöglich wissen, wann sie einen Verleger kennenlernen würde. Außerdem verstand sie nicht, weshalb sie für die Publikation eines Buches Rechtsanwälte benötigte.

Juristische Gespräche über Geld, Verfügungen, Rechtsansprüche, Anwaltsvollmachten, Tantiemen, Testamente und Ähnliches klangen in Swetlanas Ohren wie Chinesisch: »Ein Sowjetbürger hatte KEINE Ahnung von solchen Dingen – auch wenn man mir alles übersetzte. Ich unterschrieb blindlings, ohne jedes Argumentieren und Verhandeln, alles, was ich unterschreiben sollte. Ich hatte aber auch keine Ahnung, dass man mir das Copyright genommen und jedes Recht, das ein Autor normalerweise an seinem Werk besitzt«, klagte sie später.[14] Swetlana fühlte sich überhaupt nicht wohl bei diesem Kuhhandel mit dem »alten tauben General«. Sie nannte es sogar eine Tortur, was da ablief.

In Anwesenheit von fünf Rechtsanwälten, darunter zwei Schweizern, unterschrieb sie zwei Vollmachten, worin sie auf jede Einmischung bei dem Verkauf ihres Buches verzichtete. Die Verträge waren schon in New York ausgearbeitet worden, und zur Vermarktung war bereits eine Firma mit dem Namen »Patientia« gegründet worden, an der Greenbaum und seine Anwälte als Miteigentümer beteiligt waren. Des Weiteren wurde festgelegt, dass alle Rechte an den Texten Swetlanas an eine ebenfalls neu gegründete Cooperation im Fürstentum Liechtenstein mit dem Namen »Copex Establishment« gingen, deren Repräsentant einer der anwesenden Schweizer Rechtsanwälte war. Das geschah deshalb, um die überseeischen Einkünfte Swetlanas vor dem Zugriff des amerikanischen Fiskus zu schützen. In Liechtenstein ist auf Einkommen aus dem Ausland keine Steuer zu bezahlen. Als die Existenz des »Copex Establishment« in New York bekannt wurde, zerbrachen sich die

Public-Relation-Fachleute den Kopf, ob es nicht dem Image der Stalin-Tochter als geflüchteter Idealistin Abbruch tun könnte, wenn sie mit dem Steuerparadies in Verbindung gebracht wurde.

Wie sollte die Autorin sich in einem so komplizierten Vertragswerk zurechtfinden beziehungsweise die Vorgänge richtig einschätzen können? Da musste sie ihren Anwälten vertrauen, von denen sie allerdings keinen sympathisch fand. Die ganze »Prozedur«, wie sie es nannte, dauerte zwei Tage und brachte ihr die stolze Summe von 1,5 Millionen US-Dollar ein.

Als sie die »Copex«-Papiere unterschrieb, wollte sie wissen, ob es sich hierbei um die Vorauszahlung des Verlegers handelte. Da trat eine eigenartige Stille ein. Der Schweizer Rechtsanwalt Wilhelm Staehelin sagte lachend mit seiner Pfeife im Mund: »Ja, Sie können das als Vorauszahlung sehen.« In ihrem 1984 erschienenen Buch »The Faraway Music« steht: »Bis heute ist mir nicht klar, woher das Geld kam. (…) Ich muss auch gestehen, dass mir die Rechtsanwälte nicht erklärten, was diese frühen Vereinbarungen bedeuteten.«[15]

1984 brachte Swetlana auch nochmals zum Ausdruck, dass sie damals in der Schweiz nur einen einzigen Gedanken gehabt hatte: »Ich muss nicht mehr zurück nach Moskau.« Alles, was sie unternahm, muss unter diesem Gesichtspunkt verstanden werden. Nachdem sie sich 40 Jahre lang gehorsam und leise verhalten hatte, akzeptierte sie auch in der Schweiz ohne Rückfragen alles, was ihr die Amerikaner sagten, anboten und vorschlugen. Da sie mit ihrem bereitwilligen Einverständnis zum Liebling aller avancierte und nur noch strahlende Gesichter um sich sah, kam sie überhaupt nicht auf die Idee, sich die Verträge von einer anderen, neutralen Person erläutern zu lassen. Denn mit ihrer Unterschrift hatte sie die weltweite Vermarktung des »Sensationsbuches« freigegeben.

In einem 1996 geführten Gespräch mit der Autorin Rosamond Richardson in London äußerte sich Swetlana nochmals in dieser Sache: »Ich weiß immer noch nicht, wer 1967 die Million für mein erstes Buch bezahlt hat. Vielleicht hat es die CIA gezahlt. Die Verleger zahlten die Summe nicht, meine Rechtsanwälte nicht, wer dann?«[16]

Es ist eigenartig, dass sich Swetlana an keine Zahlungen mehr erinnern konnte, zumal alle Verträge in ihrem dritten Buch »The Faraway Music« abgedruckt sind. So unterschrieb sie am 20. April den Vertrag mit »Copex Establishment« und erhielt in Fribourg in der Schweiz 142 612 400 Dollar bar auf die Hand.

An weiteren Zahlungen in den USA gingen dann, um nur einige zu nennen, ein: vom Verlag Harper & Row 225 000 Dollar für die Buchrechte; von Amerikas größter Buchgemeinschaft »Book of the Month Club« 320 000 Dollar; vom *SPIEGEL* für die Vorabdruckrechte 120 000 Dollar; von der *New York Times* 225 000 Dollar, von der Illustrierten *Life* 375 000 Dollar. Die deutschen Rechte erstand der Wiener Verleger Fritz Molden für die Summe von 205 000 Dollar. So kam eine Rekordsumme von drei Millionen Dollar zustande. Manch amerikanischer Verleger befürchtete schon den Ruin des Preisgefüges. Doch Verleger Jovanovich von Harcourt, Brace & Jovanovich meinte gelassen: »Es gibt nur einen Stalin im 20. Jahrhundert, und es gibt nur eine Stalin-Tochter.«[17]

Die Neue Welt – Amerika

Mein Leben ist leicht, fröhlich, frei
und voller schöner Farben.[1]

Ankunft in den USA

Nach achteinhalb Stunden Flug mit der Swissair-Maschine (Flug Nr. 100) kam Swetlana am 21. April 1967 zusammen mit dem amerikanischen Rechtsanwalt Alan Schwartz, der sie seit Genf begleitet hatte, auf dem internationalen John-F.-Kennedy-Flughafen in New York an. Als sie das Flugzeug verließ, sah sie strahlend aus, diese ungewöhnlichste Russin, die je in den USA um Asyl bat – eine Berühmtheit, deren Charme und Frische es ihrem Gastland schwer machten, sich vorzustellen, dass sie das einzige überlebende Kind des blutigsten Despoten in der modernen russischen Geschichte war. Flott lief sie die Gangway herunter, hielt dann aber an, da Scharen von Fotografen und ein Meer von Mikrofonen vor ihr aufgebaut waren.
»Hier ist Miss Swetlana Allilujewa«, verkündete Alan Schwartz. Swetlana lächelte ein scheues Lächeln, strich sich eine kleine Locke aus dem Gesicht und begann zu sprechen:

»Hallo, ich bin sehr glücklich, hier zu sein.« Die Flughafengeräusche und ein heftiger Wind störten sie, doch sie fuhr unverzagt fort: »Es ist sehr schwer in ein paar Worten zu erklären, warum ich hier bin und weshalb ich gekommen bin. Ich hoffe, dass es nächste Woche eine Pressekonferenz geben wird.« Wörtlich führte sie dann aus: »Heute, nach einem glücklichen und erholsamen Aufenthalt in der Schweiz, einem wunderbaren Land mit einem großmütigen Volk, dem ich immer dankbar sein werde, bin ich hierhergekommen, um die persönlichen Ausdrucksmittel zu finden, die mir während so langer Zeit in der Sowjetunion versagt blieben.«[2]

14 *Spektakuläre Ankunft auf dem Flughafen von New York*

Irgendjemand rief: »Wo werden Sie wohnen?« Swetlana lächelte
und gab etwas unsicher zur Antwort: »Bei Freunden.« Der Sender
»Voice of America« und die BBC London verbreiteten die Nachricht von Swetlanas Ankunft unverzüglich, sogar mit einer Unterbrechung der laufenden Sendungen. Auch Millionen von Russen
hörten es. Ein Freund informierte ihren Sohn Josef in Moskau:
»Deine Mutter ist gerade in New York angekommen.«[3]
Vom Flughafen aus brachte man sie in einem marineblauen Olds-
mobile nach Locust Valley auf Long Island in das Haus von Mr Stewart Johnson und seiner Tochter Priscilla Johnson MacMillan, eine
Villa mit 16 Zimmern. An der Freitreppe stand der noch recht
jugendlich wirkende 59-jährige Hausherr zum Empfang bereit. Im
Haus warteten schon einige von Swetlanas Rechtsanwälten, dazu
kamen noch vier Bodyguards, zwei Köche und eine Haushälterin.
Nach einem kleinen Abendessen zog Swetlana sich zurück und
ging bereits um 21.00 Uhr zu Bett. Am nächsten Morgen stand sie
um sieben Uhr auf und verzehrte ihr erstes amerikanisches Frühstück mit reichlich Schinken und Ei.

Von dem Haus, in dem sie nun Gast war, war sie höchst überrascht. Die gediegene Einrichtung bei den Johnsons war in ihren Augen »antik«. In der Sowjetunion war man allgemein der Ansicht, in Amerika gebe es entweder Wolkenkratzer oder niedrige Farmhäuser und sie seien durchweg aus Beton und Glas. Die erste Inneneinrichtung eines Hauses, die sie nun in den Vereinigten Staaten sah, kam ihr vor wie die Bühnendekoration eines Ostrowskij-Stückes[4] im »Kleinen Theater« in Moskau. Doch die gemütliche Atmosphäre behagte ihr sehr. Ihr Wissen über die Vereinigten Staaten bestand bis dahin aus dem, was sie in den Büchern von Ernest Hemingway, J. D. Salinger, Jack London und Sinclair Lewis gefunden hatte. Dazu kannte sie von Haus aus die Begriffe »Kapitalismus« und »Imperialismus«, und die natürlich nur in der sowjetisch-kommunistischen Deutung.

Gleich am Ankunftstag war ihr aufgefallen, dass sehr viele Frauen mit dem Auto fuhren, sogar ältere grauhaarige Damen, die in der Sowjetunion bestenfalls einen Rollstuhl erhalten hätten. Die Menschen, die Swetlana zu Gesicht bekam, waren alle wohlgenährt.

Nach ein paar Ruhetagen folgte die offizielle Pressekonferenz im Plaza-Hotel in New York. Jeder Schritt, den sie tat, war für sie neu, dennoch ging sie recht unbeschwert zu dieser Veranstaltung. Stalins Tochter wirkte bei diesem Auftritt unglaublich jung, eine hübsche intelligente 41-jährige Frau, die mit ihren strahlend blauen Augen und dem kupferfarben schimmernden Haar alle Anwesenden, vor allem die Presse, förmlich verzauberte. Mit nur leichtem Akzent verlas sie die vorbereitete Pressemitteilung, in der sie unter anderem sagte:

»Seit meiner Kindheit hat man mich den Kommunismus gelehrt, und ich habe wie meine ganze Generation daran geglaubt. Aber nach und nach, mit zunehmendem Alter und Erfahrung, hat sich meine Überzeugung geändert. Auch die Religion hat mich verändert. (…) Für mich gibt es nicht mehr nur Kapitalisten und Kommunisten. Es gibt in allen Ländern der Erde gute und schlechte Menschen. Obwohl ich mein ganzes Leben in Moskau verbracht habe, bin ich fest davon überzeugt, dass man eine Heimat immer dort findet, wo man sich frei fühlt (…).

Vor drei Jahren habe ich ein Buch über mein Leben in der Sowjetunion geschrieben. Es freut mich, Ihnen mitzuteilen, dass das Buch bald in englischer und russischer Sprache erscheinen und in andere Sprachen übersetzt werden wird. Trotz der treibenden Kräfte und der Wünsche, die mich nach den Vereinigten Staaten führten, kann ich nicht vergessen, dass meine Kinder immer noch in Moskau sind. Aber ich bin sicher, dass sie mich verstehen werden. Sie gehören zu einer neuen Generation in unserem Land, die nicht von alten Ideen gegängelt werden will (…). Eines Tages werden wir uns wieder treffen – ich warte darauf.«

Allen auf sie einprasselnden Fragen stellte sie sich und beantwortete sie geduldig. Sie sagte klar, sie werde nicht für oder gegen den Kommunismus Stellung beziehen. Swetlana Allilujewa räumte ein, dass es in den USA mehr demokratische Freiheiten gebe als in der Sowjetunion. Doch sie fügte hinzu: »Ich werde euer Leben später beurteilen. Es wird vielleicht weniger rosig sein, als es im ersten Augenblick den Anschein hat.«

Es war für sie nicht leicht, das Plaza-Hotel wieder zu verlassen. Sie blieb mit ihrem Gefolge im gleichen Aufzug stecken, in dem auch Nikita Chruschtschow während eines Amerika-Aufenthaltes festgesessen hatte. Anschließend unternahm sie ihren ersten Spaziergang durch das nächtliche New York, bei dem sie feststellte, dass große Städte sich doch sehr ähnlich waren.

Das Fernsehinterview löste eine wahre Flut von Blumen, Briefen und Glückwunschtelegrammen aus. Von »Herzlich willkommen in Amerika« bis »Scheren Sie sich heim, rote Hündin!« wurde die ganze Spannbreite von Zustimmung und Ablehnung ihrer Person gegenüber laut. Und es kamen stapelweise Einladungen von Universitäten und Colleges, von Frauenvereinen und anderen Organisationen, über Land und Leute in der Sowjetunion zu reden und Fragen zu beantworten; man bat sie um Interviews und Vorträge bei Rundfunk- und Fernsehanstalten. Doch Swetlana hatte nicht

vor, sich in eine Vortragsreisende für »sowjetische Probleme« zu
verwandeln. Eine solche Tätigkeit in der Öffentlichkeit lag ihr nicht.
Sie verbrachte lieber ihre Zeit in dem ihr zur Verfügung gestellten
Zimmer. Auch hatte sie wenig Lust, in Begleitung der beiden dicken,
aus Ungarn stammenden Privatdetektive spazieren zu gehen, denn
vor dem Haus standen immer einige Journalisten, Bildreporter
oder Fernsehleute.

Im Mai hatten Swetlanas Kinder in Moskau Geburtstag. Sie sandte
ihnen Glückwunschtelegramme; die dort jedoch nie ankamen.

Auf Wanderschaft

Die Bemühungen der amerikanischen Regierung gingen dahin, die
Bedeutung des »Falles« Swetlana herunterzuspielen. Während
Moskau sich ausschwieg – TASS hatte noch nicht einmal einen
Reporter zu Swetlanas Pressekonferenz in New York geschickt –,
bereitete die Sowjetpropaganda eine besondere Kampagne vor. Die
Prawda meldete, die »Sowjetbürgerin S. Allilujewa sei von Agenten
der CIA von Indien in die Schweiz gebracht worden«.

Was den Kreml besonders irritierte, war Swetlanas Ankunft in New
York ausgerechnet am Vorabend des 50. Jahrestages der bolschewistischen Revolution. Die Amerikaner hätten damit Stalins Tochter »bewusst zu dem unwürdigen Zweck missbraucht, die Sowjetunion in den Augen der Welt herabzusetzen«, hieß es voller
Entrüstung. »Alle Versuche des offiziellen Washington, sich von
den antisowjetischen Kampagnen zu distanzieren, sind für naive
Leute bestimmt. Der Mechanismus, der die antisowjetischen Kampagnen von höchster Stelle aus hinter den Kulissen dirigiert, ist
längst kein Geheimnis mehr. Die Rolle jener hochgestellten Produ-
zenten antisowjetischer Spektakel, die so gern anonym bleiben
möchten, ist völlig klar.«[5]

In Washington kommentierte damals ein hoher Beamter: »Beden-
ken Sie, kein einziger amerikanischer Beamter hat mit Swetlana seit

ihrer Ankunft in der Schweiz gesprochen. Sie hat einen gültigen Reisepass, sie kann sich überall frei bewegen. Sie kann bleiben oder übersiedeln, ganz wie sie wünscht. Sollte sie um eine Daueraufenthaltsgenehmigung in den USA ersuchen, wird man sich damit beschäftigen. Wir können sie nicht beeinflussen. Sie lebt, wo sie leben will, sie verkehrt mit *den* Leuten, mit denen sie verkehren will, und sie sagt und schreibt genau das, was sie will.«[6]

Anfang Juli verließ Mr Johnsons Tochter Priscilla Johnson McMillan Locust Valley, um zu ihrem Mann nach Atlanta in Georgia zu fahren. Dort wollte sie an der Übersetzung von Swetlanas »Zwanzig Briefen an einen Freund« weiterarbeiten. Es war gewiss ein großer Fehler von Swetlana, dass sie sich die bereits übersetzten Seiten nicht hatte zeigen lassen. Die beiden Frauen sahen sich dann nie wieder, doch die Übersetzung sollte noch zu sehr viel Ärger Anlass geben.

Auch einer Einladung von George Kennan und seiner Familie nach Pennsylvania folgte Swetlana. Vom ersten Augenblick an war sie in das Haus der Kennans verliebt, das ihrer Meinung nach überraschende Ähnlichkeit mit einem russischen Herrenhaus hatte. Es vereinigte Europäisches, Amerikanisches und Russisches in sich. Und sooft die ungewöhnlich schöne, hochgewachsene Tochter Joan die Filmmusik zu »Doktor Schiwago« spielen ließ, kämpfte Swetlana sehr mit dem Heimweh.

In jener Zeit schoss sich die sowjetische Presse immer mehr auf Swetlana ein. Aus Verärgerung darüber fasste diese daraufhin den Entschluss, ihren Pass zu verbrennen. Sie rief alle Kennan-Kinder und das Kindermädchen hinaus auf die Veranda, wo man gewöhnlich auf einem kleinen Grill über dem Feuer das Fleisch briet. Zum jüngsten Sohn Christopher sagte sie, dass er gleich Zeuge eines feierlichen Aktes werde, denn sie verbrenne nun ihren Sowjetpass als Antwort auf die ständigen Verleumdungen. Dann warf sie den Ausweis auf die Kohlen. Nach einiger Zeit nahm sie eine Handvoll Asche und blies sie in die Luft.

Doch bald ging Swetlanas Wanderschaft weiter. Nun reiste sie auf das Inselchen Nantucket in Massachusetts, um dort zwei Wochen mit der Familie Schwartz zu verbringen. Nächste Station war die kleine Siedlung Bridgehampton, wo das Sommerhaus Eleanor Friedes stand, die eine sehr nette Gastgeberin war. Dort kamen mit der Post die ersten Exemplare von »Zwanzig Briefe an einen Freund«, sowohl die russische Originalausgabe als auch die englische Übersetzung. Die deutsche Fassung traf wenig später ein, als sie sich bei dem Verleger Cass Canfield und dessen Frau Jane in Bedford Village, nicht weit von New York, aufhielt.

Kurz darauf musste Swetlana einen Fernsehauftritt hinter sich bringen. Eigentlich wollte sie über ihr Buch berichten, doch der Interviewer, Pole Niwen, traktierte sie mit Fragen, die überhaupt nichts mit ihrem Buch zu tun hatten. Nach der Ausstrahlung des Fernsehinterviews meldete sich bei ihr ein anderer Emigrant, der ehemalige Justizminister der Provisorischen Russischen Regierung von 1917 Aleksander Fjodorowitsch Kerenski. Er wollte sie unbedingt treffen und sich ausgiebig mit ihr unterhalten. Trotz seines schweren Schicksals hatte er sich seine Lebensfreude bewahrt.

Ganz anders reagierte seine frühere Ehefrau Olga Kerenskaja in London in einem Schreiben an die *Sunday Times*. Die Memoiren der Stalin-Tochter machten auf sie einen niederschmetternden Eindruck. Sie fragte, ob damit beabsichtigt werde, ein neues Bild von Stalin in die Welt zu setzen. »Es scheint, dass niemand sich erinnert, was für ein Mann Stalin immer war. Ich erinnere mich. Er begann seine revolutionäre Laufbahn als ein sehr junger Mann. Niemand in der Partei ahnte, ob er geistig außergewöhnlich begabt wäre. Man sah in ihm einen ungebildeten Menschen, der die schmutzige Arbeit für die anderen zu leisten hatte. Lenin betonte gerade das: ›Revolutionen werden nicht ohne schmutzige Hände gemacht. Stalin hat solche, und wir brauchen sie.‹«[7]

Stalin sei nicht nur rücksichtslos, sondern auch boshaft und nachtragend gewesen und habe kein Vergehen je vergeben und vergessen. Olga Kerenskaja nannte ihn jedoch klug und verschlagen genug, um warten zu können und erst dann zuzuschlagen, wenn der richtige Zeitpunkt gekommen war. Die alte Dame zitierte seinen Ausspruch: »Mein größtes Vergnügen ist, zu warten und zu vergelten.«[8] Sie fand, Stalin, der sich durch geschickte Manöver die Macht verschafft hatte und einen nach dem anderen von der alten Bolschewikengarde hatte umbringen lassen, werde nun in einem ganz anderen Licht dargestellt: als bemitleidenswerte Figur, ein vom Selbstmord seiner Frau, die ihn so liebte, erschütterter Mensch. Das alles sei sehr romantisch, aber niemand könne sagen, ob es wahr sei. Olga Kerenskaja hatte sicher recht, wenn sie schrieb, dass das Leben des russischen Volkes in Swetlanas Buch nicht vorkomme. Ebenso monierte sie, dass das Kriegsgeschehen fast ganz übergangen wurde. Dem ist entgegenzusetzen, dass Swetlana kaum davon berührt wurde und sie stets ein privilegiertes Leben führte.

Ein großes Erlebnis bedeutete für Swetlana am 18. Oktober 1967 die Begegnung mit Aleksandra Lwowna Tolstoja, der Tochter von Lew Tolstoj. Swetlana war in deren Farmhaus nach Valley Cottage im Staat New York eingeladen. Im Hause ihres Vaters in Jassnaja Poljana war Swetlana mehrmals zu Gast gewesen. Aleksandra servierte ein traditionelles russisches Menü mit Rote-Rüben-Suppe, Buchweizenbrei, echtem Kornbrot, mariniertem Hering und Wodka. Lew Tolstojs Romane waren für Swetlana unübertreffliche Meisterwerke der russischen Sprache, die ihr viel bedeuteten. Tolstojs Tochter sah sich als Bürgerin der Vereinigten Staaten, hielt Vorlesungen über ihren Vater und machte sein Werk bekannt.

Das erste eigene Domizil

Swetlana fühlte sich nach einiger Zeit durch ihre Rechtsanwälte viel zu sehr gegängelt. Was sie auch als schlimm empfand, war die Tatsache, dass sie noch nicht einmal dort wohnen durfte, wo sie selbst es wollte. Sie wurde ständig von den Anwälten in deren Häuser eingeladen, doch sie selbst wollte eigentlich viel lieber für sich allein in einem New Yorker Hotel leben.

Später fragte sie einmal Alan Schwartz nach den Hintergründen für die ständigen Umzüge. Es war doch für die jeweiligen Familien eine starke Zumutung und auch für sie selbst eine Belastung. Er erklärte ihr, dass man ihr bei der Einreise in die USA lediglich ein Touristenvisum gegeben habe, das sechs Monate gültig war. Nur hatte man ihr das nicht gesagt, und in ihrer Naivität hatte sie gedacht, dass sie nun für immer in dieser neuen Welt bleiben dürfe. So musste sie mit Alan Schwartz zur Einwanderungsbehörde nach New York, wo man ihre Fingerabdrücke abnahm und ihr die Erlaubnis gab, als Ausländerin im Land zu bleiben. Auf ihrer Green Card stand: Ankunft Juni 1968 über Port New York. In Wahrheit war sie ein Jahr früher mit der Swissair aus Zürich angekommen. Somit war sie für das erste Jahr eine Touristin, eine Reisende via Indien und der Schweiz und keine Überläuferin des sowjetischen Regimes gewesen.

Nach und nach nahm in Swetlana der Wunsch überhand, endlich ein eigenes Zuhause zu besitzen und nicht mehr fortwährend herumgereicht zu werden, so zauberhaft alle Familien auch zu ihr waren. Von allen Orten, an denen sie seit ihrer Ankunft gewesen war, gefiel ihr die kleine Universitätsstadt Princeton mit ihrem internationalen Flair am besten. Sie hatte schon mit George Kennan darüber gesprochen, und dessen Frau Annalisa gelang es ziemlich rasch, ein entsprechendes Haus für Swetlana anzumieten. Es war das Domizil eines kürzlich verstorbenen, sehr bekannten New Yorker Verlegers mit einer besonders großen Bibliothek. Dorothy Berliner Coming, seine Witwe, eine Musikerin, überließ Swetlana das Haus voll möbliert. Und bevor sie wegging, machte sie Swetlana noch mit ihren Freunden bekannt, damit diese »nicht hilflos und ›ohne Aufsicht‹« sei.

So lernte Swetlana unter anderen Armand Borel kennen, einen Schweizer Mathematiker, und dessen Frau Gaby sowie die beiden entzückenden Töchter mit ihrem umwerfenden französischen Charme, ebenso den Nobelpreisträger Dr. Edward C. Kendall, den Erfinder des Cortisons. Es wurde ihr auch die Bildhauerin Margot

Einstein, die Adoptivtochter Albert Einsteins, vorgestellt und Frank und Patty Teplin, in deren Haus viele Kammermusikabende stattfanden; des Weiteren Professor Tucker von der Universität Princeton, der mit einer Russin verheiratet war, die an der Universität Russisch lehrte.

Schließlich lernte Swetlana noch Louis Fisher kennen. Er war 14 Jahre lang Korrespondent in der Sowjetunion gewesen und sprach genauso fließend Russisch wie seine Söhne, die in Moskau zur Schule gegangen waren. Fisher, der im Grunde Stalin wohlgesinnt gegenüberstand, hatte einmal in einem Artikel geschrieben, Stalin könne und müsse den Kult um seine Person einschränken. Daraufhin hatte Stalin ihn in privatem Kreise als »Schwein« bezeichnet.[9] Jetzt war Fisher Professor an der Universität Princeton und Schriftsteller und von einer großen Liebe zu Indien erfüllt.[10]

Zum 19. Dezember 1967 hatten sich Annalisa Kennan, Louis Fisher und Swetlana zu einem gemeinsamen Essen im »Princeton Inn« verabredet. Es war genau der Tag, an dem Swetlana ein Jahr zuvor Moskau verlassen hatte, um nach Indien zu fliegen. »Lasst uns auf dieses erste Jahr der Freiheit trinken!«, sagte Louis Fisher.

Mit ihm habe sie sofort eine gemeinsame Sprache gefunden, schrieb Swetlana später. Und sie verliebte sich in ihn, der 30 Jahre älter als sie und ein unverbesserlicher Frauenheld war. Doch Fisher machte ihr viel Kummer, und ihre Wutausbrüche gegen ihn waren bald stadtbekannt. So wollte sie ihn einmal eines Abends besuchen. Er war mit seiner Assistentin Deirdre Randall zwar zu Hause, öffnete aber nicht. Swetlanas wüstes Schimpfen überhörte er geflissentlich und ließ sie vor dem Haus toben und schreien. Laut forderte sie ihn auf, ihre Geschenke, einen Reisewecker und zwei Schmuckkerzen, zurückzugeben. Als sie schließlich eine Fensterscheibe einschlug, um ins Haus zu gelangen, rief der feige Fisher die Polizei. Die zwei Beamten, die daraufhin erschienen, staunten über das Blut, das von Swetlanas zerschnittenen Händen tropfte. Als Fisher endgültig mit ihr brach, begann für Swetlana eine Zeit tiefster Einsamkeit.

Damals veränderte sie auch ihr Äußeres auffallend. Sie wurde sehr schlank, ließ sich die Haare wachsen und sah plötzlich viel jünger aus als mit dem russischen Einheits-Herrenschnitt. Die deutsche Journalistin Wanda Bronska-Pampuch, die Tochter eines engen Kampfgefährten von Lenin, deren Eltern im Zuge der stalinistischen »Säuberung« erschossen worden waren und die selbst acht Jahre Straflager hatte durchleiden müssen, führte im August 1969 ein langes Interview mit der Stalin-Tochter.[11]

Diese hatte sich mittlerweile in Princeton für umgerechnet rund 120 000 Euro eine Sechs-Zimmer-Villa mit 2000 Quadratmeter Grund gekauft und dazu ein neues Auto Marke Dodge. Swetlana gab freimütig zu, eine richtige Kapitalistin geworden zu sein. Sie sei glücklich, in Amerika leben zu können, und werde nie mehr in die Sowjetunion zurückkehren. Sie fühle sich wohl in Princeton, lediglich die russischen Emigranten seien abscheulich zu ihr. Sie wusste, dass man es ihr verübelte, dass sie nicht für eine orthodoxe Kirche gespendet hatte, sondern stattdessen für ein Krankenhaus in Indien. »Wahrscheinlich beneiden sie mich einfach um mein Geld.«

Auch ihre Landsleute in der Sowjetunion schnitten bei ihr schlecht ab. In den 50 Jahren kommunistischer Herrschaft seien sie zu beschränkten Spießern geworden, die auf Befehl lieben, auf Befehl hassen und auf Befehl verleumden würden. Der Stolz auf das machtvoll aufstrebende, die Menschheit angeblich zu lichten Höhen führende kommunistische Imperium, wie Stalin seinen Untertanen einzuimpfen verstand, dieser Stolz sei seiner eigenen Tochter absolut fremd. »Ich huldige keiner Art von Patriotismus«, verkündete Swetlana, »weder dem heute so populären russischen, noch einem georgischen und schon gar nicht diesem Sowjetpatriotismus. Ich bin dort zu Hause, wo es mir gut geht, und hier in Amerika geht es mir so gut wie nie. Russland sieht mich nie wieder!«

Die Reporterin fand Swetlana reizend und konnte sie mit ihren großen Augen einfach nur als hübsch bezeichnen. Doch plötzlich versteifte sich Swetlana halsstarrig auf einen Punkt: Das Interview dürfe erst gedruckt werden, wenn ihr zweites Buch erschienen sei.

Nein, fotografieren dürfe sie kein Pressefotograf, höchstens ihr Nachbar. Schließlich gab sie Wanda Bronska-Pampuch eine Kopie des russischen Manuskripts mit jener für alle Autoren typischen Mischung aus Stolz, Erwartung und Furcht. »Sie ist nicht anders als wir alle. Die Umstände sind es, die sie zu einem Wundertier machten«, bemerkte die Journalistin. »Manche starren mich an, als meinten sie, sie müssten den charakteristischen Schnurrbart meines Vaters in meinem Gesicht entdecken!«, meinte Swetlana einmal bitter während des Gespräches.

Das Interview endete mit einer Einladung der Journalistin an Swetlana zu einem Abendessen. Ebenfalls dazu geladen wurde deren Freundin, die Enkelin Tolstojs, Maria Andrejewna Tolstoja. Swetlana stimmte freudig zu, und gemeinsam fuhren sie in das exklusivste Restaurant der Stadt, wo jene offensichtlich bekannt war. Die drei Damen führten interessante Gespräche und unterhielten sich darüber, welchen Beruf Swetlana in den Staaten ausüben könnte. Keinesfalls wollte sie zu einer Vortragsreisenden oder eine Kreml-Berichterstatterin werden, genauso wenig wollte sie als Biografin ihres Vaters gelten oder als »wandernder Soziologe« auftreten. Zeitungsinterviews, Fernsehauftritte, Fototermine – davon hatte sie erst einmal genug. Ihr Wunsch war es jedoch, weiterhin zu publizieren. Sie konnte sich aber ebenso vorstellen, Kindern an einer kleinen Privatschule in Princeton Unterricht in Russisch zu erteilen.

Zum großen Leidwesen von Swetlana musste George Kennan eine Reise nach Afrika und Europa antreten. Um Swetlana mögliche Enttäuschungen zu ersparen, fasste er zuvor jedoch seine Eindrücke über sie in einer Erklärung an die amerikanische Regierung folgendermaßen zusammen:

»Swetlana ist die Tochter eines Vaters und außerdem noch ein menschliches Wesen, ein wertvolles menschliches Wesen: tapfer, aufrichtig, begabt, ein Mensch, überbelastet durch seine familiären Verhältnisse, zum ersten Mal im Westen, ohne Freunde, auf eigenartige Weise einsam und gefährdet. In ihrem eigenen Land war es ihr nie vergönnt gewesen, ihre Persönlichkeit voll zu entfalten. Der Schatten ihres großen und gefürchteten Vaters lag immer über ihrem Lebensweg und hat jeden ihrer Versuche zunichte gemacht, sich zu behaupten und ein normales, eigenes Dasein zu führen. Man hat sie häufig, wie sie es selbst nannte, als ›ein Stück Staatseigentum‹ behandelt. Nach schweren inneren Kämpfen ist sie nun zu uns gekommen und hat ihr Schicksal in unsere Hände gelegt. Damit hat sie eine Art verzweifeltes, aber umso rührenderes Vertrauen in unsere Fähigkeit und Bereitschaft gezeigt, sie anders zu behandeln, ihr zu helfen, ihre Persönlichkeit zu entfalten, ihr die Gelegenheit zu einem normalen Dasein zu geben, um auf normalem Weg ihren literarischen Neigungen nachgehen zu können, die ihr so viel bedeuten. Ich bin der Meinung, dass uns daraus eine Verantwortung erwachsen ist, der wir uns mit Rücksicht auf unsere Traditionen, eigenen Ansprüche und die erklärten Ideale nicht entziehen können.«[12]

Kennan versicherte Swetlana, dass die Amerikaner ihre Brüder und Schwestern seien; sie müsse mit ihnen und ihren Schwierigkeiten sympathisieren.

Durchaus bereit, Stalins Tochter zu helfen, zeigte sich Präsident Lyndon B. Johnson bei einem Zusammentreffen mit dem sowjetischen Ministerpräsidenten Kossygin. Dieser war aus Anlass eines Besuches bei den Vereinten Nationen in New York und kam am 25. Juni 1968 nach Glassboro. Johnson fragte ihn, ob Swetlana die Erlaubnis erhalten könnte, ihre Kinder in der Sowjetunion zu besuchen, oder ob man ihren Kindern gestatten würde, einmal zu ihr in die USA zu kommen. Kossygin antwortete: »Frau Allilujewa ist eine moralisch labile Person, ja, sie ist ein kranker Mensch. Wir können nur jene bedauern, die sie für politische Ziele auszunützen wünschen oder mit ihrer Hilfe versuchen wollen, die Sowjetunion zu diskreditieren.«[13]

Die sowjetische Pressekampagne

Das State Department geriet, wie zu befürchten gewesen war, unter sowjetischen Druck. Die Sowjets wollten um jeden Preis Sewtlanas Flucht zu einer »Reise« herunterspielen. Und das gelang ihnen auch. Durch die Publicity, für die ihre Rechtsanwälte und vor allem die *New York Times* sorgten, wirkte Swetlana wie ein »verwirrtes, kleines Mädchen«[14], das nirgends seine Memoiren unterbringen konnte. Deshalb sei sie nach New York gekommen. Danach nahm man seltsamerweise an, die »Kreml-Prinzessin« würde irgendwo anders hingehen. Als die Öffentlichkeit oft genug zu hören bekommen hatte, dass »Madame Allilujewa« nur ausgereist sei, um aus ihren Memoiren Profit zu schlagen, erhielt sie aus Emigrantenkreisen jede Menge Briefe voller Hass.

Die sowjetischen Schriftsteller Daniel Granin, Viktor Roschow und Frida Lurje, die sich im Mai 1967 auf Einladung des amerikanischen Außenministeriums in den USA aufhielten, erklärten auf einer Pressekonferenz am 11. Mai in Detroit, die Flucht Swetlana Allilujewas aus der Sowjetunion berge in sich »Elemente von Hochverrat«. Die sowjetische Bevölkerung betrachte die Handlungsweise der Stalin-Tochter als Affront gegen ihr Land. Die Schriftsteller versicherten ferner, dass die Einschränkung der Meinungsfreiheit in der Sowjetunion allmählich beseitigt werden würde.[15] Im Mai weilte auch der sowjetische Lyriker Andrej Wosnessenskij in New York. »Man« verlangte von ihm, dass er das Vorgehen der Stalin-Tochter verurteilte. Das tat er aber nicht. Das hatte für ihn zur Folge, dass er im folgenden Jahr nicht mehr in die USA reisen durfte.

Am 2. Juni 1967 startete eine massive Pressekampagne gegen die Stalin-Tochter. Nach behutsamer psychologischer Vorbereitung der sowjetischen Öffentlichkeit schien jetzt für Moskau der Zeitpunkt gekommen zu sein, eine massive Diskreditierung der Swetlana Allilujewa in die Wege zu leiten, deren Buch man offenbar mit größtem Unbehagen entgegensah. Die *Prawda* und *Iswestija*, die in Auflagen von sieben und achteinhalb Millionen erschienen, hefteten ihr bereits in diesen Tagen indirekt die Prädikate »Überläuferin« und »Verräterin« an. Dann ging die ebenfalls in sieben Millionen Exemplaren verbreitete *Komsomolskaja Prawda* noch einen Schritt weiter, indem sie unter der Balkenüberschrift »Swetlanas Dollars« eine Polemik der kommunistischen Pariser *L'Humanité-Dimanche* abdruckte.

Der Vorspann sprach von einer »rabiaten Verleumdungs- und Hasskampagne«, welche im Westen, besonders in den Vereinigten Staaten, zum 50. Jahrestag der Oktoberrevolution gegen die Sowjetunion geführt werde. Einen besonderen Platz nehme darin die Reklame für ein Buch von Swetlana Allilujewa ein, obgleich es noch nicht im Druck erschienen sei. Augenblicklich vollende die »Überläuferin« irgendwo in den Vereinigten Staaten mit unbekannten Helfern die Übersetzungsarbeit. »Die öffentlichen Äußerungen Swetlana Allilujewas geben jedoch schon eine Vorstellung vom Charakter dieses Werkes und von der Persönlichkeit der Autorin«, hieß es in der *Komsomolskaja Prawda* weiter, »oder, besser gesagt, des Mitautors, denn selbst die amerikanische Presse ist nicht imstande zu leugnen, dass bei dem neuen Bestseller Agenten des Secret Service der Vereinigten Staaten mit Hand anlegten.«

Die von der *Komsomolskaja Prawda* wiedergegebenen Artikel des kommunistischen Pariser Sonntagsblattes unterstellten der Stalin-Tochter vor allem eigennützige Motive. Die antisowjetische politische Operation verbinde sich mit einem vorteilhaften Geschäft. Jetzt werde sie mit Dollars überschüttet, wofür sie an einem Manöver mitwirke, das sich gegen ihr eigenes Land richte.[16] Swetlana Allilujewa lebte nun ständig in Princeton, fuhr aber immer wieder nach New York und Kalifornien. In New York besuchte Swetlana leidenschaftlich gern Symphoniekonzerte.

Die Schriftstellerin Swetlana Allilujewa

Dies hier ist – Gott behüte – kein Roman (...).[1]

Das erste Buch »Zwanzig Briefe an einen Freund«

Edward Greenbaum hatte bereits in der Schweiz vorgeschlagen, für die Übersetzung der »Zwanzig Briefe an einen Freund« eine junge Amerikanerin zu nehmen, von der er meinte, dass sie dem Alter nach sehr gut zu Swetlana passe, eine »nette Person«, in deren Elternhaus sie nach ihrer Ankunft in den USA auch wohnen könne. Alternativ nannte er einen Engländer, der bereit sei, sofort in die USA zu kommen, um Swetlanas Buch zu übersetzen. Doch Greenbaum betonte dabei, dass der Verleger, George Kennan und er selbst überzeugt seien, dass das »Mädchen« Swetlana sicherlich am besten gefiele.

Da Swetlana selbst schon Übersetzungen gemacht hatte, und zwar vom Englischen ins Russische, wusste sie sehr wohl, worauf es bei dieser Arbeit besonders ankam, nämlich auf Berufserfahrung. Greenbaum nannte zunächst keine Namen, und so erfuhr Swetlana erst viel zu spät, dass der »Engländer« Max Hayward, ein Oxford-Absolvent und Mitübersetzer von Boris Pasternaks »Doktor Schiwago« war, der als einer der besten Übersetzer russischer Literatur galt. Dieser hätte die Erfahrung besessen, Swetlanas erstes Werk auf sprachlich hohem Niveau zu übersetzen. Nicht unerwähnt soll bleiben, dass Hayward von 1947 bis 1949 für das britische Konsulat in Moskau gearbeitet hatte. Max Hayward hätte der Autorin vermutlich vorgeschlagen, ihr Buch auch einem englischen Verleger anzubieten. Doch Edward Greenbaum hatte gründlichst Vorsorge getroffen, dass genau dies nicht passierte.[2]

Was war der Grund dafür, dass Greenbaum so nachdrücklich auf jener Priscilla Johnson als Übersetzerin bestand? Das lässt sich aus deren Biografie erschließen, und daraus ergibt sich die Frage: Was wusste Swetlana wirklich über diese Priscilla, die sie in ihren Büchern als unerfahrene Journalistin bezeichnete, die noch nie ein Buch aus dem Russischen übersetzt hatte und deren Sprachschatz viel zu gering für ein solches Vorhaben gewesen sei.

Wer war Priscilla Johnson? Sie genoss eine vorzügliche Erziehung, ging in das exklusive Bryn Mawr College in Pennsylvania und schloss dort mit dem Bachelor in russischer Sprache ab. 1953 erhielt sie ein Master's Degree in Russisch von dem ebenfalls exklusiven Radcliffe College, das zur Universität Harvard gehört. Nach Abschluss ihrer Studien bewarb sie sich 1952 bei der CIA als »intelligence analyst«, zog aber dann die Bewerbung wieder zurück, da sie einen abschlägigen Bescheid nicht ertragen hätte. Die damalige Beurteilung lautete tatsächlich wenig erfreulich: Sie sei ein »komischer Kauz, dämlich und verdreht«.[3]

Priscilla bekam dann in Boston eine Stelle in der Abteilung für Südostasienforschung für den Jungsenator von Massachusetts, John F. Kennedy. Nach einem Jahr ging sie nach New York und wurde dort Übersetzerin des »Current Digest of Soviet Press«, wobei sie des Öfteren den jung verheirateten Senator Kennedy im Krankenhaus besuchte, der sich dort von einer Wirbelsäulenoperation erholte.[4] Im Jahr 1955 ging Johnson als Übersetzerin in die Sowjetunion und arbeitete für die »North American Newspaper Alliance« (NANA), dann auch als Korrespondentin für die New York Times.[5] Sie galt bald als Expertin für russisches Recht und pendelte zwischen der Sowjetunion und den Staaten; ab dem 15. November 1959 war sie wieder ständig in Moskau tätig. Als sie eines Tages ihre Post in der amerikanischen Botschaft abholte, wurde sie darauf aufmerksam gemacht, dass Lee Harvey Oswald, der mutmaßliche spätere Kennedy-Mörder, im Hotel »Metropol« wohne. Sie sollte mit ihm ein Interview führen, denn sie war trotz der anfänglichen Ablehnung längst für die CIA tätig und war am 6. Mai 1958 speziell von deren sowjetrussischer Abteilung angefordert worden. In einem FBI-Dokument vom 11. Dezember 1962 wird ein 90-minütiges Gespräch zwischen Donald Jameson, Chef SR/CA (Soviet Russia/Covert Actions), und Priscilla Johnson wiedergegeben. Der jungen Frau wird darin bestätigt, dass sie als Mitarbeiterin für die CIA durchaus infrage komme und dass sie »fähig, scharfsinnig und gewissenhaft« sei.

Am 23. April 1967 erschien in der *New York Times* der Hinweis von Priscillas Ehemann George, dass seine Frau Stalins Tochter schon seit Februar 1956 kenne. Priscilla hatte damals an einem von Swetlana gehaltenen Seminar an der Universität in Moskau teilgenommen. Obwohl ihr ursprünglich erlaubt worden war, den Kurs zu besuchen, wurde sie förmlich aus dem Hörsaal verbannt. Angeblich war Chruschtschows berühmte Enthüllungsrede über Stalin der Grund für die Entscheidung, dass die amerikanische Übersetzerin an den Vorlesungen nicht mehr teilnehmen sollte, mutmaßte ihr Ehemann.

Somit erhebt sich die Frage, welches Spiel da in Locust Valley gespielt wurde. Swetlana erwähnte weder in ihrem Buch »Das erste Jahr« noch in ihrem Buch »The Faraway Music« irgendwelche Beziehungen zu Priscilla Johnson McMillan. Dass die Russin aber vom ersten Schritt in die amerikanische Botschaft an unter Aufsicht der CIA stand, wie sie später selbst immer behauptete, wird nun deutlich sichtbar.

Was bei Swetlanas Ankunft nirgends zu lesen stand, war die Tatsache, dass der Aufenthalt bei Stewart Johnson auf Veranlassung des Außenministeriums erfolgte. Offensichtlich hatte die Emigrantin keine Ahnung, dass Priscilla nicht nur Übersetzerin, sondern auch »intelligence analyst« entweder für die CIA oder das Außenministerium – oder für beides – war. Die Amerikanerin arbeitete damals an einem Buch über den Kennedy-Mörder Lee Harvey Oswald zusammen mit dessen Witwe Marina Oswald Porter, einer gebürtigen Russin. Auch dieses Buch sollte bei Harper & Row erscheinen, dem gleichen Verlag, in dem Swetlanas Memoiren herausgekommen waren.

Nachdem das übersetzte Buch »Zwanzig Briefe an einen Freund« erschienen war, wurde »Mrs McMillan« von Edmund Wilson, einem bekannten Literaturkritiker, heftig angegriffen. Er nannte die Übersetzung »vulgär«, die den »würdevollen Text« ruiniere. In einer sehr langen Rezension vom 9. Dezember 1967 sprach er der Übersetzerin jedes literarische Gefühl ab, außerdem besitze sie kein Gespür für Zwischentöne, Sprachrhythmus und Sprache.[6] Wilson konnte dies beurteilen, weil er das Originalmanuskript in Russisch gelesen hatte.

Was Swetlana noch zusätzlich ärgerte, war die Tatsache, dass Priscilla öffentlich behauptete, sie habe mit der Autorin zusammengearbeitet und sei ihre Vertraute geworden. Nachdem das Buch erschienen war, gab es einen Eklat. Priscilla Johnson wurde in einer TV-Sendung gegen Swetlana ausfällig. Es traf zu, dass sich Swetlana und Priscilla im Hause von deren Vater kennengelernt hatten, aber sie hatten bei der Übersetzung nicht zusammengearbeitet.

Es hätte Swetlana gut gefallen, eine anerkannte Schriftstellerin zu werden, jedoch ein Kritiker von einer amerikanischen Universität, der Einblick in die russische Literatur und in jüngerer Zeit mehrmals die Sowjetunion bereist hatte, fällte folgendes Urteil:

»Es wird behauptet, dass Swetlana vor allem eine um Ausdrucksmöglichkeit ringende Schriftstellerin von Qualität sei. Wer behauptet das? Kennan, der erklärt hat: ›Ich bestätige hiermit, dass Swetlana Allilujewa eine echte Intellektuelle und Literatin ist.‹ Aber was hat sie vorzuweisen? Ein hochgestochenes Essay in ›The Atlantic‹ und ein autobiografisches Manuskript. Jedermann schreibt zuerst eine Autobiografie, aber wenn es sich um ein ›Leben mit Vater im Kreml‹ handelt, so hat das natürlich sozusagen einen eingebauten Erfolgsmechanismus. Haben Sie vielleicht geglaubt, Kennan würde schnell in Washington anrufen und denen sagen: ›Tut mir leid, Jungs, die Frau kann nicht schreiben. Lasst die Hände weg von ihr?‹«[7]

Der französische Historiker Alain Besançon hingegen nannte Swetlana in seiner Besprechung des Buches »eine Königstochter«. Er bemerkte, man habe zu jener Zeit so getan, als gehöre Stalin nicht in die Geschichte Russlands, ja nicht einmal des Sowjetkommunismus; die Tochter habe ihn in diese Geschichte zurückgeholt, in die er ebenso gehöre wie manche entsetzlich grausamen und dennoch als Mehrer des Reiches glorifizierten Zaren. Und ob sie selbst wüsste, wie traditionsreich die Umstände jener absoluten Macht waren, die sie abgeschirmt und aus der Nähe erlebt hatte? Solche Schurken wie Berija und den kulturlose Schdanow habe es auch unter den Vertrauten Iwans des Schrecklichen gegeben.[8]

Die Reklame von Verlagen und Zeitschriften für die Memoiren »Zwanzig Briefe an einen Freund« nahm bisweilen groteske Formen an. Von nun an seien »Wahrheit und Dichtung über die Stalin-Ära sicherer zu unterscheiden«, hieß es in den Vorankündigungen. In Wirklichkeit machte Swetlana gar keine Enthüllungen. »Ich habe es nicht mit der Epoche, sondern mit dem Menschen (Stalin) zu tun«, schrieb die Autorin selber.[9] Politische Schlussfolgerungen sollten andere ziehen.

Je näher der 50. Jahrestag der Oktoberrevolution rückte, desto schärfer wurden die Attacken Moskaus gegen die in den Vereinigten Staaten lebende Tochter Stalins. Unter anderem äußerte Außenminister Gromyko bei einem Besuch in New York die Befürchtung, die Veröffentlichung der »Zwanzig Briefe an einen Freund« würde den sowjetisch-amerikanischen Beziehungen einen »empfindlichen Rückschlag« versetzen.

Wenig später sah sich Arthur Schlesinger, Berater und Biograf des ermordeten amerikanischen Präsidenten Kennedy, bei einer Visite in Moskau von Parteioberen gedrängt, in den USA seinen Einfluss geltend zu machen, um die Herausgabe der Swetlana-Briefe zumindest hinauszuzögern. Ein zeitlicher Aufschub sollte hinreichend sein, den sowjetischen Vorstellungen Genüge zu tun? Die Antwort ließ nicht lange auf sich warten.

Zwei Kopien ihres Manuskriptes hatte die Stalin-Tochter wie erwähnt bei Bekannten in Moskau und Leningrad zurückgelassen. Davon bekam der KGB Wind – und zeigte sich gar nicht mehr so beunruhigt, nachdem man Swetlanas Darstellung unter die Lupe genommen hatte. Die Autorin sei schließlich in abgeschirmter Umgebung aufgewachsen und erweise sich zudem als eine weitgehend unpolitische Frau. Mithin könne sie keine wirklichen Geheimnisse verraten.

Der »Kreml-Journalist« Victor Louis[10] verfiel auf einen ganz besonderen Trick, der Veröffentlichung des Buches in den USA zuvorzukommen. Victor Louis, ein Mitarbeiter britischer Zeitungen, stand »seit Langem im Ruch, ein Agent des sowjetischen Geheimdienstes zu sein« (*New York Times*). Swetlanas Übersetzerin, Priscilla Johnson, hatte ihn in Moskau kennengelernt und nannte ihn einen Mann mit »einem miserablen Ruf in Moskau«.[11] Sie schlug NANA – allerdings erfolglos – vor, ihn als Mitarbeiter fallen zu lassen. Victor Louis brachte gute Nachrichten für die im Kampf um die Memoiren der Stalin-Tochter zu kurz gekommenen Verleger. Er schaffte es, zusammen mit gestohlenen Fotos aus dem verlassenen Schreibtisch Swetlanas in Moskau eine Kopie des Manuskripts als Original zu präsentieren. Louis, ein Sowjetbürger, bot eine um obszöne Erfindungen erweiterte Fassung an. Er trat auf mit der Behauptung, die Kopien in Indien eingesehen zu haben, was selbstverständlich eine Lüge war. Er konnte doch schlecht zugeben, dass er sie vom KGB bekommen hatte.

Louis bot die Kopien zunächst dem britischen Kleinverleger Flegon an, der aber nach Androhung einer einstweiligen Verfügung durch Swetlanas Anwälte sofort davon abließ. Gleichwohl sah sich der Verleger der Swetlana-Memoiren in den USA gezwungen, zur Sicherung des Copyrights schnellstens eine kleine russische Ausgabe der »Zwanzig Briefe an einen Freund« auf den Markt zu bringen. Dies wiederum nutzte der *Stern*-Chefredakteur Henri Nannen zu einem fragwürdigen Coup: Für 50 000 Mark kaufte er Manuskript und Fotos von Louis, druckte allerdings nicht den ursprünglichen Text, sondern zitierte aus ihm lediglich lange Passagen, bis ihm durch ein Hamburger Gericht dieses Wildern an den Grenzen des Urheberrechts untersagt wurde.

Auch in anderen Ländern rührten sich journalistische Freibeuter, mussten jedoch wieder den Rückzug antreten: Die Amsterdamer Zeitung *Het Parool* und die römische Wochenzeitung *L'Espresso* wurden gezwungen, jede Veröffentlichung aus den Swetlana-Memoiren zu unterlassen. In der Schweiz und in Österreich ließen Gerichte die Exemplare des *Stern* beschlagnahmen. Obwohl Victor Louis sein Ziel einer weltweiten Veröffentlichung nicht erreichen konnte, zog er doch aus seinen miesen Aktionen großen finanziellen Gewinn.

Die *Literaturnaja Gaseta* befand als Reaktion auf Louis' Aktion, Swetlana habe sich für »30 Silberlinge« verkauft und einer Gehirnwäsche unterworfen, die Moskauer Zeitschrift *Sa Rubieschom* meldete gar, die Swetlana-Memoiren seien in Wahrheit vom amerikanischen Geheimdienst verfasst worden.

In der Folgezeit ging es mehr um den literarischen Wert des ersten Swetlana-Buches. Der britische Russlandexperte und Chruschtschow-Biograf Edward Crankshaw verkündete in *The Observer*, Swetlanas Buch gebe Anlass, die russische Geschichte umzuschreiben. Crankshaw erkannte aus den Schilderungen von Stalins Tochter, wie sehr das Wesen ihres Vaters noch im Dunkeln lag. Das Bild Stalins widersprach jenem, das so gerne im Westen, vor allem von Churchill, gezeichnet wurde: Stalin als der große Führer im Krieg, ein zuverlässiger und unbeirrbarer Mann. Die Tochter »vermittelt vielmehr das Bild eines Wahnsinnigen«.[12]

Der *SPIEGEL* nannte es ein »Buch des Jahrhunderts«. Wolfgang Leonhard stellte in *Die Zeit* nüchtern fest, vom Umschreiben der Geschichte könne keine Rede sein, allenfalls, meinte er überheblich, hätten seriöse Sowjetideologen bei Neuauflagen ihrer Bücher »eine oder zwei kleine Fußnoten einzufügen«. Allerdings fühlte sich Wolfgang Leonhard mit diesem harschen Urteil dann doch unwohl und leistete galante Wiedergutmachung: »Swetlana Allilujewa ist eine Schriftstellerin.«[13] Und das, obwohl Swetlana ihr Buch begonnen hatte mit dem Hinweis: »Dies hier ist – Gott behüte – kein Roman (...).«[14] Außerdem wollte sie in ihrer sympathischen

Bescheidenheit noch nicht einmal als Schriftstellerin vorgestellt werden: »Weil ich aber keine Schriftstellerin bin und mich auch nicht für eine Schriftstellerin halte, war es für mich ziemlich schwierig, eine Form zu finden.«

Leonhard rezensierte weiter: »(...) ein Buch, das man nicht ohne tiefste innere Anteilnahme lesen kann (...). Seine Menschlichkeit wird diesem Buch einen bleibenden Platz nicht nur in der russischen, sondern auch in der modernen Weltliteratur sichern.« Da spottete sein Freund Gerhard Zwerenz, das könne Leonhard nur deshalb sagen, da zu den Gaben, mit denen die Natur ihn überreichlich ausgestattet habe, stilistische Brillanz nicht unbedingt zähle.[15]

Es war auch überhaupt nicht nötig, Swetlana belletristischen Ruhm anzudichten. Zwerenz hatte Mitleid mit der jungen Frau. »Als Stalins Tochter war sie die längste Zeit ihres Lebens ein der persönlichen Freiheit beraubter Mensch, eine Sache, ein Stück Staatseigentum der Sowjetunion. Indem sie sich aus dieser Verstrickung befreite, wurde sie umgehend zum Nationalheiligtum der westlichen Welt. Wieder ist ihr eine Bürde aufgeladen. Wieder lebt sie an geheim zu haltenden Orten, mit Geheimdiensten, Geheimpolizisten, Nachstellungen (...).«[16]

Gegen den Willen ihrer Anwaltskanzlei Greenbaum, Wolff & Ernst las Swetlana einige Kapitel aus ihrem Buch im Rundfunksender *Voice of America*, der auch in die UdSSR ausgestrahlt wurde. Es waren natürlich die antisowjetischen Kapitel, was wiederum den sofortigen Protest des sowjetischen Außenministeriums bei der US-Botschaft in Moskau nach sich zog. Die Botschaft antwortete, es stehe völlig im Belieben eines Autors, im Radio aus dem eigenen Buch vorzulesen. Daraufhin verlor die Sowjetregierung ganz offensichtlich die Geduld mit Swetlana. Sie sprach ihr die russische Staatsbürgerschaft ab. Ihr Kommentar: »Der Oberste Sowjet nahm mir ›die Ehre‹, eine Sowjetbürgerin zu sein – und dies zu meiner großen Freude.«[17]

Nach dem Erscheinen von Swetlanas erstem Buch war von Nikita Chruschtschow zu hören, er habe es zwar nicht gelesen, aber Auszüge daraus im Radio gehört. Er fand, dass der Westen offenbar nur jene Passagen verbreite, die seinen eigenen Zwecken dienten. Was er gehört hatte, empfand er als »zumindest merkwürdig. Es hört sich so an, als sei es nach einem geistigen oder seelischen Zusammenbruch geschrieben worden«, ärgerte sich Chruschtschow. »So soll in ihrem Buch stehen, dass sie sich stets bekreuzigt habe und sehr religiös gewesen sei.« Er konnte sich einfach nicht damit abfinden, wie Swetlana so etwas »Sonderbares und geradezu Krankhaftes« äußern konnte. »Wie konnte eine sowjetische Bürgerin, die in unserer Gesellschaft heranwuchs, derartiges Zeug schreiben?«[18]

Swetlanas zweites Buch »Das erste Jahr«

Ein Jahr nachdem die »Zwanzig Briefe an einen Freund« erschienen waren, begann Swetlana mit sehr viel Freude ihr zweites Buch, denn sie hatte immer gern geschrieben. Sie hatte zwar das Angebot, am Sprachenzentrum der Princeton University Slawistik zu lehren, doch sie wollte nie Lehrerin sein, sondern viel lieber in ihrem Metier, der Literatur, bleiben. Ihr zweites Buch sah sie als Produkt der vielen Anfragen und Fragen, die ihr gestellt wurden. Nach den Aufzeichnungen über ihre Familie wollte sie jetzt ein politisches Buch schreiben, um ihren Kritikern klarzumachen, dass sie bestens darüber informiert war, was in der UdSSR vor sich ging, besonders über das Terrorregime ihres Vaters, und um deutlich zum Ausdruck zu bringen, dass sie bis zu ihrem Abschied aus dem sowjetischen Russland wirklich nicht alles unterstützt habe.

Swetlanas zweites Buch erhielt in der englischen Ausgabe den Titel »Only One Year«. Swetlana gefiel dies nicht, denn der russische Originaltitel »Toko Odin God« bedeutete »Oh, wie viel ereignete sich in diesem Jahr«. Der deutsche Verleger wollte wiederum diesen Titel nicht. Er schlug vor: »Die Sonne geht im Westen auf« – was Swetlana als geschmacklos zurückwies. Heraus kam dann der Titel »Das erste Jahr«, was ihr ebenfalls missfiel, denn es war nicht das erste Jahr von »irgendetwas«. Und sie meinte, die deutschen Lektoren hätten das Manuskript nicht aufmerksam genug gelesen.

Die Übersetzung von Swetlanas zweitem Buch hatte Edmund Wilson an seinen Freund Paul Chavchavadze vergeben, mit dem die notwendige Zusammenarbeit sehr erfreulich verlief. Der Übersetzer war ein halb georgischer Prinz, verheiratet mit Nina Romanow, einer Cousine von Zar Nikolaus II. von Russland. Swetlana war sehr beeindruckt von der freundlichen und humorvollen Art dieses Aristokraten.

Diesmal fuhr Swetlana jeweils mit dem Bus nach Wellfleet, Cape Cod, wo die Wilsons und Chavchavadzes Nachbarn waren. Es klingt eigenartig, dass »ihre Knie ein bisschen gezittert haben«, als Swetlana der Cousine des letzten russischen Zaren vorgestellt wurde. Natürlich wusste sie, dass deren Vater, Großfürst Georg, 1917 von den Bolschewiken erschossen worden war. Da seine Kinder in England zur Schule gegangen waren, hatten sie überlebt. Nina Romanow begrüßte Swetlana herzlich. Sie sah Swetlana auch als ein Opfer des gleichen Regimes, vor dem sie wie viele andere auch geflohen war. Das Paar lebte in einem sehr einfachen, kleinen Haus, umgeben von Pinien. Nina Romanows Lieblingsbeschäftigung war die Gartenarbeit. Paul Chavchavadze, ein pensionierter Veteran des Roten Kreuzes, schrieb Novellen in englischer Sprache. Die Übersetzung von Swetlanas zweitem Buch gelang ihm vorzüglich.

Bald darauf wurde sie zu »Meet the Press«, einer TV-Show mit Larry Spivak in Washington, eingeladen. Darüber freute Swetlana sich sehr. Doch kurz bevor die Show begann, flüsterte ihr Larry zu, sie solle nichts von ihrem neuen Buch sagen, lediglich seine Fragen beantworten. Sie konnte es kaum fassen, dass so unmittelbar vor dem Erscheinen dieses Werkes keine einzige Frage darauf abzielte. War das ein Boykott, oder was sonst sollte das bedeuten?

»Das erste Jahr« blieb tatsächlich zunächst fast unbeachtet – für ein Land wie Amerika unglaublich! Die Buchhändler nahmen an, es handele sich um einen Reisebericht. Der Kommentar der *New York Times* von Christopher Lehman-Haupt: »(…) dieses Buch ist genau das, was man von dem ersten Buch erwartet hatte.« Wer ist »man«? Dagegen Edmund Wilsons Kommentar in *The New Yorker*: »Dies ist ein Buch, von dem ich glaube, dass es einen Widerhall in der ganzen Welt haben wird.«[19] Wilson nannte es »ein einzigartiges Dokument, das seinen Platz finden wird unter den großen russischen autobiografischen Werken von Herzen[20], Kropotkin[21], Tolstoj«.[22]

Swetlana verstand dieses Lob zwar als eine freundliche Übertreibung ihr gegenüber, aber wenigstens wurde ihr Werk nun nicht mehr nur als Bericht einer Reise von Russland über Indien und die Schweiz in die USA eingestuft, wie es in einem Prospekt für Buchhändler beschrieben worden war.

Das dritte Buch »The Faraway Music«

Ihr drittes Buch begann Swetlana in den Vereinigten Staaten, schloss es aber erst 1982 in England ab. Das Buch trug den Titel »The Faraway Music« und wurde in Rezensionen des Öfteren als scharf »antisowjetisch« bezeichnet. Es ist jedoch weder antiamerikanisch noch antisowjetisch, vielmehr streckenweise eher eine Art Abrechnung mit ihren amerikanischen Rechtsanwälten und ihrem Verleger in den Jahren 1967 und 1969. Dann folgten Rückblicke auf ihr Leben in der Sowjetunion und in Amerika.

Es war schwierig, für das Buch einen Verleger zu finden. Wie schon vor 17 Jahren erschien als deus ex machina ihr guter Bekannter Dickie Kaul, der ehemalige Botschafter Indiens in China, Moskau und in den USA, auf der Bildfläche. Inzwischen war er UNESCO-Botschafter mit Sitz in London. Mit ihm traf sich Swetlana in einem kleinen Londoner Restaurant. Nach so langer Zeit hatten sie sich viel zu erzählen. Im Anschluss an das Treffen kam Kaul im November 1983 nach Cambridge und nahm das Manuskript mit nach Indien. So hatte er es schon 1966 in Moskau gemacht, damals mit dem Manuskript von »Zwanzig Briefe an einen Freund«.

Das Buch wurde im August 1984 in Delhi veröffentlicht. Swetlana hätte sich allerdings einen besseren Verleger gewünscht. Der Verlag Lancer International zahlte ihr nie ein Honorar. Das Buch erschien auf Englisch, aber leider nur in Indien, Bangladesch und Pakistan. Auf diese Weise erreichte es nur wenige Leser.

Ihr viertes Werk »Das Buch für Enkelinnen« erschien 1991. Es existiert bis heute nur in russischer Sprache. Im Jahr 2005 hatte sich Swetlana entschlossen, die von ihr angefertigte englische Fassung dieses Buches bei ihrem einstigen Verleger Molden herausgeben zu lassen, sagte das Unternehmen aber dann kurzfristig wieder ab.

Der amerikanische Ehemann Wesley W. Peters

Doch irgendetwas an diesem Mann (...)
ließ mich in wahre Leidenschaft für ihn
ausbrechen, und daraus wurde Liebe.[1]

Werde ich diesen Mann heiraten?

Schon unmittelbar nach ihrer Ankunft in den USA wurde Swetlana förmlich mit Heiratsanträgen überschüttet, wie die *New York Daily News* meldete. Bei der ersten Pressekonferenz in New York stellte man ihr die Frage, ob sie die Absicht habe, sich auf Dauer in den USA niederzulassen und durch Heirat Amerikanerin zu werden. Doch Swetlana Allilujewa konterte, dass einer Heirat Liebe vorausgehen müsse, und daher könne sie diese Frage nicht beantworten. Sie konnte ja nicht ahnen, dass sie drei Jahre später ein neues Liebesglück gefunden haben würde.

Unter den vielen Zuschriften aus Amerika und Europa fanden sich immer wieder Briefe von Olgivanna, der Witwe des Architekten Frank Lloyd Wright[2], aber auch solche von deren Tochter Iovanna. Es folgte Einladung auf Einladung, doch einmal den ehemaligen Lebensbereich des berühmten Architekten zu besichtigen. Der Ort hat den Namen Taliesin West und liegt im Bundesstaat Arizona, etwas außerhalb der Stadt Phoenix. Auf einem rund 500 Hektar großen, wild-schönen Wüstengelände arbeitet dort bis heute das Architektenkollektiv der »Frank Lloyd Wright Foundation«. Im milden Klima von Arizona, zwischen schlanken Kakteen und in trauter Nachbarschaft von Kojoten und Klapperschlangen, wird genossenschaftlich entworfen, gelehrt, geforscht, gelebt, gekocht und gegessen, sauber gemacht, musiziert und Theater gespielt. Nachfolger des Architekten Wright wurde sein Schwiegersohn

Wesley William Peters, am 12. Juni 1912 in Terre Haute im Bundes-staat Indiana geboren. Seine Eltern waren Clara Margredant und Frederik Romer Peters, der 1911 die *Evansville Press News Paper* gründete. Wesley William Peters besuchte das Evansville College, studierte Ingenieurwesen, wurde Frank Lloyd Wrights erster Schü-ler und baute mit ihm das Taliesin-Zentrum auf. Über ein Viertel-jahrhundert arbeitete Peters mit Wright zusammen und war betei-ligt an Projekten wie dem Guggenheim-Museum in New York, dem Johnson-Wax-Complex in Racine, Wisconsin, der griechisch-orthodoxen Kirche in Wauwatosa und der Ascension Lutheran Church in Paradise Valley, Arizona, um nur einige Projekte zu nen-nen.

Peters galt als großartiger Schachspieler und sehr belesener Mann, der schnelle Autos liebte, sich mit Militärgeschichte beschäftigte und Münzen sammelte. Im Laufe seines Lebens erhielt er mehrere Ehrendoktorwürden.

Swetlana hatte von Frank Lloyd Wright schon gehört, wusste jedoch wenig über ihn, und als sie Freunden von diesen Briefen erzählte, warnte man sie davor, diesen »seltsamen« Ort mit seinen Wright-Jüngern zu besuchen. Doch sie hatte schon vielerlei Eigenartiges gesehen und so beschloss sie, auch dorthin reisen. Es beeindruckte sie sehr, von jener hochverehrten alten Dame so herzlich eingela-den zu werden. Sie plante daher eine größere Reise: eine Woche Arizona, dann weiter nach Kalifornien, um einige Brieffreunde zu treffen, und schließlich wieder zurück nach Princeton.

Das neue Leben im freien Westen gefiel Swetlana gut. Sie fühlte sich so frei wie nie zuvor, hatte gute Freunde und war als Schriftstellerin anerkannt. Kurz, die Welt stand ihr offen! Doch was dann passierte, war so unglaublich, dass sie jedem ins Gesicht gelacht hätte, der ihr zuvor auch nur eine Andeutung davon gemacht hätte. Im Grunde genommen begann ein Märchen, eine Liebesromanze, aber leider ohne Happy End.

Mrs Wright hatte aus ihrer ersten, in Russland geschlossenen Ehe – damals lebte sie in der Nähe von Tbilisi in Georgien – zwei Töchter, von denen eine ebenfalls den Namen Swetlana trug, inzwischen aber nicht mehr lebte. Diese erste Tochter von Mrs Wright war in Amerika bei einem Verkehrsunfall ums Leben gekommen. Als Mrs Wright von Swetlana Allilujewas Ankunft in Amerika erfuhr, hörte sie das erste Mal, dass noch eine andere Frau denselben Vornamen trug wie ihre Tochter. Auch diese Swetlana war in Russland geboren und hatte ihre Wurzeln in Georgien im Kaukasus, wo Mrs Wright ihre eigenen Jugendjahre verbracht hatte. Mrs Wright wollte daher unbedingt Swetlana treffen, wobei sie insgeheim hoffte, dass die Allilujewa ihrer geliebten toten Tochter ähnlich sehe. Eigenartigerweise hoffte Swetlana wiederum, dass Mrs Wright ihrer so früh heimgegangenen Mutter gleichen würde, da die zwei ungefähr zur gleichen Zeit geboren waren. So gab es auf beiden Seiten eine gewisse Erwartungshaltung.

Swetlana hatte die Nachricht bekommen, dass Iovanna Wright, die sie ja nicht kannte, sie am Flughafen in Phoenix abholen würde. Auf ihren fragenden Blick in die Runde reagierte eine sehr attraktive junge Frau, kam auf sie zu, umarmte sie herzlich und flüsterte: »Swetlana«. Auf der Fahrt nach Taliesin in einem schicken roten Sportwagen erzählte Iovanna vom Hergang des Unfalls ihrer Schwester. Swetlana fand es höchst unpassend, als Iovanna sagte, sie hoffe, dass sie ihr so nahe komme wie der tödlich Verunglückten. Auch die mondäne Aufmachung der jungen Frau entsprach keineswegs Swetlanas Geschmack.

Nach einer Fahrt durch den Wüstenfrühling mit seinen verführerischen Gerüchen kamen sie bei Mrs Wright an. Diese war klein und dünn, mit einem fast pergamentenen faltigen Gesicht, stechenden kleinen Augen, elegant gekleidet mit einem türkisfarbenen Hut auf dem sehr schwarzen Haar. Zu ihren Füßen saß eine große schwarze Dänische Dogge. Olgivanna lächelte ohne Unterlass, hauchte Swetlanas Namen und drückte sie an ihre Brust. Bei aller Sentimentalität des Augenblicks war schnell zu erkennen, dass diese Dame der Boss war, die Präsidentin der Frank Lloyd Wright Foundation.

Swetlana wurde das luxuriös ausgestattete Gästezimmer überlassen. Sie sollte sich erst einmal ausruhen, auspacken und dann zum Essen ins Speisezimmer kommen. Iovanna fragte, ob Swetlana ein langes Kleid eingepackt hätte, da an Samstagabenden immer »black tie dinners« stattfänden. Als diese verneinte, brachte ihr Iovanna gleich mehrere Abendkleider, von denen sie sich eines aussuchen sollte. Swetlana war zwar inzwischen an die amerikanische Gastfreundschaft gewöhnt, aber dass sie nun auch noch Kleider angeboten bekam, war ungewöhnlich genug.

Zum ersten Abendessen zog Swetlana daher ihr eigenes kurzes grünes Seidenkleid und elegante Schuhe an. Als sie zum Speisezimmer kam, wurde sie von zahlreichen mit Schmuck behangenen Damen in langen Kleidern sowie von Herren in Smoking schon erwartet. Ein großer dunkelhaariger Mann trat ins Zimmer und wurde ihr von Mrs Wright vorgestellt: »Swetlana, das ist Wes. Wes, du lernst nun Swetlana kennen.«[3] Es war Wesley William Peters, Mrs Wrights Schwiegersohn.

Swetlana schaute den 58-jährigen Architekten an und dachte »O Gott«. Von ihrer Seite war es die sprichwörtliche Liebe auf den ersten Blick. Wes zeigte ein würdiges, fast ernstes Gesicht mit tiefen traurigen Linien in den Wangen – ein »Abraham-Lincoln-Gesicht« – und strahlte eine angenehme Ruhe aus. Er trug einen sandfarbenen Smoking, ein lavendelfarbenes Rüschenhemd, einen goldenen Anhänger – eine Eule mit Augen aus Saphiren. Swetlana mochte ihn sofort.

Als sich Swetlana umsah, merkte sie, dass die anderen Herren alle gleich gekleidet waren. Sie trugen sämtlich goldene Anhänger. Wes allerdings fiel durch seine Attraktivität auf; er stand völlig unverkrampft da und hielt sein Glas, ohne ein Wort zu sagen. Doch dann spürte sie einen Blick aus seinen tief liegenden, sehr dunklen Augen. Er wollte herausfinden, wer sie war. Sie hielt ihn sehr schnell für einen traurigen und einsamen Mann.

Dann gingen alle in das Speisezimmer, wo der schwere Naturstein der Wände und die niedrige Decke in seltsamem Kontrast standen zu der leuchtend rot polierten Tafel, die mit goldenem Besteck und wunderschönen Kristallgläsern sehr elegant gedeckt war. Das Blumenarrangement auf dem Tisch war großartig. Swetlana als Ehrengast durfte an der Seite der Gastgeberin Platz nehmen, neben ihr Wesley William Peters. Insgesamt waren es acht Personen, die an diesem Dinner teilnahmen, also der engste Kreis der Taliesin Fellowship. Alle Aufmerksamkeit war auf Swetlana, den Ehrengast der Hausherrin, konzentriert.

Die Konversation wurde jedoch völlig von Mrs Wright beherrscht. Swetlana konnte nicht umhin, dieses festliche Abendessen mit einem früheren Abendessen bei ihrem Vater zu vergleichen. Plötzlich gab die Hausherrin von sich: »Ich bin so glücklich, dass Wes und Swetlana sich endlich getroffen haben.« Alle schauten die beiden an, und Swetlana begann, sich unwohl zu fühlen. Sie war froh, dass sie ihr Flugticket nach San Francisco in der Tasche hatte.

Nach dem Dinner ging sie erst einmal in ihrem entzückenden Gästezimmer schlafen. Schon früh am nächsten Morgen klopfte der Architekt an ihre Tür. Er sagte, Mrs Wright habe ihn geschickt, damit er ihr Taliesin und anschließend Scottsdale zeige. Gemeinsam unternahmen sie zuerst einen Rundgang über den Campus. Dann fuhren die beiden mit einem Cadillac den Highway entlang durch ebenes Gelände nach Scottsdale. Swetlana spürte ein Gefühl von Sicherheit und Frieden, als sie so neben ihrem Gastgeber saß, der sich entspannt und ruhig gab. Ihr fielen seine sehr schmalen Hände auf, und sie beobachtete ihn aus den Augenwinkeln heraus. Die »wortlose Reise«, die für Swetlana sehr viel bedeutete, dauerte etwa 20 Minuten.

In Scottsdale angekommen, machten sie einen Schaufensterbummel und besuchten ein Geschäft für Silberschmuck. Swetlana beschloss, sich als Andenken einen kleinen Ring zu kaufen, den Wes für sie aussuchte. Als sie sich den Ring ansteckte, durchfuhr es sie wie ein Blitz: »Werde ich diesen Mann heiraten?«[4] Nun bekam sie es auf einmal mit der Angst zu tun, wollte sie doch auf keinen Fall ihr ungebundenes Leben wieder aufgeben! Und sie beschloss, Taliesin so schnell wie möglich zu verlassen.

Doch sie stieß auf den Widerstand von Mrs Wright. Diese kam mit der Bitte, Swetlana möge wenigstens noch über die Osterzeit bleiben. Und ganz plötzlich wollte Mrs Wright wissen, was Swetlana denn von Wes halte. Sie antwortete, dass sie ihn wirklich sehr gern habe, vermied jedoch Mrs Wrights bohrenden Blick, der bis in ihr Innerstes drang. Genauso hatte sie einst ihr Vater angesehen.

Mrs Wright gelang es tatsächlich, ihren illustren Gast über Ostern zum Bleiben zu überreden. Sie sah wohl voraus, dass ihr Schützling Wes, der Einzige, der nie gegen sie opponierte, und »ihre« Swetlana zueinanderfinden würden. Nun entwickelte sich eine zauberhafte Liebesgeschichte. Eines Abends waren Swetlana und Wesley zum Essen ausgegangen. Und der sonst so Schweigsame begann endlich zu reden. Er wollte Swetlana alles über sein früheres Eheleben, seine Frau Swetlana, seine Kinder und den schrecklichen Unfall erzählen, bei dem nicht nur seine Frau, sondern auch der zweijährige Sohn und das noch ungeborene Kind umgekommen waren. Alles klang so, als sei es erst gestern passiert, dabei waren inzwischen 25 Jahre vergangen. Aber die Wunden waren offenbar immer noch nicht verheilt.

Beide erzählten sich aus ihrem Leben, von ihren früheren Ehen und fühlten sich dabei wie alte Freunde. Swetlana hatte längst bemerkt, dass sie sich dem Wunsch ihrer Gastgeberin auszuliefern begann. Ihre damaligen Gedanken hat sie später in schönen Worten ausgedrückt: »Eine Hochzeit, eine konventionelle Hochzeit mit einer Familie, einem Heim, Kindern, das war etwas, was ich seit meinem 18. Lebensjahr mir wünschte. Aber es funktionierte nie. Nun hatte ich schon Angst davor, auch nur an solch eine Möglichkeit zu denken.« Ihr Zögern war verständlich. »Doch irgendetwas an diesem Mann, der so ehrlich, so dezent und so traurig aussah, ließ mich in wahre Leidenschaft für ihn ausbrechen; und daraus wurde Liebe, ein Gefühl, für das ich alles tun würde. Er wollte keine Affäre – er wollte eine Heirat, und diese Ernsthaftigkeit war sehr erfüllend.«[5]

Drei Wochen nach Swetlanas Ankunft in Taliesin fand die Hochzeit statt, ein spätes Glück ohne jeden Vorbehalt. Es wirkt schon fast schizophren, dass Mrs Wright die Braut den Gästen als »meine Tochter Swetlana« vorstellte. Wie konnte sie Swetlana eine Identifikation mit einer Frau aufzwingen, die schon so lange tot war! Swetlana wollte sie selber sein und ihren Mann lieben.

Eine Ehe ohne Chance

Bei der Trauung nach dem schlichten Quäker-Zeremoniell ließ Pastor Manker die Braut Swetlana geloben: »In Gegenwart dieser Freunde verspreche ich, eine liebende und treue Ehefrau zu sein.« Zur Feier kamen viele Gäste aus nah und fern, natürlich lauter Freunde von Mrs Wright und Wesley. Swetlana hatte nur einen jüngeren Partner ihrer New Yorker Rechtsanwaltskanzlei eingeladen, der sich zunächst geschockt zeigte, dann aber in die allgemeine Fröhlichkeit bei der Hochzeit mit einstimmte.

Den Termin, den man für die Hochzeit wählte, den 7. April, erklärte Swetlana so: »Die Zahl Sieben hat in meinem neuen Leben offenbar Bedeutung. Als ich mich in New Delhi entschloss, zur amerikanischen Botschaft zu fahren, fragte ich den Portier nach der Taxi-Telefonnummer. Es war 75777. In Begleitung eines US-Beamten flog ich am 7. März 1967 von New Delhi nach Rom. Die Heiratspapiere holten wir um 7 Uhr morgens ab.« Ihr Ehemann Peters meinte trocken: »Ein Glück, dass ich noch 57 bin.«

Ein Zeitungsreporter wollte von der Stalin-Tochter wissen, weshalb sie Wesley Peters geheiratet habe. Frau Peters antwortete: »Weil ich ihn liebe.« Alle großen Zeitungen der Welt brachten das Hochzeitsfoto: Ein schönes Paar, der 193 Zentimeter große 57-jährige Architekt und die unglaublich jung wirkende 44-jährige Swetlana, die ihr langes Haar zurückgebunden hatte. Swetlana sagte immer wieder: »Es ist wie ein Wunder, ich fühle mich wie 17.«[6]

Ob Swetlana damals die Äußerung ihres Sohnes Josef Morosow zu ihrer Wiederverheiratung gelesen hat? Er sagte: »Nach fünf oder sechs Ehen haben wir uns an den Gedanken gewöhnt. Ich habe ihr selbst einmal gesagt, sie habe oft genug geheiratet und sollte es jetzt bleiben lassen.«

Die nächsten Wochen glichen einem Märchen. Das Paar wurde mit Blumen, Briefen, guten Wünschen und Geschenken förmlich überhäuft. Und die frischgebackene Ehefrau nahm sich vor, was immer auch später kommen möge, diesen Frühling 1970 würde sie stets im Gedächtnis behalten. Es war also wieder einmal Frühlingszeit, wie bei ihren ersten beiden Hochzeiten in Moskau vor vielen, vielen Jahren. Ihr amerikanischer Ehemann konnte seine Gefühle nie richtig ausdrücken, er blieb ruhig und fast reserviert. Er schien glücklich zu sein, sagte es aber nicht. Swetlana konnte sich nur an einen Satz von ihm erinnern, als sie bei sehr lieben Freunden waren: »Du hast mich dem Leben zurückgegeben. Ich war all die Jahre tot.« Sie war sehr erstaunt über diese Aussage, die mehr war, als sie von ihm zu hören erwartet hatte.

Im Herbst 1970 wurde Swetlana überraschend schwanger. Für sie bedeutete das werdende Kind eine Art Kompensation zu ihren erwachsenen Kindern, von denen sie sich so schmerzlich getrennt hatte. Ihr Mann freute sich mit ihr auf das Kind. Allerdings nur bis zu dem Augenblick, als er seiner früheren Schwiegermutter in die Hände fiel. Und dann musste Swetlana sich die von ihm zwar schüchtern vorgetragene Frage stellen lassen, ob sie denn nichts gegen das Kind unternehmen würde. Doch das kam für sie überhaupt nicht infrage. Sie war der Überzeugung: Wenn Gott ihr dieses Kind schenkte, dann würde es schon eine Bedeutung haben nach all den Jahren der Ungewissheit, die hinter ihr lagen. Ihren Mann fragte sie, warum »Diktatoren« sich ständig in das Leben der anderen einmischen müssten. Die Antwort konnte sie sich selber geben: Weil das die Natur der Diktatoren ist. Ihr Mann erzählte davon Mrs Wright, die darauf prompt einen Wutanfall bekam, aber nicht gegen ihren Willen ankam.

Dann kam für Swetlana das zweite Osterfest in Taliesin. Es unterschied sich allerdings sehr von dem ersten Osterfest, denn alle erwarteten wie gebannt die Geburt des Kindes für Mitte Mai. Nach ihrer Verheiratung war Swetlana zu ihrem Mann in eines jener kleinen Studioapartments gezogen, das im Grunde nur aus einem einzigen Raum mit einer großen offenen Terrasse bestand. Es gab keine Küchenzeile, und sein Büro war genau hinter der Wand, sodass man ständig die Scheibmaschine klappern und das Telefon klingeln hörte. Die Decke war im Wohnbereich so niedrig, dass Wes ständig den Kopf einziehen musste, um ihn sich nicht anzustoßen. Dass die Decken so niedrig waren, hing damit zusammen, dass Frank Lloyd Wright von kleiner Statur gewesen war und überall niedrige Decken anordnete. All seine hochgewachsenen Kollegen sollten leiden.

In dieser kleinen Behausung musste nun auch Platz für das Baby geschaffen werden. Swetlana hoffte auf einige Veränderungen beziehungsweise eine Erweiterung des Wohnraumes, doch da biss sie bei ihrem Architekten-Ehemann auf Granit. Nichts durfte verändert werden. Ziemlich fassungslos musste sie erleben, wie verbohrt er geworden war und auf keinen ihrer Wünsche einging, obwohl sie für alle Änderungen aufkommen wollte. Ihr Mann besaß ja keinen eigenen Cent; er bekam wie alle Wright-Jünger kein Gehalt für seine Arbeit, lediglich Kost und Logis in der Gemeinschaft.

Swetlana hatte davon schon wenige Tage vor ihrer Hochzeit erfahren. Damals ließ Mrs Wright sie zu sich rufen und informierte sie über eine »eigenartige Schwäche« ihres zukünftigen Ehemannes. Er gebe zwanghaft Geld aus, das er überhaupt nicht habe. Dazu benütze er seine zahlreichen Kreditkarten und kaufe damit alles Mögliche, aber nicht für den täglichen Gebrauch, etwa Schmuck, Kunstgegenstände, Geschenke für die Taliesin-Mitbewohner, die ihn mochten und die er mochte. Mrs Wright scheute sich nicht, darauf hinzuweisen, dass ihre »eigene« Swetlana unter dieser Unart ihres Mannes sehr gelitten habe. Außerdem habe Wesley Peters im Moment so viele Schulden, dass er, um nicht bankrottzugehen, seine Farm in Wisconsin verkaufen müsse.

Swetlana traute ihren Ohren nicht, und Mrs Wright klärte sie gleich noch weiter auf. Die Wright Foundation habe ebenfalls hohe Schulden. Man bezahle allen Beschäftigten nur ein sehr kleines Gehalt, sie erhielten aber Kost und Logis und medizinische Versorgung. Auf diese Weise brauche eigentlich niemand wirklich Geld. Doch Wesley, meinte sie liebevoll, sei ein sehr freigebiger Mensch. Beim Tode seines Vaters habe er über eine halbe Million Dollar geerbt, in den Dreißigerjahren eine hohe Summe. Er habe das Geld für den Ankauf eines wunderbaren Grundstücks um Taliesin in Wisconsin ausgegeben. Da er dies für die Stiftung getan habe, sei ihm von dieser Institution immer wieder geholfen worden. Aber nun sei Schluss damit, denn er verfalle dauernd seiner Verschwendungssucht.

Doch Swetlana wollte sich durch diese Eröffnungen ihr spätes Liebesglück nicht verderben lassen. Ihr Hochzeitsgeschenk an ihren Mann: Sie bezahlte seine Bankschulden. Ganz gegen den Rat ihrer Anwälte in New York verfügte sie, dass ihr persönliches Vermögen nach Arizona transferiert wurde. Der »Allilujewa Charity Trust« aber sollte in den Händen der Anwälte in New York bleiben.

Eigenartigerweise wollte Wes unbedingt, dass Swetlana ihr schönes Haus in Princeton, das völlig neu eingerichtete Heim, das sie so sehr liebte, verkaufe. Sie hätte es lieber an Studenten der Universität vermietet und behalten. »Ich gehorchte«, meinte sie lapidar. Aber warum gehorchte sie? War es nicht ein von ihr persönlich erworbener Besitz? Nicht all ihre Bekannten in Princeton waren mit dem, was Swetlana tat, einverstanden. Aber sie wollte glücklich bleiben und fing ganz allmählich an, dafür einen hohen Preis zu bezahlen.

Mrs Wright wurde zunehmend unzufriedener mit der neuen »Schwiegertochter«, und Swetlana vermied es immer mehr, mit ihr zusammenzutreffen. Die hochschwangere Swetlana hatte gehofft, ihr Mann würde etwas mehr Zeit für sie haben. Da kam ihr das Angebot ihrer Schwägerin, der Frau von S. J. Hayakawa, den letzten Schwangerschaftsmonat in Kalifornien zu verbringen, sehr gelegen. Marge bot ihr auch an, nach der Entbindung noch für einige Zeit bei ihr zu bleiben, da sie wusste, dass die junge Mutter mit dem

Neugeborenen in Taliesin keinerlei Hilfe haben würde. Wes stimmte der Reise zu, zumal auch der Arzt dafür war.

Swetlanas Tochter Olga Margredant Peters kam am 21. Mai 1971 in San Rafael, Marin County, in Kalifornien zur Welt. Es war eine leichte Geburt, das Kind war gesund und kräftig. Leider wurde Swetlana noch nicht einmal im Kindbett in Ruhe gelassen. Da ihr Mann nicht rechtzeitig zu verständigen gewesen war, hatte ihr Schwager sie in die Klinik gefahren.

War schon ihre Schwangerschaft sehr früh von der »Schwiegermutter« an die Presse gegeben worden, so tauchte nun plötzlich eine ganze Mannschaft des Lokalfernsehens in ihrem Zimmer auf, um die Mutter, den herbeigeeilten Ehemann und das Neugeborene zu filmen. Swetlana war das höchst peinlich, ihrem Mann gefiel die Publicity. Er war sehr glücklich über die Geburt des Kindes und er

15 Swetlana mit ihrem Schwager, dem ehemaligen US-Senator Sem J. Hayakawa in Kalifornien

versicherte, dass er sich stets ein Mädchen gewünscht habe. Swetlana dachte damals oft an ihre Mutter, die nun eine amerikanische Enkelin gehabt hätte. Ihrer Mutter hätte das sicher gefallen. Ihr Vater dagegen hätte sie dafür gewiss erschossen.

Zu vielen, vielen Glückwünschen kamen auch unfreundliche Stimmen, etwa: »Wie schrecklich in ihrem Alter«, und eine russische Emigranten konnten nicht umhin, Swetlana wissen zu lassen, dass »Amerika keine Stalin-Erben« brauche.

Swetlana durfte mit ihrer Tochter noch weitere zwei Monate bei Marge Hayakawa in Mill Valley bleiben. Dann holte ihr Mann sie ab und flog mit ihr nach Wisconsin. Die nächsten drei, vier Monate verbrachten sie dann auf der Farm, die sie für sich, ihren Mann und dessen erwachsenen Sohn Brandoch gekauft hatte. Brandoch hatte inzwischen ein Silo bauen sowie die Scheunen herrichten lassen und eine große Rinderherde mit einem Bullen aus Colorado angekauft. Während ihr Mann und ihr Stiefsohn die Felder inspizierten, blieb Swetlana in einem Schaukelstuhl auf der Veranda sitzen und hielt ihr Kind im Arm. Das Tal, in das sie blickte, lag im goldenen Sonnenlicht. Sie wünschte sich nichts weiter, als ewig hier sitzen zu können.

Doch sie musste wieder zurück nach Taliesin mit all den vielen Besuchern, die sich von früh bis spät auf dem Gelände aufhielten. Dass Swetlana ihr Kind stillte, fanden viele Bewohner unnötig und sie rieten ihr, dem kleinen Mädchen die Flasche zu geben. Bald waren zwei Babysitter gefunden, ein junges Mädchen mit Namen Pamela und Liz, eine Frau, die selbst drei Kinder hatte. Beide gehörten nicht zur Taliesin-Kommune, sodass Swetlana durch sie auch vom Leben außerhalb ihres Wohnortes etwas erfuhr. Sie wäre gar zu gerne auf der Farm geblieben, doch ihr Stiefsohn brauchte mit seiner damaligen Freundin seine »Privatsphäre«. Dabei wusste er genau, dass es Swetlana war, die ihm das Leben auf der Farm ermöglicht hatte. Wes wollte, dass sie in das Apartment zurückkommen und von nun an ihren Beitrag zum Leben auf Taliesin leisten solle.

Wieder eine Scheidung

Es kam, wie es kommen musste. Eines Tages wurde Swetlana von ihrem Steuerberater darauf aufmerksam gemacht, dass auf der Farm dringend ein Buchhalter benötigt werde. Dort wurden große Summen investiert, doch es würde Jahre dauern, bis die ersten gezüchteten Rinder verkauft werden könnten und somit wieder Geldeinnahmen da wären. Swetlana hatte kurz vorher noch eine kleine Farm mit viel Grund erworben, damit mehr Weideland für die Tiere zur Verfügung stand. Ein guter Bekannter klärte das Ehepaar darüber auf, dass die ganze Sache Unsinn sei, denn mit einer solchen Farm könne man keine Rinderzucht aufziehen. Da müsste vieles ganz anders gemacht werden. Er schlug vor, auf Milchkühe umzustellen, Hühner zu halten und Milchprodukte zu verkaufen. Doch »meine Männer wollten das nicht«, meinte Swetlana.

Immer wieder musste Swetlana zu Gesprächen bei Mrs Wright erscheinen. Sie versicherte ihr, dass schon alles gut würde. Aber nach jedem Gespräch war Swetlana in Tränen aufgelöst, zitterte und konnte kaum mehr laufen. Ihren Mann konnte das jedoch keineswegs aus der Ruhe bringen. Er sagte ständig nur: »Mrs Wright liebt dich, aber du bist nicht fähig, diese Liebe zu erwidern. Sie ist sehr verärgert über dich. Sie liebt jeden Menschen wie eine Mutter.« Doch Swetlana suchte keinen Mutterersatz, sondern einen starken Ehemann für ein ruhiges Familienleben. Und ihr wurde immer klarer, dass sie sich nach drei Jahren gesegneter Freiheit in den USA erneut auf dem Weg in ein Leben voller Restriktionen, Verbote, Abhängigkeiten und Unterdrückung befand. Ihr Mann lebte seit 40 Jahren in diesen Verhältnissen, und weder seiner Mutter noch seiner Schwester war es gelungen, ihn da herauszuholen. Und aus der Abhängigkeit von seiner Schwiegermutter würde er nie entlassen werden. Marge versicherte ihrer Schwägerin Swetlana, dass sie immer zu ihr halten werde, ihr Schwager S. J. Hayakawa, ein früherer US-Senator, sah Swetlanas Aversionen jedoch etwas differenzierter als die anderen: »Sie und Mrs Wright benahmen sich wie zwei Kaiserinnen im gleichen Kaiserreich.«

Eines Tages fuhr Swetlana zum Friedhof in Spring Green, um dort an das Grab ihrer Vorgängerin, jener anderen Swetlana, zu gehen. Als sie den Grabstein sah, erschauderte sie, denn sie las ihren eigenen Namen darauf und den des ebenfalls bei dem Unfall umgekommenen Buben Daniel. Die kleine Olga und der kleine Daniel hätten sich sehr ähnlich gesehen, hatte ihr Mann zu ihr gesagt. Nach dem Friedhofsbesuch entwickelte sich bei Swetlana eine fixe Idee. Sie hatte plötzlich Angst, wenn sie mit ihrer Tochter im Auto unterwegs war, und sah sich schon elendiglich umkommen. Sie beschloss daher, ihr Kind sofort taufen zu lassen.

In Milwaukee, Wisconsin, gibt es eine von Wright entworfene griechisch-orthodoxe Kirche, deren Bau Wesley Peters überwacht hatte. Das Altarbild wurde von einem seiner Freunde, Gene Masselink, gemalt, allerdings in sehr modernem Stil. Anstelle der traditionellen griechischen Bilder mit der Heiligen Jungfrau, dem Jesuskind usw. schuf er ein Gemälde nach eigenen Ideen, für das die »erste« Swetlana und das Baby Brandoch Modell gestanden hatten.

Und genau das, was Swetlana eigentlich nicht wollte, geschah: Die Taufe wurde eine einzige Zurschaustellung. Ihr Mann informierte die oberste Kirchenbehörde. Man sagte ihm, dass Seine Exzellenz Yakovos, der griechisch-orthodoxe Erzbischof von Amerika, demnächst zur Feier des zehnjährigen Jubiläums der Kirchenerrichtung nach Milwaukee komme und dass die Feierlichkeiten nach Möglichkeit mit einer Trauung oder einer Taufe verbunden sein sollten. Dafür kam die Tochter des Architekten genau zur rechten Zeit. Wie das in der griechischen Kirche üblich ist, wurden die Taufpaten von der Kirchengemeinde bestimmt. Zur Taufe erschien die ganze Kommunität von Taliesin. Wesley William Peters war glücklich. Und für Swetlana lief alles ab wie in einem Film. Das kleine Mädchen quietschte vergnügt, als es dreimal in das Taufbecken getaucht wurde. Drei Diakone in schwarzen Talaren sangen die Liturgie. Seine Eminenz vollzog die Taufe, der Richter und seine Frau wur-

16 *Eine glückliche Familie:*
Swetlana und Wesley
William Peters mit der
kleinen Olga in Mill Valley,
1971

den die Taufpaten. Der Name Olga passte wunderbar, denn er war
in Erinnerung an die griechische Königin Olga in Griechenland
sehr populär. Selbst der Geburtstag des Kindes war bedeutungsvoll:
der 21. Mai, das Fest der Heiligen Konstantin und Helena, der
Begründer des christlichen Glaubens in Byzanz. Es war wirklich ein
schönes Fest, voller Emotionen.

Als Swetlana und ihr Mann nach Taliesin zurückkehrten, brach ein
Sturm los. Wesley hatte augenblicklich bei Mrs Wright anzutreten.
Als er zurückkam, schien er ein gebrochener Mann. Er setzte sich
in seinen Sessel und stützte den Kopf in die Hände. »Wir haben
einen großen Fehler gemacht«, sagte er. »Aber gräme dich nicht. Ich
habe alle Schuld auf mich genommen. Ich hätte es wissen müssen.
Ich hätte daran denken sollen.«[7] Was war passiert? Mrs Wright
erhob den Vorwurf, dass bei der Kirchenweihe, der Neukonsegra-
tion, nicht der Architekt der Kirche, also ihr verstorbener Mann
Frank Lloyd Wright, im Mittelpunkt des Geschehens gestanden
hatte, sondern der Täufling. Außerdem missfiel ihr der ganze Pomp
bei der Taufe. Doch hier widersprach Peters, denn er wusste, dass

seine Frau sich nur eine kleine private Tauffeier gewünscht, die griechisch-orthodoxe Kirche aber das große Fest daraus gemacht hatte. Er war völlig verzweifelt und den Tränen nahe. So hatte diese alte Frau es wieder einmal geschafft, ihm und seiner Frau die Freude an diesem besonderen Fest gründlich zu verderben.

Der ständige Ärger mit Mrs Wright schlug Swetlana immer mehr aufs Gemüt. Sie wurde aggressiv und gab, wie Mitglieder der Kommune entsetzt berichteten, während eines Galadinners in Taliesin sogar ihrem Mann eine Ohrfeige. Ein anderes Mal soll sie ein volles Whiskeyglas der Gastgeberin ins Gesicht geschüttet haben, woraufhin sie unter Einsatz von Gewalt hinausgeführt werden musste.[8]

Swetlana war nun häufig mit ihrer Tochter allein, da ihr Mann wiederholt geschäftlich in den Iran fliegen musste. Bei einem Arzttermin erzählte sie von ihrer Einsamkeit und fing an zu weinen. Das wunderte den Arzt nicht. Er kannte Mrs Wright und deren Familie. Darum bat er Swetlana nachdrücklich, eine Möglichkeit zu suchen, außerhalb der Kommune zu leben. So machte sie sich auf die Suche nach einem geeigneten Haus, allerdings mit nur geringer Hoffnung, dass ihr Mann dem zustimmen würde.

In Paradise Valley fand sich schnell ein schönes, voll möbliertes Haus, und wie durch ein Wunder hatte ihr Mann nichts gegen den Kauf einzuwenden. Vom neuen Haus bis nach Taliesin waren es nur 20 Minuten Autofahrt. So besaßen nun Mr und Mrs William W. Peters, wie es im Kaufvertrag hieß, ihr eigenes Haus. Nach dem Weihnachtsfest 1971 zog Swetlana mit ihrem Kind dorthin, zusammen mit Pamela, der Babysitterin. Ihr Mann blieb in Taliesin, konnte aber jederzeit kommen und gehen.

Leider bekam die Presse Wind von dieser Angelegenheit. Und nun lauteten die Schlagzeilen: »Sie hat ihren Mann verlassen und will nichts anderes als die Scheidung.« Genau das wollte Swetlana jedoch auf keinen Fall. Schließlich überzeugte sie ihr Arzt, mit ihrem Mann zu einer Eheberatung zu gehen, zu einem Dr. Z. in Phoenix. Doch das war alles schon zu spät. Der Psychologe eröffnete Swetlana, dass ihrem Mann eine Familie nichts mehr bedeute.

Er wolle aus dieser Bindung heraus. Ihr Mann hatte sich offensicht-
lich für Mrs Wright und ihre Jünger und gegen sie entschieden. Der
Arzt warnte Swetlana davor, auch nur ein einziges Mal noch nach
Taliesin zurückzugehen, denn er sah die Gefahr, dass sie sich zur
Rückkehr hätte überreden lassen.

Aber Swetlana fuhr doch noch einmal nach Taliesin. Sie parkte
ihren Wagen in der Nähe der Anlage und ging auf einem Schleich-
weg direkt zum Apartment ihres Mannes. Alles war wie immer, und
sie schlich sich ins Haus. Ihr Mann saß in einem silberfarbenen
Morgenrock vor dem Fernseher. Sie ging leise zu ihm hin und
berührte seine Schulter. Als er aufstand, hatte er den gleichen
Gesichtsausdruck wie an dem Tag, da sie ihn zum ersten Mal sah:
sehr traurig mit tief eingegrabenen Falten in den Wangen, blass und
erschöpft. Er brachte fast keinen Ton heraus und stammelte nur,
dass sie gehen müsse, denn er habe Angst, dass jemand sie bei ihm
sehe. Er ging mit zur Tür und begleitete seine weinende Frau zu
dem zwischen Felsen und Kakteen geparkten Auto. Die beiden
sprachen kein Wort miteinander. Was gab es auch noch zu sagen?
Die weinende Swetlana fuhr langsam heim zu ihrer kleinen Tochter. Jetzt wusste sie: Das war das Ende ihrer so hoffnungsvoll begon-
nenen Ehe!

Die Trennung des prominenten Paares blieb natürlich in der Presse
nicht unbeachtet. Swetlana Peters: »Vom Regen war ich in die
Traufe gekommen. Ich hatte schon wieder kein eigenes Haus, kein
Privatvermögen, kein Auto, keine Gedankenfreiheit und vor allem
kein Privatleben. Statt mit meinem Mann und meiner Tochter zu
leben, musste ich mein Leben von morgens bis abends, jede Sekunde
lang, mit 65 mir völlig fremden Menschen teilen – ein Albtraum.«[9]
Wesley William Peters verteidigte das Leben in der Kommune:
»Meine Frau konnte sich nicht den Gegebenheiten anpassen. Sie
versteht nicht die Prinzipien der Demokratie. Sie hat lediglich ein
paar Tage in der Küche und im gemeinsamen Speisesaal geholfen.
Sie ist zu nichts gezwungen worden. Deshalb ist mir die Trennung
unbegreiflich.« Großes Einfühlungsvermögen ist diesem Mann

wirklich nicht zu bestätigen. Er kannte den bisherigen Lebensweg seiner Frau, die in ihm eine große Liebe gefunden zu haben glaubte. Sie sollte nun in einer festgefügten Gemeinschaft, einer Mischung aus Kloster, Kommune und Rudolf-Steiner-Schule Fuß fassen, in der ihr Mann schon 40 Jahre lebte. Dazu kamen ihre späte Mutterschaft und die engen Wohnverhältnisse.

Sie hatte ihrem Mann durch den Kauf eines eigenen Hauses die Chance gegeben, die Ehe in trauter Zweisamkeit mit der kleinen Tochter weiterzuführen. Aber er ergriff diese Chance nicht. In *Life* erschien am 10. März 1972 ein Foto von Swetlana mit ihrer zehn Monate alten Tochter auf dem Schoß. Welche Trauer ist in ihrem Gesicht zu erkennen! Sie lebte aber nach wie vor in der Hoffnung auf eine Versöhnung. Doch ihr Mann verkündete: »Es gibt keine Möglichkeit, die Scherben wieder aufzusammeln.«

Als die Trennung des prominenten Paares publik wurde, erhielt Swetlana manch guten Rat und Hilfe angeboten. Olgas griechische Taufpatin kam zum ersten Geburtstag des kleinen Mädchens zu Besuch, Onkel und Tante reisten aus Kalifornien an. Ihr Vater sandte Blumen und kam dann wenigstens für eine Stunde vorbei, um die Kleine zu sehen.

Eine Scheidung wollte Swetlana trotz allem nicht, aber Wes bestand darauf. Er kümmerte sich aber in diesem Zusammenhang um nichts, sondern überließ alle notwendigen Schritte seiner Frau, die sich über dieses »Privileg« nicht freute, sondern sehr ärgerte. Sie rief einen jungen energischen Rechtsanwalt zu sich, der völlig verblüfft war, als er hörte, dass Swetlana und ihr Mann in Gütergemeinschaft lebten und noch nicht einmal getrennte Konten hatten. Als Erstes wies er Swetlana darauf hin, dass sie offenbar nach wie vor alle Rechnungen für die Farm bezahlte, was sie völlig vergessen hatte. Der Rechtsanwalt, der von einer renommierten Kanzlei in Washington war, flog nach Wisconsin, ging zur dortigen Bank und merkte sofort, dass Darlehen auf Swetlanas Konto aufgenommen worden waren. Er kam wutschnaubend zurück und benahm sich gegenüber Swetlana fast ausfallend. Er erklärte ihr ziemlich verärgert, dass ihr Mann sie nur noch als Geldquelle für sich und seinen Sohn benutzt habe, und meinte, Liebe könne man nicht kaufen, sie solle sich schnellstens von ihrem Ehemann trennen. Das Gesetz sei ganz auf ihrer Seite, die Farm gehöre ihr und ihrer Tochter, da sie schon mehr darin investiert habe, als die Farm ursprünglich wert war. Er legte ihr die Bankunterlagen vor mit dem Hinweis, dass sie nur noch ein Drittel von dem Geld besitze, das sie am Tag der Heirat mitgebracht hatte. Sie hatte alle Schulden ihres Mannes bezahlt, um ihn vor einem Konkurs zu retten. Swetlana erfuhr, dass sie auch eine Schenkungssteuer bezahlen musste, da ihr Mann von ihr kein Darlehen hatte annehmen wollen, welches er ja eines Tages, beispielsweise bei einer Scheidung, hätte zurückzahlen müssen. So hatte er das Geld als Schenkung von seiner Frau deklariert, was den Rechtsanwalt zu einem höchst unfreundlichen Satz über Wes bewog.

Mit der Frau des Rechtsanwalts war Swetlana eng befreundet. Auch diese riet ihr zur Scheidung. Doch was machte Swetlana? Sie wollte sich partout nicht scheiden lassen und teilte dies ihrem Rechtsanwalt schriftlich mit. In der Zwischenzeit hatte er wenigstens die Fonds vor dem Zugriff durch Brandoch und Wes Peters gesichert und die Zahlungen für die Farm einstellen können. Er sandte Swetlana daraufhin seine Rechnung mit der dringenden Bitte, wenigstens sofort einen Vertrag zu machen, ließ aber gleichzeitig wissen, dass er ihr nicht mehr zur Verfügung stehe.

Im hochsommerlich heißen Juli bei 40 Grad im Schatten wurde der Vertrag geschlossen, und zwar in Anwesenheit von fünf Rechtsanwälten und dem Steuerberater. Swetlana verzichtete auf die Farm und das dazugehörige Land. Sie wusste, dass sie dort nie leben werde und die Farm nicht verwalten konnte. Sie aber als Geldanlage für Olgas Zukunft zu erhalten, daran hatte Swetlana leider nicht gedacht.

Wesley und Swetlana trennten sich in gegenseitigem Einvernehmen. Da die Rechtsanwälte wussten, dass die Mitglieder der Taliesin Fellowship über kein eigenes Einkommen verfügten, wurde der

Architekt von der Unterhaltszahlung für seine kleine Tochter befreit. Ein Jahr später erfolgte dann in Maricopa County, Arizona, die Scheidung, die nur zehn Minuten dauerte und zu der Swetlana nicht erschien.

Mrs Wright allerdings »rauchte« vor Zorn, und all ihre Anhänger verwünschten Swetlana. Dann wurde Olgivanna ruhiger und befahl allen in ihrer Umgebung, die Episode zu vergessen. Obgleich Taliesin von der Presse belagert war, wollten die Gefolgsleute keine Kommentare zur Scheidung abgeben. Mrs Wrights einst zur Schau getragene »mütterliche« Liebe zu Swetlana existierte nicht mehr. Auch Wesley Peters' Gefühle interessierten sie nicht. Das ging sogar so weit, dass sie ihn letztendlich für das Scheitern der Ehe verantwortlich machte.

Dagegen nahm Swetlana ihren amerikanischen Ehemann wieder einmal in Schutz. Schließlich waren die vielen Briefe mit der Einladung an Swetlana, nach Taliesin zu kommen, nicht von Wesley Peters, sondern von der Witwe Wright geschrieben worden. Außerdem war sie der Meinung, dass Wes nie geheiratet hätte, wenn Olgivanna das nicht so forciert hätte.

Swetlana meinte traurig, dass für den »Workaholic« Wesley diese Ehe ein Zwischenspiel in seinem allein der Sache Taliesin dienenden Leben gewesen sei. Der große Architekt Peters kehrte zu Mrs Wright als »freier« Mann zurück. Dass die Rechnung für sie so schlecht aufgegangen war, das durfte man ihr nicht sagen. Doch völlig neu anfangen musste – Swetlana mit ihrer kleinen Tochter Olga.

Meine Tochter ist so amerikanisch
wie Apple-Pie

Meine Tochter ist meine einzige Freude.[1]

Princeton

»Ich bin vom Status einer Berühmtheit heruntergestiegen zu einer normalen Hausfrau und fand auf dieser Ebene wunderbare Freunde.« So beschrieb Swetlana ihr Gefühl, als sie mit ihrer kleinen Tochter Olga 1972 ein neues Leben begann. Es hatte sich natürlich die Frage gestellt, wo sie wohnen wollte. In unmittelbarer Nähe von Taliesin war für sie kein Bleiben mehr und dies hieß wieder einmal, sie musste ihr Haus verkaufen. Ihr Arzt in Phoenix nahm ihr die Entscheidung über den Wohnort ab, indem er sie förmlich bekniete, nach Princeton zurückzukehren. Dort hatte sie nach ihrer Ankunft in den USA eine wunderschöne Zeit der Freiheit erlebt, und was noch wichtiger war, sie hatte dort schon Freundschaften geschlossen.

Swetlana nannte es tatsächlich »freundlich« von ihrem Mann, dass er sie und seine Tochter auf dem Flug nach Princeton begleitete. Auf der gemeinsamen Reise sprachen sie kein einziges Wort miteinander. Dazu bestand offensichtlich auch keine Notwendigkeit, es war bereits alles gesagt. Sie hielten Olga, ein strahlendes, hübsches und gesundes Kind, abwechselnd in den Armen. In Princeton wurde Swetlana von einem ihr bekannten Taxifahrer abgeholt. Wesley William Peters, der sehr blass aussah, küsste Frau und Tochter zum Abschied und flog sofort wieder zurück.

Swetlana hatte das alleinige Sorgerecht für die Tochter erhalten und war gar nicht erfreut, wenn Wes in der folgenden Zeit öfters auftauchte, um seine Tochter zu sehen. Er kam aber nur einige Male zu

Besuch, dann blieb er sechs Jahre lang verschwunden. Als er dann wieder auftauchte, war Olga ein Schulmädchen von zehn Jahren und erkannte ihn nicht sofort. Swetlanas lapidarer Kommentar: »Er war eben kein väterlicher Typ.«

Der 46-jährigen Swetlana gelang es, ihre frühere Villa zurückzukaufen. In dem Kaufangebot in Höhe von umgerechnet ca. 100 000 Euro hatte es geheißen, dass einiges im Außenbereich verändert worden sei. Doch im Inneren des Hauses traf sie auf viel Vertrautes und damit fiel ihr das Eingewöhnen leicht. Ihren Trennungsschmerz bekämpfte Swetlana mit Gartenarbeit. Olga wurde zum Spielen in den Sandkasten gesetzt, später bekam sie eine an einem alten Apfelbaum befestigte Schaukel.

»Ich wurde geschieden und wurde wieder eine allein erziehende Mutter – etwas völlig Unvorhersehbares, aber wahrscheinlich in meinen Sternen vorprogrammiert. Und mit dieser späten Mutterschaft kam die Notwendigkeit, meine Tochter zu unterweisen.« Ihr Leben als Hausfrau und Mutter brachte sie dem American Way of Life immer näher. Sie war der Meinung: »Eine amerikanische Hausfrau ist die verwöhnteste auf der ganzen Welt – und das Gleiche gilt für ihre Kinder.«[2] In Russland wäre aus ihr allerdings nie eine Nur-Hausfrau geworden.

Olga wurde der Mittelpunkt von Swetlanas Leben, alles drehte sich um ihr Kind, den Kindergarten und die zahlreichen Babysitter. Olga sollte nach dem Wunsch ihrer Mutter wie ein ganz normales amerikanisches Kind aufwachsen. Sie durfte fernsehen, und Programme wie »Mister Rogers« und »Sesame Street« schienen gut geeignet für ihre Entwicklung. Das Alphabet lernte Olga durch das TV-Kinderprogramm, ihr Wortschatz vermehrte sich auf diese Weise, was sehr wichtig war, da ihre Mutter dabei wenig helfen konnte. Der Fernseher ersetzte durchaus eine »Nanny«. Es war sicher sehr schade für Olga, dass sich ihre Mutter nicht entschließen konnte, mit ihr Russisch zu sprechen. Doch diese wollte auf keinen Fall ein »halbes Emigrantenkind«. Olga sollte Amerika als ihr Heimatland betrachten. Dorthin gehörte sie.

Als Swetlana etwa 50 Jahre alt war, bekam sie Herzbeschwerden. Ein Arzt riet ihr, weniger zu essen und mehr Sport zu treiben. Ihr Gynäkologe äußerte sich so unverschämt über ihr Übergewicht, dass sie seine Rechnung nicht bezahlen wollte. Auch ärgerte sie sich sehr darüber, dass sie von Krankenschwestern dumm angeredet wurde. Lana, wie sie sich nun nannte, schor nun alle amerikanischen Ärzte über einen Kamm und unterstellte ihnen, sie seien nur daran interessiert, dass ihre Rechnungen sofort beglichen würden.

Es waren Christian-Science-Ärzte, die als besonders gute Psychiater galten, die Swetlana aus vielen weiteren Krisen halfen. Sie fühlte sich einsam, lebte jahrelang im Stress, bangte ständig um Olga. Dazu kam das Heimweh nach ihren Kindern in der Sowjetunion. Wenn sie am Abend Olga zu Bett gebracht hatte, setzte sie sich vor den Fernseher und trank zuerst ein Glas Gin Tonic, dann zwei, dann drei … Sie wurde immer abhängiger vom Alkohol und sah den Weg vorgezeichnet, den schon ihr Bruder Wassilij gegangen war. Wenn sie mit einem Arzt über ihr Problem sprach, erhielt sie die Antwort, dass einige Gläser Alkohol wirklich keiner Aufregung wert seien. Ein wahrer Freund gab ihr jedoch den Rat, zu den Anonymen Alkoholikern und gleichzeitig zu den Weight Watchers zu gehen. Da es ihr aber schwerfiel, sich einer Gruppe anzuschließen, besprach sie sich wieder mit ihren Freunden von der Christian Science. Es dauerte zwar einige Zeit, doch dann hatte Swetlana endlich mit deren Hilfe ihr Alkoholproblem im Griff.

Als Olga drei oder vier Jahre alt war, wollte ihre Mutter für sie eine Gouvernante einstellen, die ihr Französisch beibringen sollte. Swetlana dachte an ihre eigene Kinderzeit und daran, wie früh ihre Mutter anfing, die Kinder fremde Sprachen lernen zu lassen. Ihre erste Fremdsprache war Deutsch, was sie mit ihrer Kinderfrau ab dem dritten Lebensjahr erlernte. Doch als sie erfuhr, dass für eine solche Gouvernante in der Woche etwa 600 Dollar zu zahlen waren, musste sie den Plan fallen lassen. Außerdem bevorzugten Gouver-

17 *Swetlana mit ihrer Tochter*
Olga, dem amerikanischen
Kind

nanten Häuser mit einem Koch, einem Dienstmädchen und einem Chauffeur, und das gab es bei ihr nicht. So kam das kleine Mädchen in die sehr gute katholische private Vorschule, die in Princeton 1963 von dem französischen Theologen Jacques Maritain gegründet worden war. Der Unterricht folgte der Montessori-Methode. Als die Kleine fünf Jahre alt war, beschloss ihre Mutter jedoch wieder einmal einen Ortswechsel.

Unstete Jahre

Warum verließ Swetlana das von ihr so geliebte Princeton? Angeblich kam sie mit ihren Finanzen nicht mehr zurecht, fand keine guten Berater bei der Bank und entschloss sich daher, ihre teure Villa zu verkaufen. Jetzt zogen die beiden nach Carlsbad, einem kleinen Ort in der Nähe von San Diego. Das kleine Holzhaus im pseudojapanischen Stil, das »günstig« für umgerechnet rund 73 000

Euro zu erwerben gewesen war, gefiel Mutter und Tochter. Im Garten gab es einen Swimmingpool mit einer japanischen Brücke. Erfreulich war, dass es in dem Ort sogar eine wunderschöne »Casa Montessori« – eine Montessori-Schule – gab, in der sich Olga gleich wohlfühlte.

In Kalifornien hoffte Swetlana wieder einmal kreativ werden zu können. Sie meldete sich zu einem Fernlehrgang zum Schreiben für Kinderbücher an. Noch nie hatte sie bis dahin ein Buch in englischer Sprache geschrieben, alle ihre bisherigen Schriften waren in Russisch entstanden. Als Erstes verfasste sie eine Geschichte mit dem Titel »Schwimmstunde mit Moses«. Dabei ging es um einen schwarzen Kater, der im Schwimmunterricht ihrer Tochter von der Schwimmlehrerin vorgeführt wurde. Er schwamm tatsächlich kreuz und quer durch das Becken, die Kinder jubelten und wollten dann alle auch so schwimmen wie er. Die Geschichte selbst war gut geschrieben, aber die Lehrerin im Fernkurs wollte, dass die Geschichte noch in einen fiktiven Rahmen verpackt würde. Das gelang Swetlana jedoch nicht, und damit verlor sie das Interesse an diesem Vorhaben.

Außerdem war sie den ganzen Tag damit beschäftigt, ihre Tochter zu betreuen: Sie fuhr Olga zum Klavierunterricht, wo sie nach der japanischen Methode »Yamaha« unterrichtet wurde, dann zum Schwimmunterricht, zum Arzt usw.

Die sonntäglichen Messen in der alten Missionskirche San Louis Rey nahe am Pazifik gefielen Swetlana und ihrer Tochter sehr. Die Volksmesse begann mit einem Gebet des heiligen Franziskus zu Gitarrenklängen. Manchmal sang ein samoischer Chor, und es kamen Koreaner, Filipinos, Vietnamesen und Indianer zur Messe.

Obwohl Swetlana gerne in Kalifornien lebte, fühlte sie sich in dem kleinen Ort zunehmend einsam. So zog sie erneut um, diesmal etwas näher heran an San Diego. Doch das war ein schwerer Fehler, wie sich herausstellte; denn sie schaffte es nicht, hier Fuß zu fassen. So zog sie zurück nach Princeton.

Dort war ihr alles vertraut, die katholische Schule mit der Leite-

rin Schwester J. Garson, Mrs Urken in ihrem Haushaltswarenge-
schäft und nicht zuletzt die netten Leute von der Episcopal
Church. Allerdings besaß Swetlana leider nicht mehr die Mittel,
ihr schönes altes Haus zurückzukaufen. Da Olga in eine Privatschule ging, konnte Lana jetzt nur noch ein Haus mieten. Sie
bekam ihre Finanzen nicht mehr in den Griff. Frühere Bekannte
hatten keine Lust mehr, sich ständig ihre Jammerei anzuhören.
Ein Wohnungswechsel folgte dem anderen, bis Swetlana endlich
ein hübsches Haus in der Stadtmitte gefunden hatte. Es war recht
günstig, da es ohne besonderen Komfort war, also ohne Geschirr-
spüler, Waschmaschine, Klimaanlage, auch ohne eine Garage.
Aber das Haus hatte Charme, und die neuen Mieter fühlten sich
darin wohl.

Swetlana neigte zur Geldverschwendung. Ein Beispiel: Sie wollte
ein Klavier kaufen, damit ihre kleine Tochter einmal Klavierspielen
lernen könnte. Olga war gerade erst zwei Jahre alt, dennoch brachte
es der Verkäufer fertig, dass ihre Mutter einen deutschen Stein-
way-Flügel kaufte.

Swetlana hatte ständig Angst um ihre Tochter. Prompt war eines
Morgens das Schulmädchen Olga verschwunden. Sie hinterließ
ihrer Mutter eine Notiz, dass sie das Haus verlassen habe; ihre
Mutter könne sie am Busbahnhof treffen; es tue ihr leid, aber sie
müsse gehen. Swetlana war völlig verzweifelt. Sie rannte zu einem
Nachbarn, einem Polizisten, und erzählte ihm, was vorgefallen
war. Er ging sofort zu seinem Auto, um sich auf die Suche nach
dem vermissten Mädchen zu machen, und fand es schließlich in
einem Blumenladen. Olga kaufte gerade von ihrem ersparten
Geld Blumen für die Mutter. Der Polizist sagte kein Wort, schaute
Olga nur streng an und brachte sie zu Swetlana zurück. Beide
lachten und weinten vor Erleichterung, und Olga versprach, nie
mehr wegzulaufen.

England

Nach 15 Jahren in der Neuen Welt begann sich Lana Peters für das Leben in einem europäischen Land zu interessieren. Sie dachte dabei vor allem an ihre Tochter, die in einem amerikanischen Schulsystem erzogen wurde, dem ihrer Meinung nach jede Disziplin fehlte. Daher siedelte Swetlana 1982 nach England über, vor allem, um Olga auf ein strenges Internat zu schicken. Da es jedoch schon gegen Ende des Schuljahres, es also zu spät war, um das Mädchen in der traditionellen Bildungsanstalt anmelden zu können, entschied sich Lana für die Quäker-Schule in Saffron Walden in Essex. Das Schulgeld betrug damals umgerechnet rund 4500 Euro im Jahr. Für den hohen Standard der englischen Erziehung brachte Swetlana den Betrag für ihre »Oluschka« gerne auf. Für Olga, die Amerikanerin, wurde es eine schmerzliche Erfahrung, aus ihrem bisherigen Schulleben in Amerika, das sie sehr mochte, herausgerissen zu werden.

Swetlana bezog zuerst eine kleine Wohnung in einem viktorianischen Haus mit Garten in Cambridge, kaufte dann aber eine eigene Wohnung. Es gelang Swetlana, in Cambridge viele Freunde zu finden. Dazu gehörte der englische Autor Malcolm Muggeridge, ein sehr religiöser Mann, bei dem Swetlana kurzzeitig gewohnt hatte. Muggeridge hatte mit Swetlana für die BBC einen Film über ihr Leben gedreht.

Aus London erhielt 1982 Swetlana das Angebot, für die BBC bei Sendungen über Russland mitzuwirken. Sie wollte aber keine politischen Sendungen machen, nichts, was nach Propaganda und Politik aussah. Doch ihre Finanzen waren derart zerrüttet, dass sie sich nach einer Arbeit bei einem Verlag umsah. Dann beschloss sie, ihr in Amerika begonnenes drittes Buch »The Faraway Music« erst einmal fertig zu schreiben.

Im Juni 1983 gelangte in der Sowjetunion Jurij Andropow[3] an die Spitze der Macht, und unter seiner Ägide änderte sich so manches im Lande. Das bekam auch Swetlana zu spüren, denn Mitte

Dezember 1983 erhielt sie einen Anruf ihres Sohnes aus Moskau. Als sie den Hörer abnahm, hörte sie auf Russisch: »Servus, Mama – Mama, bist du das?« Ihre Überraschung war groß. Gleichzeitig hatte sie Angst, dass das Gespräch unterbrochen werden könnte. Sie fragte: »Deine Stimme ist ganz fremd. Warum hat sich deine Stimme so verändert?« Sie hatte ganz vergessen, dass sie ja schon 15 Jahre aus Moskau weg war. Er lachte, weil sie Englisch und Russisch vermischte. »Du klingst wie eine ausländische Touristin.« Swetlana hatte Schwierigkeiten, die richtigen Worte zu finden. Ihr Englisch war damals sehr gut, aber Russisch hatte sie in den vergangenen Jahren nur selten gesprochen. »Schreibe meine Telefonnummer auf und ruf mich an. Bist du sicher, dass das klappt? Ruf mich an, wann du willst«, wiederholte Osja immer wieder.

Als Swetlana den Hörer aufgelegt hatte, überschlugen sich die Gedanken in ihrem Kopf. Es war kurz vor dem ersten Weihnachtsfest, das sie in England erleben sollte. Und dieses Fest stand nun ganz unter dem Zeichen des Anrufes ihres Sohnes. Sie rief ihrerseits Josef an, und auch Olga sprach auf Englisch mit ihm. Und dann hatte Swetlana zum ersten Mal Gelegenheit, mit ihrer neuen Schwiegertochter Ludmilla zu reden. Es war ein schwieriges Gespräch, denn Swetlana hatte die hübsche polnische Elena, die erste Frau ihres Sohnes, von der er sich getrennt hatte, sehr gern gehabt. Der Sohn der beiden war bei der Mutter geblieben.

Diesem ersten Telefonat folgten noch weitere. Swetlana erfuhr mehr über ihre beiden Enkel, jedoch kaum etwas über Katja. Aber das Wichtigste war ihr, immer wieder die Stimme ihres Sohnes zu hören. Als sie dann das erste Foto von ihm in Händen hielt, war sie sehr erschrocken über das Aussehen ihres Sohnes, denn er erinnerte sie sehr an ihren Bruder Wassja, der Alkoholiker geworden war. Sofort rief sie in Moskau an und sagte Josef auf den Kopf zu, dass er trinke. »Ich kenne diese geschwollenen Augen, die habe ich oft genug gesehen!« Er lachte, sagte aber nichts dazu.

In den Briefen und am Telefon fluchte er, wie das auch ihr Bruder getan hatte. »Ludmilla ist von einfachen Leuten und kann gut kochen«, erzählte er der Mutter. Der Vergleich mit ihrem Bruder machte Swetlana große Sorgen. Sie schlug vor, dass sie sich im Sommer 1984 in Finnland treffen könnten. Sie wollte ihn sehen, nicht nur hören. Er antwortete, dies sei nicht möglich. Daraufhin schlug sie ihm vor, wenigstens für eine Woche nach England zu kommen, sie würde alle Kosten übernehmen. Aber das schien er nicht zu wollen. Ein anderes Mal sprach Josef von einem Urlaub am Schwarzen Meer, den er sich wünschte, weil er im Krankenhaus lag. Seine Mutter schloss daraus, dass er ernstlich krank sei, und dies war der letzte Anstoß zu ihrem Entschluss, in die Sowjetunion zurückzukehren.

In dieser Zeit wurde Swetlana immer schwieriger und dabei auch aggressiv gegen ihre Tochter. »Swetlana brach ihr nicht die Knochen, aber sie regierte sie mit eiserner Hand«, sagte eine langjährige amerikanische Freundin.[4] Nachbarn, die im Haus in Cambridge in der Wohnung über Swetlana wohnten, hörten, wie die Mutter herumschimpfte, wenn das junge Mädchen Schulferien hatte oder an den Wochenenden einmal aus dem Internat nach Hause kam. Die Mutter verbot Olga, enge Jeans, moderne Tops zu tragen und ihre Zehennägel rot zu lackieren.

In einem Brief an eine Freundin beschwerte sich Swetlana: »Durch meine affektierte, langbeinige, dummköpfige Tochter sind mir Hände und Füße gebunden. Am Sonntag kehrt sie in die Schule zurück. Gott sei Dank! Wenn sie bei mir ist, vermisse ich meine Katja und meinen Osja mehr denn je. Sie sind so nett. Sie aber ist ein Dummkopf, verhätschelt und verdorben.« Schade, dass sie nicht darüber nachdachte, wer das Mädchen so verhätschelte.

Mit einem Mal kam Swetlana ihr Leben sehr ziellos vor. Jetzt konnte sie sich plötzlich vorstellen, mit welchem Schock ihre Umwelt darauf reagieren würde, wenn sie nach Russland zurückkehrte. Umso dringender wollte sie diese Reise unternehmen. Sie entschloss sich Anfang September 1984, einen Brief an die russische Botschaft zu schreiben mit der Bitte, zu ihrer Familie nach Moskau zurückkehren zu dürfen. Eine Woche später wurde sie dort persönlich vorstellig. Man war sehr freundlich zu ihr und bot ihr Tee an. Und es schien wegen ihrer Reise nach Moskau keine Schwierigkeiten zu geben. Man schlug ihr vor, zuerst in die Schweiz, dann nach Griechenland und von dort mit der Aeroflot nach Moskau zu fliegen.

Von den ganzen Vorbereitungen für die Reise in die Sowjetunion bekam Olga nichts mit. Erst als sie am 19. Oktober 1984 für einige Ferientage nach Cambridge kam, sprach ihre Mutter mit ihr darüber. Sie sagte ihr offensichtlich aber nicht, dass sie plane, für immer in Moskau zu bleiben.

Die Rückkehr der verlorenen Tochter

Jetzt bin ich von einem tiefen Schuldgefühl befreit.[1]

Ankunft in Moskau

Beim Anflug auf Moskau gingen Swetlana viele Gedanken durch den Kopf. Vom Flughafen Scheremetjewo war sie 17 Jahre zuvor zu ihrem schon legendär gewordenen Flug in die Freiheit aufgebrochen. Das Flugzeug rollte in eine abgelegene Ecke des Flughafens, wo bereits eine Dame mit einem großen Blumenstrauß wartete. Als sie auf Swetlana zuging, versuchte sie zu lächeln; doch es war ein sehr gekünsteltes Lächeln. Olga wurde von einer jungen hübschen Dolmetscherin willkommen geheißen, und beide lachten und redeten sogleich lebhaft miteinander. Zusammen gingen die vier nun in einen Empfangsraum im Flughafengebäude, wo für sie ein Tisch gedeckt war und Champagner kredenzt wurde. Man trank auf ihre Ankunft: »Wir sind zu Hause. Was bedeutet das? Wie ist das passiert. Wie war das möglich?«, fragte sich Swetlana.

Dann wurden sie in das Prominentenhotel »Sowjetskaja« am Leningrad-Prospekt gefahren, in dem die sowjetische Regierung ausländische Politiker unterbringt und in dem gewöhnlich Diplomaten und Journalisten unbehelligt ein und aus gehen. Doch an diesem Tag wurde das Hotel bewacht wie eine Festung: Gegenüber dem Eingang parkte eine Milizstreife, die Eingangstür wurde vom Portier immer nur einen Spaltbreit geöffnet für Hotelgäste, die zuvor nachweisen mussten, dass sie hier tatsächlich wohnten.

Nun endlich sah Swetlana ihren Sohn, ihr »Josefchen«, wieder. Mit offenen Armen lief er ihr entgegen. Sie umarmten sich und standen lange so da. Mit Josef war sein Vater Gregorij gekommen. Neben ihnen stand eine große korpulente, etwa 50 Jahre alte Frau mit grauen Haaren. Swetlana dachte, das sei Gregorijs Frau. Doch ihr Sohn nahm sie bei der Hand, zog sie zu dieser Frau hin und sagte: »Das ist Luda.« Swetlana nahm Luda in die Arme, und jene umarmte auch Olga. Die Mutter wollte nicht zeigen, wie schockiert sie war. Sie beruhigte sich aber wieder, denn ihr Sohn hatte ihr erzählt, er sei glücklich und seine Frau könne gut kochen.

Irgendetwas im Gesicht von Ludmilla ließ Swetlana allerdings keine Ruhe. Zum Glück war Gregorij dabei. Er machte alles einfach und leicht, so leicht, wie es in einer solchen Situation möglich war. Er sprach mit Olga Englisch und zeigte ihnen, wohin sie gehen sollten. Von allen Anwesenden wirkte er am glücklichsten. Die 13-jährige Olga war sehr still, weil ihr Halbbruder sie nicht umarmt hatte. Gregorij führte sie zu einem Aufzug, mit dem sie zu einer großen Suite fuhren.

Anschließend im Restaurant saß Josef, der viel älter aussah, als er mit seinen 39 Jahren war, links von seiner Mutter und beide hielten sich an der Hand. Gregorij schenkte allen Wodka ein, und man prostete sich zu. Mutter und Sohn blickten sich an, aber sie sagten nichts. Gregorij übersetzte für Olga alles, was in Russisch gesprochen wurde. Swetlana fand, dass er gut aussah mit seinen 63 Jahren und zudem sehr elegant gekleidet war. Er hatte sich auch bereits erkundigt, in welche Schule die kleine Amerikanerin gehen könnte. Die 13-jährige Olga sah recht unglücklich aus, stocherte mit der Gabel im Essen herum und schwieg. Ihr Halbbruder richtete weiterhin kein einziges Wort an sie.

In Moskauer Intellektuellenkreisen rätselte man über die Gründe und Hintergründe von Swetlanas spektakulärer Rückkehr. Dass bereits unter Staats- und Parteichef Andropow grünes Licht für eine ehrenhafte Rückkehr Swetlanas gegeben wurde, zogen viele Sowjetbürger dabei ebenso wenig in Zweifel wie die Version, dass die 59-jährige und als unberechenbar geltende Swetlana, die ohnedies ein schwieriger Mensch sei, des Abenteuerlebens müde, nun ihren Lebensabend aus Heimweh in Russland, im Kreise ihrer Verwandten und Freunde, verbringen wolle.

Der Swetlana bestens bekannte sowjetische Dissident Daniel Sinjawskij, ihr einstiger Geliebter in Moskau, will die Hintergründe für ihre Rückkehr in die Sowjetunion herausgefunden haben. Er behauptet, der sowjetische Geheimdienst KGB habe den Intellektuellen Oleg Bitow in den Westen geschickt, um Stalins Tochter zur Heimkehr zu bewegen. Daniel Sinjawskij, gegen dessen Verurteilung Swetlana einst gekämpft hatte und der seit 1973 in Frankreich lebte, will Einzelheiten über Swetlanas Rückkehr aus russischen Emigrantenkreisen in der Bundesrepublik erfahren haben. So berichtete es die *Londoner Mail on Sunday*.

Der KGB habe Oleg Bitow, einen Redakteur der *Literaturnaja Gaseta*, für die Swetlana-Mission angeworben. Bitow hatte sich bei der Biennale 1983 in Venedig unter dem Vorwand abgesetzt, die geistige Gängelung unter dem Kreml-Regime habe ihn zur Flucht bewogen. Die italienische Polizei ließ ihn nach London ausreisen. Der britische Geheimdienst verhörte Bitow wochenlang, übersah aber, dass er häufig Ausflüge nach Cambridge unternahm, wo Swetlana sehr zurückgezogen lebte. Es heißt nun, er soll versucht haben, die als impulsiv geltende, zu Kurzschlusshandlungen neigende Swetlana im Auftrag des KGB regelrecht »kirre« zu machen. Er habe sich ihr Vertrauen erschlichen, sie zu seiner Geliebten gemacht und ihr die Möglichkeit eines guten gemeinsamen Lebens in der Heimat ausgemalt. Bitow sei es gelungen, die Frau von sich abhängig zu machen. Dann setzte er sich am 17. August nach Moskau ab. Dort beschuldigte er die westlichen Geheimdienste, ihn betäubt, verschleppt und gefoltert zu haben.

Aus Moskau berichtete die britische *Sunday Times*, die älteren Kinder kritisierten ihre Mutter heftig dafür, dass sie ihr jüngstes Kind Olga mit nach Moskau gebracht habe. Diese aus ihrer vertrauten Welt nach Russland zu verpflanzen sei »nicht fair« gewesen. Die sowjetische Nachrichtenagentur TASS bestätigte offiziell, dass Stalins Tochter »heimgekehrt« sei.

Den größten Schock aber erlitt Olgas 72-jähriger Vater. Wesley William Peters, der ohne jede Information vonseiten seiner geschiedenen Frau geblieben war! Er erfuhr aus den Fernsehnachrichten, dass seine Tochter in Russland war.

Kurz nach ihrer Ankunft gab Swetlana eine Pressekonferenz: Sie sei aus freien Stücken zurückgekehrt. Sie habe die Trennung von ihrer Familie nicht mehr ertragen können, sie habe große Sehnsucht gehabt nach ihren beiden Kindern und den Enkelkindern. Außerdem sei sie viel zu naiv gewesen, was das Leben in den USA betraf. Und sie sei ein »besonderer Liebling« der CIA gewesen.

Die Presseabteilung des sowjetischen Außenministeriums hatte zu diesem Auftritt »auf Bitten von Frau Allilujewa« in das Haus des sowjetischen Frauenkomitees geladen, in einen russisch-altklassizistischen Bau in der Nemirowitsch-Dantschenko-Straße. Fernsehkameras waren nicht erlaubt.[2] Insgesamt waren 25 Journalisten zugelassen worden, darunter nur eine ausgewählte Schar von Leuten aus dem Westen. Ausgeschlossen waren *The Times* und *Daily Telegraph*, die *Financial Times, Time Magazine, Newsweek* sowie alle amerikanischen Fernsehstationen und der Großteil der westeuropäischen Presse, einschließlich Italiens kommunistischer Zeitung *L'Unità*; zugelassen waren *The Guardian*, BBC und *Reuters*. Die Auswahl hatte Swetlana getroffen.

Sie begrüßte mit »Liebe Landsleute, liebe ausländische Gäste« und begann ihre Erklärung vom Blatt abzulesen. Über die Spekulationen, dass ihre Rückkehr gewaltsam erfolgt sei, wolle sie Aufklärung geben. In einer lila Bluse mit silberner Brosche und einem braunen Kostüm, fast hausbacken wirkend, stand sie verlegen lächelnd vor den Journalisten.

Swetlanas sensationellem Verbleiben im Westen hätten, wie sie sagte, menschliche und nicht politische Motive zugrunde gelegen. Aber der Fall war wirklich komplexer. Damals habe sie auch einen »idealistischen« Tribut an die »sogenannte freie Welt« entrichtet, »mit der meine Generation nicht vertraut war«. Es gibt viele briefliche Zeugnisse dafür, wie schnell ihr Idealismus in Bezug auf Amerika verflog.

Dann sagte sie einen Satz, über den Amerikaner nur noch den Kopf schütteln können. »Ich war in dieser freien Welt nicht einen Tag lang frei.« Dem folgten ihre altbekannten Vorwürfe gegen die große New Yorker Anwaltskanzlei, die – nach ihrer Meinung dem amerikanischen Außenministerium und dem Geheimdienst CIA verpflichtet – ihr Tun und Lassen, auch ihre Publikationen, unter Aufsicht und Kontrolle gehalten hätten. Nach 17 Jahren in den USA habe sie in »friedlichere« Länder gehen wollen – wie in die Schweiz, nach Schweden, Griechenland oder Indien. Doch mit verschiedenen Mitteln habe »man« ihre Absicht durchkreuzt. England, wo sie noch knapp zwei Jahre gelebt habe, sei der einzige Ausweg gewesen. Michael Woslensky, Swetlanas einstiger Kommilitone in Moskau, reagierte ziemlich bestürzt auf ihre Heimkehr: »Jetzt wird sie wieder schweigen müssen – bis zum Tod. Noch im März konnte Stalins Tochter im Interview mit dem ›Observer‹ über ihre Hoffnungen auf eine Liberalisierung des diktatorischen Regimes in der Sowjetunion und auf einen sowjetischen Dubček sprechen. Jetzt wird sie dieses Regime als eine sozialistische Demokratie loben und Dubček als den ›Verräter am Sozialismus‹ brandmarken müssen – oder eben schweigen.«[3] Woslensky meinte auch, Swetlanas Rückkehr sei für die Sowjetführung ein »Geschenk des Himmels«.

Vier Wochen Moskau sind genug

Nach der anfänglichen Freundlichkeit erhöhten die Behörden bald den Druck auf Swetlana. Sie wollten wissen, wie es mit Olga weitergehen solle. Sie durfte auch keine doppelte Staatsangehörigkeit besitzen. Doch Olga war von Geburt Amerikanerin und besaß einen englischen Pass. In der Sowjetunion wollte man das nicht. Gregorij Morosow räumte ein, dass dies eine ernste Lage sei. Wenn er zu viel für sie unternommen hätte, hätte er dafür büßen müssen, und das wollte er nicht. Der ganze Prozess der Einbürgerung, der normalerweise monatelang dauerte, war dann plötzlich in drei Tagen entschieden. Am 1. November 1984 war alles erledigt. Das war eine unglaubliche Geschwindigkeit.

Von der Schulministerin erhielt Swetlana die Auskunft, dass es für Olga keine englischen Bücher gebe und diese nun anfangen müsse, Russisch zu lernen, und zwar sofort. Alle englischen Schulen seien inzwischen geschlossen worden. In der Chruschtschow-Ära hatte es ausländische Schulen gegeben. Doch danach mussten sie alle auf Anweisung von Breschnew[4] geschlossen werden. Schließlich fand Swetlana eine Lehrerin, die Englisch sprach und indische Studenten auf die Universität vorbereitete. Sie meinte, dass es für Olga besser sei, nicht in eine normale russische Schule zu gehen, das würde sie psychisch zu sehr belasten.

Außerdem entschieden die Behörden nach ein paar Wochen, dass Swetlana und Olga aus ihrem Hotel ausziehen mussten. Olga sollte in eine der besten Schulen, die auch ein Schwimmbad besaß, geschickt werden, und Swetlana sollte eine großartige Wohnung mit über 90 Quadratmeter bekommen. Das Haus war für die sowjetische Oberschicht und deren Familien gebaut worden. Für russische Verhältnisse war es das Beste, was man bekommen konnte. Olga war begeistert, doch es wäre ein Leben wie in einem Käfig geworden. Vor der Tür stand immer ein Bewacher. Swetlana schlug die Wohnung aus. Ihrer Tochter erklärte sie, dass die Wohnung für zwei Personen viel zu groß sei. Wenn sie alles annähme, was man ihr anbot, hätte sie einen Status, den sie nicht mehr wolle.

Swetlana hatte in Moskau viel Zeit für die Familie. In der Wohnung ihres Sohnes sah sie ihre alten Möbel, was sie sehr berührte, Sofa, Schreibtisch und Bücherregale mit ihren Büchern, alles, was sie in den 1950er- und 1960er-Jahren zusammengetragen hatte, ungarische Sessel, tschechische Möbel für das Gästezimmer und weiße Bücherregale, die nach Maß gearbeitet worden waren. Endlich bekam sie auch ihren 15-jährigen Enkelsohn zu Gesicht, der sehr dem Vater seiner Mutter Elena glich. Olga schenkte ihm die Sneakers und die Tasche von Adidas, die sie in Athen gekauft hatte. Doch er reagierte überhaupt nicht. Das schockierte Olga sehr, denn in Amerika hätte sich jedes Kind darüber gefreut und vielmals bedankt. Ilja verstand zwar etwas Englisch, aber er sprach kein Wort mit Olga. Er beherrschte auch gut das Französische, und obwohl Olga auch etwas Französisch konnte, entwickelte sich kein Gespräch zwischen ihnen.

Bei diesem Treffen gab es gutes Essen und Wodka und es ging fröhlich zu. Der Sohn erzählte allerdings, dass er an hohem Blutdruck und an Gastritis leide. Anschließend fuhren sie zur Datscha von Schukowka, wo Swetlana 1966 bis zu ihrer Abreise nach Indien gewohnt hatte. Gregorij Morosow, Swetlanas geschiedener erster Ehemann, war mit zur Datscha gefahren. Sie konnte mit ihm sprechen und wollte von ihm wissen, woher Ludmilla stamme, die weder Swetlana noch Gregorij gefiel. Er schüttelte den Kopf und sagte ihr, dass sein Sohn sie bei einem Saufgelage kennengelernt habe, nachdem ihn Elena mit dem Kind verlassen hatte. Osja habe damals wild zu trinken angefangen. Swetlana bot Ludmilla an, Mama zu ihr zu sagen. Über die Antwort »Das werden wir noch sehen« war Swetlana sehr erstaunt. Sie verstand, dass die Schwiegertochter ihr eigentlich sagen wollte: »Wir werden auch ohne dich auskommen.«

Wie Galja, die einzige Tochter von Jakow Dschugaschwili, bestätigt, haben sich Mutter und Sohn bestimmt 15-mal gesehen.[5] Doch Swetlana behauptete später, dass sie ihn nur einmal besucht habe. Swetlanas Stimmungsschwankungen waren allmählich gefürchtet. Wie konnte es sein, dass eine liebende Mutter beim geringsten Anlass über ihren Sohn Verwünschungen ausstieß? Nach einem Streit mit ihm forderte sie von den Behörden, dass man ihn auf die Insel Sachalin verbannen solle.[6] Wenn sie genug Macht hätte, würde sie mit ihrem Sohn abrechnen, »wie ihr Henker-Vater mit dem ganzen Volk abgerechnet hat«.[7]

Swetlana verbrachte in Moskau schöne Stunden mit ihren Cousins und Cousinen, die von ihrem Erscheinen begeistert waren. »Ich glaubte immer, dass sie wiederkommen würde«, sagte Sergej, »und wir waren glücklich, dass sie für einen Besuch von 1984 bis 1986 zurückkam: Für mich war es die Bestätigung meines festen Glaubens, dass sie eines Tages zurückkehren würde. Wir wollten sie alle so gerne wiedersehen.«[8] Er fügte aber noch hinzu, dass für die sowjetische Regierung ihre Rückkehr sehr nützlich war – wann immer ein Emigrant zurückkam, stärkte er damit das Regime. Als »großer Fisch« war Stalins Tochter gut für die Propaganda.[9]

Alte Freunde von Jurij Andrejewitsch Schdanow hatten sie in Moskau zum Mittagessen eingeladen. Und nicht nur sie, sondern auch Jurij, ihren zweiten geschiedenen Mann. Er sprach später noch mit einer beeindruckend festen Stimme sehr versöhnlich über seine einstige Ehefrau und bedauert seit damals, nichts mehr von ihr persönlich gehört zu haben.

Zu ihren Wurzeln – nach Georgien

Einige Tage später erhielt sie eine Einladung in die grusische Botschaft. Nach einem kurzen Gespräch wurde ihr erlaubt, nach Georgien zu ziehen. Am 1. Dezember 1984 flogen Swetlana und Olga nach Tbilisi. Olga war von ihrer Mutter schon vorbereitet worden auf Georgien, die es mit Kalifornien verglich, wo es keinen Winter gibt. In den ersten Tagen in Tbilisi wohnten sie in einer Gästeresidenz, und Olga fand ein gleichaltriges Mädchen, das auch gut Englisch sprach, Klavier spielte und sang. Das Schulministerium hatte kein Ultimatum gestellt, dass sie sofort in die Schule gehen müsse. So wurde sie erst einmal in einer Reitschule angemeldet, damit sie sich besser einlebe. Olga war eine sehr gute Reiterin, bekam einen eigenen Trainer, und man mochte sie dort.

Zur russischen Sprache, die sie lernen musste, kam nun noch das Grusische hinzu. Nach einem halben Jahr konnte sie sich schon in beiden Sprachen gut unterhalten, nach einem Jahr beherrschte sie beide fließend. Damit ging es ihr auch in der Schule besser. Sie erhielt Privatunterricht in Mathematik und lernte Malen. Die grusischen

Lieder gefielen ihr gut. Was man damals in den Schulklassen sang, singen auch heute noch die Kinder der ersten Schulklassen: Ein Loblied auf Stalin, dessen Text ein Gedicht von diesem selbst ist: »Blühe auf, du mein schönes Land, gedeihe wohl, iberische Erde, und du, Georgier, lerne mit Eifer, deinem Vaterland zur Freude« (1895).[10]

In der ihnen zugewiesenen »Residenz« wohnten sie einen Monat und dann beantragte Swetlana eine eigene Wohnung. Nun war das Leben für sie wieder in Ordnung. Wie ihre Cousine Kira erzählt, war das Haus voll eingerichtet mit teuren Möbeln und Lüstern. Doch Swetlana ließ alles herausnehmen. Sie wollte sich bei niemandem bedanken müssen. Sie kaufte neue Möbel und richtete sich nach ihrem Geschmack ein. Als man ihr eine Haushaltshilfe anbot, lehnte sie ab; denn sie hatte Angst, bespitzelt zu werden. Lediglich einen Chauffeur akzeptierte sie, der anscheinend ganz nett, aber sehr neugierig war.

Nach acht Monaten Aufenthalt in der Sowjetunion bekam Swetlana im Juni 1985 endlich einen Brief von ihrer damals schon verwitweten Tochter Katja. Swetlana wollte sie gerne in Moskau treffen, aber ihre Tochter wollte das nicht. Mit großer Aufregung öffnete Swetlana den Brief ihrer Tochter, und heraus kam ein kleines Stück Papier, das mit der ihr bekannten Kinderschrift ihre erwachsen und fremd gewordene Tochter beschrieben hatte. Sie werde ihrer Mutter nicht verzeihen, sie werde ihr nie verzeihen. »Ich will dir nicht verzeihen!« Sie wünsche keinen weiteren Kontakt mit ihr. Am Ende des Briefes stand »dixit« (»Ich habe gesprochen!«, gewissermaßen: Das ist mein letztes Wort!). Darüber musste Swetlana allerdings lachen. Sie saß lange da mit dem Brief in der Hand. Das hatte sie von Jekaterina nicht erwartet, denn sie hatte ihre Tochter sehr geliebt.

Den ganzen Sommer 1985 verbrachte Swetlana mit Olga mit verschiedenen Kuren am Schwarzen Meer. Sie wollte der jüngsten Tochter zeigen, wo sie sich selbst als Kind oft aufgehalten hatte. Sie trafen sich auch öfter mit Familien von Politikern.

Olga hatte von klein auf Klavierunterricht und dies sollte nun in Georgien weitergeführt werden. Ihre Mutter machte sich auf die

Suche nach einer Lehrerin. Ihr war die Pianistin Leila Sikmaschwili in Tbilisi empfohlen worden. Bei dieser läutete eines Abends ziemlich spät das Telefon und eine weibliche Stimme meldete sich mit Swetlana Stalina. Da Leila es vom Theater gewohnt war, dass Schauspieler manchmal aus Übermut sich mit irgendeinem Namen am Telefon meldeten, legte sie den Hörer auf. Der Anruf wiederholte sich, und Leila legte wieder auf. Doch beim dritten Anruf bat dann die weibliche Stimme, sie möge nicht auflegen, sie sei wirklich Stalins Tochter Swetlana. Das Erstaunen war groß, denn Leila wusste überhaupt nicht, dass Swetlana wieder im Land war. Leila nahm an, sie solle nach Moskau kommen, um dort Olga zu unterrichten. Swetlana klärte sie dann auf, dass sie in Tbilisi wohnte. Leila nahm die Stelle an, bekam das übliche Honorar einer Klavierlehrerin und hatte zweimal wöchentlich Unterricht zu geben. Zu ihrem Erstaunen kochte Swetlana jedes Mal, wenn Leila kam, und sie speisten zusammen. Leila fand das »amerikanische Kind« zauberhaft.[11]

Swetlana und ihre Tochter unternahmen auch einen Ausflug nach Gori, der Geburtsstadt Stalins. Das dortige Stalin-Museum hatte 1984 über eine Million Besucher, ein absoluter Rekord in der Museumsgeschichte. Olga war entsetzt, als sie vor dem ursprünglichen Wohnhaus ihrer Großeltern stand. Sie hatte noch nie in ihrem Leben »eine solch skandalöse Armut gesehen«, eine Hütte, die von der Größe mit einem Hühnerstall vergleichbar war. Sie sah, dass es dort nur ein Bett und einen Tisch gab. Die einstöckige Backsteinhütte war zum Schutz von Witterungseinflüssen und ad maiorem gloriam mit einer Säulenhalle überdacht worden. Im Zuge der Entstalinisierung wurde das Museum 1989 geschlossen und dümpelt heute vor sich hin.

Rückkehr in die Vereinigten Staaten

1986, an ihrem 60. Geburtstag, fühlte sich Swetlana derart niedergeschlagen, dass sie sich selbst dafür verfluchte, nach Russland zurückgekehrt zu sein. Nach nur 18 Monaten war der Traum von einem beständigen Leben in Georgien ausgeträumt. Sie konnte sich nicht daran gewöhnen, ständig als »die Tochter Stalins« beobachtet zu werden. Sie hatte eine starke Ablehnung ihrer Person zu spüren bekommen, selbst wenn sie mit ihrer Tochter in die Kirche ging. Das Andenken an ihren Vater als den Bezwinger Hitlers wurde hochgehalten und ihr nie verziehen, dass sie 1967 nicht nach Moskau zurückgekehrt war. Swetlana konnte das nicht mehr ertragen und dies wirkte sich auch auf ihre physische Gesundheit aus.

Swetlana setzte nun wieder einmal alle Hebel in Bewegung, dass man ihr die Ausreise aus der UdSSR erlaube. Schon Ende 1985 schrieb sie an Gorbatschow[12], der nach dem Tod Tschernenkows Staats- und Parteichef geworden war.

Mitte März fuhr Swetlana mit Olga nach Moskau. Sie wollte endgültig wissen, wann Olga nach England abreisen dürfe; denn sie sollte bis zum 16. April wieder in der Schule sein. Der Direktor der ehemaligen Schule hatte die Wiederaufnahme zugesagt. Dazu brauchten sie einen neuen Pass; und wieder gingen Mutter und Tochter zum Konsulat. Am 14. März hatte Swetlana einen zweiten Brief an Gorbatschow geschrieben und die beiden Anträge auf Ausbürgerung beigelegt. Sie sandte das Schreiben mit einem Kurier nach Moskau, »der Gott sei Dank nicht wusste, was in dem Briefkuvert war«.

Nun bekam sie endlich einen Anruf von »ganz oben« mit der Mitteilung, dass Olga ausreisen könne. Aber zu ihrem eigenen Antrag erfuhr sie kein Wort. Als alle Papiere für Olga fertig waren und diese mit ihrem russischen Pass nach England fahren durfte, sagte ihre Mutter dazu nichts, damit sich Olga nicht verunsichert fühlte. Beim Packen der Koffer ihrer Tochter ging es ihr schlecht. Sie hatte extrem hohen Blutdruck und musste für zwei Tage ins Krankenhaus.

Als die Behörden in Moskau von dem Vorfall erfuhren, wurde angeordnet, dass Swetlana nicht reisen dürfe. Erst nach einer zwei- bis dreiwöchigen Beobachtungszeit käme das infrage. Swetlana empfand dies als eine Taktik von denen da oben, die sie gerne wie eine »Fliege im Spinnennetz« halten würden.

Völlig unerwartet rief Swetlanas Sohn an. Sie hatte seine Stimme nun schon seit langer Zeit nicht mehr gehört. Man hatte ihm wohl erzählt, dass seine Mutter im Sterben liege. Darauf reagierte sie ziemlich ungehalten, denn ihr fiel die offensichtlich enge Zusammenarbeit zwischen Josef und dem KGB sofort auf. Sie fuhr ihn an: »Willst du mich schon beerdigen? Nein, noch ist es nicht an der Zeit.« Damit war das Gespräch beendet. Für sie war es eine erneute Bestätigung dafür, dass der KGB ihren Sohn damals benutzt hatte, sie nach Russland zurückzuholen. Er hatte wohl auch jetzt den Auftrag, ihr gut zuzureden. Das sollte ihr aber nicht noch einmal passieren. Sobald es ihr besser ging, fuhr sie erneut nach Moskau, um ihr Anliegen voranzutreiben.

Als Swetlana im Hotel »Sowjetskaja« in Moskau ankam, hatte sich die Weltpresse schon auf sie eingeschossen. Swetlana wiederum hatte alle Freunde mobilisiert, ihr bei der Ausreise zu helfen. Das russische und das amerikanische Konsulat hatte sie eingeschaltet und immer wieder aufgesucht. Da rief auf einmal ganz unerwartet Herr N. an und sagte mit eiskalter Stimme: »Ihrer Bitte wird stattgegeben. Sie können Ihre Sachen packen und ins Ausland abreisen. Aber bevor Sie abreisen, werden Sie an höchster Stelle empfangen werden.« Nun keimte in ihr die Hoffnung, Gorbatschow persönlich zu treffen, der ihr recht liberal erschien und auf den die Menschen große Hoffnungen setzten.

Anlässlich eines Gespräches in London sagte Swetlana einmal: »Moskau soll mein Vaterland sein, doch als ich 1984 zurückkam, empfand ich das nicht so. Ich mochte den Kreml nie. (…) Ich hasse Russland. Ich fühle mich als Weltbürgerin.«[13]

Swetlana hatte Kontakt aufgenommen mit Robert Graves, einem früheren guten Bekannten in Spring Green in Wisconsin, wo sie vor 16 Jahren während ihrer Ehe mit Wesley Peters gelebt hatte und wo Olga immer gerne gewesen war. Graves hatte ihr einmal angeboten, ihr dort ein kleines Haus bei einer alten Farm zu vermieten. Sie erzählte Graves nun, dass sie in die USA zurückkehre, und fragte ihn, ob sie dieses Haus für den Sommer bekommen könne. Graves zeigte sich überhaupt nicht überrascht. Er wollte dafür sorgen, dass sie jemand am Flughafen in Chicago abholte. Swetlana hatte Graves erklärt, dass sie Amerika verlassen musste, um zu begreifen, welch »wundervolles Land« es ist.[14]

Von Moskau aus ging der Flug zunächst nach Zürich. Dort erwartete sie eine nette Überraschung. Sie traf einen Agenten der Swissair, der ihr beim Umsteigen nach Chicago half. Das war von Moskau aus arrangiert worden. Vor 20 Jahren war sie schon einmal hier gewesen, und so gingen ihr nun viele Erinnerungen durch den Kopf. »Ja, die Schweiz, das ist ein Wunderland!«

Wie versprochen, wurde sie in Chicago abgeholt und zu dem Haus auf jener baufälligen Farm am »Ende der Welt« gebracht. Das Leben ging weiter. Swetlana genoss das Glück, die Schönheit des Frühlings zu erleben. Aus England kam ein Brief von Olga, die sich freute, wieder unter ihren Klassenkameraden zu sein. Eineinhalb Jahre war sie weg gewesen, aber sie durfte wieder in ihre alte Klasse zurück.

Auch die Presse in Amerika suchte nach der Zurückgekehrten. Doch das kleine, freundliche Spring Green mit seinen 1500 Einwohnern verriet sie nicht. Swetlana gab nur ein einziges Interview, und zwar einem früheren Moskau-Korrespondenten. Auf seine Frage, warum sie sich in Moskau so abfällig über die USA geäußert hatte, antwortete sie, dass mit ihr ein »schmutziges Spiel« getrieben worden sei. Ihre positiven Aussagen über ihr amerikanisches Gastland seien völlig verdreht wiedergegeben worden. Zur politischen Lage meinte sie, dass Gorbatschow einen ernst zu nehmenden Friedenswillen habe, unsicher sei jedoch, was sein Beraterstab wolle. »Ist es da überraschend, dass ich in die USA zurückgekehrt bin?«[15]

Im Sommer kam Olga aus London zu Besuch. Auch sie gab ein Interview: für die kleine Zeitung *pressa evansvilla*, die 1911 von ihrem Großvater Frederik Romer Peters gegründet worden war. Der Name des Blättchens erinnerte an seinen Geburtsort Evansville

18 *Architekt Wesley William Peters mit seiner Tochter Olga in Spring Green*

in Indiana. Olga hatte versprochen, exklusiv für diese Zeitung etwas zu sagen, und außerdem wurde sie nach Evansville zu Verwandten gebracht. Swetlana hoffte, dass auf Olgas amerikanischen Großvater hingewiesen werden. Die Zeitung schrieb allerdings nichts darüber, sondern neben Olgas Foto: »Enkelin von Stalin«. Das machte sie wütend.

In diesem ersten Sommer besuchte Swetlana viele ihrer Freunde, die nicht verstanden, warum sich Swetlana ausgerechnet ein solches Provinznest zum Leben ausgesucht hatte. Doch Swetlana war sehr gern dort und erstand bald ein kleines Jagdhaus. Trotz aller Beteuerungen, dass sie nun in Amerika leben wolle, blieb sie nicht lange dort. Irgendeine Unruhe schien sie immer zu treiben. Um 1990 beschloss sie völlig mittellos, nach England zu reisen.

Swetlana Allilujewa, die Weltbürgerin

Ich wollte ein kosmopolitisches Leben in
Amerika oder in England führen.[1]

Noch immer im Rampenlicht

Über ihr erneutes Leben in England, hat Swetlana selbst nichts aufgezeichnet. Doch im Mai 1992 rauschte eine sensationelle Meldung
durch den Blätterwald: »Lana Peters, einst bekannt als Swetlana
Stalin, Tochter des Despoten Josef Stalin (…) lebt nun in einem
Armenhospiz in London.«[2] Ein Zeitungsreporter, der die 66-jährige
einsame Frau dort aufgespürt hatte, berichtete von einem Heim an
der Ladbroke Grove, einer nicht sonderlich gepflegten Gegend im
Westen von London. Ein Interview lehnte die verärgerte Swetlana
strikt ab. Andere Hausbewohner verweigerten ebenfalls jeden
Kommentar zu der Frau, die offensichtlich endlich ihre Ruhe haben
wollte.

Das Heim galt als ein Zufluchtsort für alle, die nicht mehr weiter-
wussten, oft auch für einsame Menschen mit psychischen Proble-
men. Die Kosten für das kleine Zimmer ohne Nasszelle und die
Verpflegung betrugen 132,60 Pfund pro Woche. Wie alle anderen
Bewohner musste sich Stalins Tochter am Kochen, Saubermachen
und Einkaufen beteiligen. Als sie um Aufnahme in das Heim bat,
kannte der Direktor Swetlanas Identität nicht. Sie war für ihn eine
Frau in Not und damit stand ihr das Heim offen.

Im Jahr 1994 gelang es dem russischen Fernsehjournalisten
Michail Leshchinskij Swetlana zu einer Filmdokumentation zu
überreden: »Die Kreml-Prinzessin«. Das Filmteam bot ihr an, im
Hotel zu wohnen, doch die lehnte dies ab. So wurde sie morgens
zum Frühstück in ihrer Wohnung abgeholt und blieb den ganzen

Tag mit den Fernsehleuten zusammen. Für ihre Mitwirkung nahm sie keinerlei Honorar an, freute sich aber über kleine Geschenke aus Russland: Wodka und Kaviar. Sie betonte immer wieder, dass sie völlig unabhängig bleiben wolle und deshalb an einem Honorar nicht interessiert sei. Das erstaunt, denn sie lebte von der monatlichen Zuwendung eines von ihr nicht namentlich genannten Gönners.

Der Film zeigt eine stille, in sich gekehrte Frau, die nachdenklich über ihr Leben spricht, über ihre Wünsche und Hoffnungen: »Das Leben eines gewöhnlichen Menschen werde ich nie führen. Denn es steht sozusagen auf meiner Stirn geschrieben, alle wissen, wer ich bin, was ich bin. Und ich kann mich nicht, ich werde mich nie von meinen Eltern lossagen, verstehen Sie. Ich werde niemals behaupten, ich hätte keinerlei Beziehung zu ihnen. Das ist schon so eine Art Schicksal. Man muss sein Kreuz irgendwie tragen.«[3]

Michail Leshchinskij informierte Swetlana, dass dieser Film in Russland gezeigt werden würde, und fragte sie, ob sie den Menschen in ihrem Vaterland etwas sagen wolle. Doch Swetlana richtete ihren Blick ins Weite, begann zu weinen und schwieg. Sehr eindrucksvoll sind in dem Film die Aussagen ihres damals 56-jährigen Sohnes Josef, Arzt in Moskau. »Im Ganzen tut mir meine Mutter leid, aber sie hat ihr Leben selber kaputt gemacht.«[4]

Dann wurde es wieder ruhig um die Stalin-Tochter, bis sie im Februar 1996 erneut ins Rampenlicht der Weltöffentlichkeit gestellt wurde, ausgelöst durch Padre Garbolino, einen Priester, gebürtiger Piemonteser mit amerikanischem Pass, der ihr als geistlicher Berater zur Seite gestanden hatte, als sie 1967 in die USA emigriert war.

Der große Exklusivbericht der italienischen Zeitschrift *Chi* darüber, dass Stalins Tochter in ein Kloster eingetreten sei, veranlasste alle angesehenen internationalen Tageszeitungen (von der *Times* in England bis zu *USA Today* in Amerika), dieses Thema aufzugreifen. Der *Corriere della Sera* vom 2. Februar 1996 erschien mit der Überschrift auf der Titelseite: »La figlia di Stalin si è fatta suora: è in convento in Italia.« Die *Times* brachte am 8. Februar 1996 unter der Rubrik European News die Schlagzeile »Stalin's daughter seeks sanctuary by taking the veil – Svetlana hopes to atone for sins of atheist father who slaughtered millions of Soviet citizens« – Swetlana hofft, für die Sünden ihres Vaters, der Millionen von Sowjetbürgern abgeschlachtet hat, büßen zu können. Swetlana lebe in einem Kloster, lautete auch eine dpa-Meldung, doch der Name des Klosters wurde nicht genannt.

Die Suche nach dem rechten Glauben

Swetlana war tatsächlich in ein Kloster eingetreten, doch nicht um für die Sünden ihres Vaters zu büßen. Swetlana war ein Leben lang eine Suchende nach dem rechten Glauben; sie hoffte, durch die Religion innere Freiheit zu finden. Allzu oft einsam und als Tochter eines zum Monstrum erklärten Tyrannen geächtet, suchte Swetlana Anschluss an die Kirche. Die Religion wurde für sie lange Zeit zu einem Halt. Doch ihre religiösen Überzeugungen wechselten mehrfach: In Moskau war sie russisch-orthodox, in Indien fühlte sie sich stark vom Hinduismus angezogen, während ihres Aufenthaltes in der Schweiz sympathisierte sie mit dem römischen Katholizismus, in Amerika entdeckte sie die Christian Science. Den Protestantismus lernte sie in seinen verschiedenen Ausprägungen kennen von den Quäkern, den Presbyterianern, den Anglikanern bis zu den Lutheranern, denen ihre deutschen Vorfahren angehört hatten. In den Vereinigten Staaten wandte sich Swetlana dann auch erneut der römisch-katholischen Kirche mit ihrem Mystizismus und der Schönheit jahrhundertealter Traditionen zu, und in England konvertierte sie schließlich.

Im Mai 1962 hatte Stalins Tochter in Moskau den Entschluss gefasst, sich russisch-orthodox taufen zu lassen. Die Taufe selbst hatte in aller Heimlichkeit in der Bolschoi-Kathedrale des Donski-Klosters stattgefunden. Swetlana wurde allerdings nicht ins Taufregister eingetragen, denn Vater Nikolaj wusste zu genau, dass sowohl Swetlana als auch er gegen das Parteistatut verstießen, und er wollte weder sich noch das Kloster in Gefahr bringen. Nun war sie aufgenommen in die Gemeinschaft der Millionen Gläubigen auf Erden. Nach der Taufe schenkte Vater Nikolaj ihr ein kleines Gebetbuch und lehrte sie die einfachsten Gebete.

Unter dem starken Eindruck ihrer Taufe und durch die Hinwendung zum Christentum blieb es nicht aus, dass sie nun das Leben ihres Vaters mit anderen Augen betrachtete. Einen wichtigen Satz aus dem Gespräch mit dem Priester konnte sie nicht vergessen: »Urteile nicht über deinen Vater. Das Gericht des Höchsten hat sich an ihm vollzogen. Zu Lebzeiten war er zu hoch gestiegen, und jetzt ist von seinem Ruhm nichts mehr übrig geblieben. Der Herrgott schlichtet und korrigiert das Falsche; du darfst es nicht tun, du bist die Tochter (…).«[5]

20 Jahre später fand Swetlana in England sehr viele gute Freunde, die durchweg Katholiken waren. Und das führte schließlich zu einem Schritt, der sie schon viele Jahre innerlich bewegt hatte. Am 13. Dezember 1982 konvertierte sie zur römisch-katholischen Kirche.

Das tatsächliche Geschehen um den Klostereintritt im Jahr 1996 kam erst ans Tageslicht, als sich Padre Garbolino entschloss, aus einigen geheim gehaltenen Briefen, die ihm Stalins Tochter geschrieben hatte, Veröffentlichungen zuzulassen, und zwar weltexklusiv im italienischen Wochenblatt *Chi* im Februar und März 1996.[6]

»Meine briefliche Beziehung zur Tochter Josef Stalins besteht schon lange, nämlich seit 1966«, ließ sich der Padre vernehmen. »Ich durfte ihr Leben verfolgen seit dem Augenblick der größten Schwierigkeiten, also seit jener Zeit, als sie noch Atheistin war und verzweifelt nach dem Glauben suchte, seit jener Zeit, mithin fast 30 Jahren, als in ihr die Entscheidung reifte, sich einem Leben des Gebetes in den Mauern eines Klosters zu widmen. Ich habe diese Nachrichten bis heute verschwiegen, weil jene Swetlana mir in

19 *Ausschnitt aus einem Brief Swetlanas an ihren Beichtvater Padre Giovanni Garbolino*

einem ihrer Briefe geschrieben hatte: ›Sage kein Wort darüber zu niemandem: Ich möchte die Geschichte des Saint Joseph Convents geheim halten, weil ich nicht will, dass neugierige Leute mich ausfindig machen.‹«

Der Padre, der mit dem italienischen Journalisten Alfonso Signorini sprach, rechtfertigte sich damit: »Wenn ich heute entschlossen bin, den Inhalt jener Briefe der Öffentlichkeit zu übergeben, geschieht das nur deshalb, weil ich weiß, dass es Swetlanas Zustimmung finden wird.«

Padre Garbolino zeigte dem Journalisten die etwa 100 Briefe, die Swetlana ihm im Laufe der Jahre geschrieben hatte; sie belegen die Geschichte einer leidenden Seele durch alle Zweifel bis zur Gewissheit des Glaubens. Die Veröffentlichung ihrer Briefe durch den Pater hat Swetlana jedoch nicht gutgeheißen, sondern zutiefst getroffen.

Sie hatte dem Padre im Juli 1993 geschrieben, dass sie in den Convent Saint Joseph eingetreten war und damals gerade das Vornoviziat, das drei Monate dauern sollte, begonnen hatte. Sie schrieb:

»Zu meinem Orden, der vor zwölf Jahren von Schwester Catherine Mulligan gegründet wurde, gehören Frauen, die ihre Berufung erst in reiferem Alter erlebt haben. So sind hier die Ordensregeln. Der Orden ist noch ein ›Baby‹, was Erfahrungen betrifft. Der Heilige Vater hat unsere Statuten genehmigt und ist erfreut über die Initiative. Hier soll auch ein Kloster für alte Männer von

40 bis 60 Jahren und älter entstehen. Wir nennen uns CMMC –
Congregation of Mary, Mother of the Church. Der Konvent ist
nicht in London, sondern im grünen, lieblichen County Waricks-
hire in der Nähe der kleinen Stadt Rugby, dort, wo dieses komi-
sche Fußballspiel entdeckt wurde (…).«

Allmählich entwickelte sich in Swetlana die Vorstellung, dass sie ihr
religiöses Leben in Italien verbringen wollte. Sie hatte dafür Hilfe
beim Kardinal von Turin erbeten mit der Bitte, ihren Wunsch an
den Vatikan weiterzuleiten. Doch sie bekam keine Antwort. Im
Sommer 1993 schrieb sie nach Italien: »In diesem Kloster gibt es
wenig Ruhe, wir sind ständig beieinander. Alle Schwestern sind lieb
zu mir, aber ich möchte etwas mehr Ruhe und Besinnung haben.
(…) Alle diese alten Frauen verbrachten ihre Tage am Telefon und
telefonierten mit ihren Kindern oder Enkeln, weihten sie wirklich
ihr Leben Christus?«
An Pater Garbolino schrieb Swetlana: »Ich sehe nicht, wie ich jetzt
mein Ziel in Italien erreichen kann; ich bin überzeugt, dass ich nur
dort, in einem alten Konvent, mich wirklich mit Gott vereint fühlen
werde.« Sie nahm ihre Koffer und verließ das Kloster.
Und der Trost des Glaubens, wollte der Padre von Swetlana wissen?
»Ich hasse die Religion«, war die Antwort. Dabei blieb die Tochter
Stalins. »Davon habe ich nur allzu viel gehört. Ich bin nicht mehr
eine ergebene Katholikin wie vor drei Jahren. Ich brauche die Kir-
che nicht, ebenso wenig einen Priester. Gott ist hier, an meiner
Seite. Und ich kann gut allein sein.«
Swetlana entschied sich 1998 für eine Rückkehr nach Wisconsin.
Dort wollte sie von nun an mit ihrer Tochter Olga leben. Swetlanas
Kommentar zur Rückkehr:

»Ich passte nicht in die amerikanische Kultur, doch ich wollte
selbst dorthin, somit hatte ich mit dieser Kultur zu leben und
Englisch zu sprechen. Ich erzog meine Tochter in perfekter amerikanischer Manier, doch es gab viele Dinge, die mir nicht gefielen. (…) Die Kategorisierung – wir sind die Besten, unser Weg ist

der beste – impliziert, dass wir alle unseren Weg gehen müssen und so leben und diese Hamburger auf dem Barbecue im Garten grillen und dazu Kartoffelchips essen müssen. Was passiert, wenn ich das nicht mag? Und ich bin traurig, wenn die [amerikanische] billige Plastikkultur der Hamburger und von Coke von Ländern mit eigener schöner Kultur importiert wird. Da könnte ich heulen: Indien oder die arabische Welt, oder Afrika, oder sogar England mit seiner eigenen Tradition.«

Sie setzte hinzu: »Ich wollte ein kosmopolitisches Leben in Amerika oder in England führen. Englisch sprechende Länder geben mir Neutralität.«[7]

Zurück nach Wisconsin

Es war also Swetlanas Wunsch, nun endlich mit ihrer Tochter zusammen in Spring Green, Wisconsin, leben zu können. Olga war 1985 nach dem Debakel in Georgien zu ihrem früheren College nach England zurückgekehrt. Mit 21 Jahren hatte sich Swetlanas »amerikanisches Kind« Olga in England mit einem jungen Mann aus Wales verheiratet und nannte sich fortan Chrese Evans. Ihr Studium hatte sie abgebrochen und nun arbeitete sie als Mannequin, Fabrikarbeiterin und Hypothekenberaterin in England. Glücklich wurde sie nicht in ihrer Ehe. Schon zwei Jahre nach der Hochzeit erfolgte die Scheidung. Sie kehrte nach Wisconsin zurück, wo sie immer gerne gewesen war. Olgas geliebter Vater Wesley Peters war am 17. Juli 1991 verstorben. Die Trauerfeier fand am 20. Juli in der St. John's Catholic Church in Spring Green, Wisconsin, statt. Olga konnte daran nicht teilnehmen, weil sie damals noch in London lebte. Doch ihr Vater hat ihr so viel Geld hinterlassen, dass sich Olga in Spring Green ein Haus kaufen konnte.
In *Life* war im Januar 1996 der Artikel »All in the Family« von Robert Sullivan erschienen. Die Fotos von Gerard Rancinan zeigen Personen mit ihren berühmten Vorfahren. Bei manchen ist die

Ähnlichkeit frappierend, bei anderen wiederum kaum. In diesem Reigen ist eine bildschöne junge Frau zu sehen: Chrese Evans – die Enkeltochter von Josef Stalin. Sie erzählte:

»Ich bin gerade vierundzwanzig, aber manchmal denke ich, ich lebe schon viel länger. Ich bin glücklich. Ich bin eine Künstlerin – eine Malerin und Bildhauerin – und verdiene zusätzlich Geld als Bedienung. Meine Mutter kommt in meinen Gemälden vor, und zwar das Wesentliche von ihr. Sie ist jetzt 69 (…) – wir telefonieren fast jeden Tag. Mein Großvater hat sie angebetet. Sie kann es kaum glauben, die Ähnlichkeit zwischen ihm und mir – die Wutanfälle, das Durchsetzungsvermögen, den starken Willen. Ich habe sogar seine zerdrückte Kartoffelnase. Es schmeichelt mir, auszusehen wie er. Mir gefällt mein Familienstammbaum. Die Leute fallen aus allen Wolken, wenn sie in meinem Wohnzimmer überall Fotos von Stalin sehen.«[8]

Ab 1998 wohnten Mutter und Tochter zusammen, was für Olga eine schwere Hypothek war. Brandoch Peters, der ebenfalls in Spring Green lebt, Olgas Stiefbruder, spricht mit großer Hochachtung von ihr. Er hält sie für eine sehr intelligente und künstlerisch begabte, äußerst liebenswürdige junge Frau. Doch die Mutter nahm ihr jeden Freiraum. Die häusliche Idylle trog und es kam zu einem irreparablen Zerwürfnis. »Es ist sicher nicht übertrieben, wenn man das Zusammenleben von Mutter und Tochter als wahre Tragödie für Olga bezeichnet«, so Brandoch Peters.[9]
Schließlich trennten sich die Wege von Mutter und Tochter. Olga verkaufte das Haus in Spring Green, Wisconsin, und zog mit ihrem Lebensgefährten in einen anderen Bundesstaat. Der 77-jährigen Mutter blieb nichts anderes übrig, als in ein Altersheim zu gehen. Für ihren Lebensunterhalt kam der amerikanische Staat auf.
Swetlana gab viele Jahre keine Interviews mehr. Doch 1998 traf sich die 72-jährige Swetlana Allilujewa in New York mit Artem Borovik, einem in Russland sehr bekannten und hoffnungsvollen Journalisten, der zwei Jahre später bei einem Flugzeugabsturz im März 2000

ums Leben kam.[10] Gleich zu Beginn bat ihn Swetlana, sie nur mit dem Vornamen und unter keinen Umständen mit ihrem Familiennamen anzusprechen. Borovik empfand die alte Dame »als klug, energisch mit einem absolut wachen Geist. Je älter sie wird, desto deutlicher tritt die äußere Ähnlichkeit mit ihm (ihrem Vater) hervor.«[11] Dieses Interview unterscheidet sich von allen anderen darin, dass der von Swetlana sonst stereotyp vorgetragene Satz, den sie wie einen Schutzschild vor sich hertrug, nicht mehr darin vorkommt: »Ich lebe im Schatten meines Vaters.«

Ein Blick zurück

*Das Beste, was ich je in meinem Leben
gemacht habe, war, die UdSSR verlassen zu
haben.*[1]

Persönliche Begegnung

Mein großer Wunsch war es, die Zeitzeugin Swetlana persönlich kennenzulernen. Bei meinen Besuchen in Moskau konnte ich von Swetlanas Verwandten zwar mehrere Telefonnummern bekommen, aber
sie waren nicht mehr aktuell. In unregelmäßigen Abständen telefonierte Swetlana mit ihrer Cousine Kira und ihrem Cousin Aleksander
Burdonskij, einem Schauspieler. Er bewunderte seine Cousine, dass
sie es 1967 fertiggebracht hatte, »die Tür hinter sich zuzuschlagen«.[2]
Mein nächster Versuch, Swetlana doch noch aufzuspüren, war
dann, Brandoch Peters, den Stiefsohn von Swetlana, in den USA zu
suchen. Möglicherweise wohnte er noch immer in Spring Green,
Wisconsin. Swetlana hatte den 30-jährigen Sohn Brandoch ihres
verwitweten Mannes 1970 kennengelernt, der ihr ausführlich von
seinen Lebensträumen erzählte. Er war ausgebildeter Cellist, besaß
ein Diplom der Juilliard School in New York und hatte auch schon
im Orchester des Bayerischen Rundfunks in München gespielt.
Doch dann entschloss er sich, Farmer zu werden. Swetlana, die
damals über viel Geld verfügte, finanzierte ihm und seinem Vater
1970 eine Farm in Spring Green.
Tatsächlich wohnt Brandoch bis heute auf dieser Farm und es kam
zu einem sehr ausführlichen Telefongespräch. Leider musste er mir
mitteilen, dass Swetlana zwar lange Zeit in Spring Green gewohnt
habe, aber vor einigen Monaten diesen Ort verlassen hatte, um in
ein Altersheim zu ziehen.

Da Brandoch Peters und Swetlana damals nicht auf gutem Fuß miteinander standen, konnte er mir nicht genau sagen, wohin sie gezogen war. Er nannte mir mehrere kleine Städtchen in der Umgebung von Spring Green, in die sie gezogen sein könnte. Ich durchforstete die entsprechenden Telefonverzeichnisse und stieß auf den Namen Lana Peters. Ich konnte mir zwar kaum vorstellen, dass Mrs Peters eine eingetragene Telefonnummer hatte, unternahm aber dann doch den Versuch, im Ort Richland Center, Wisconsin, anzurufen. Und tatsächlich erreichte ich sie dort.

Swetlanas erste Reaktion war ihr Hinweis, dass sie in Ruhe gelassen werden möchte, keine Interviews mehr gebe. Sie wollte außerdem wissen, wer ihre Telefonnummer preisgegeben hatte. Ich versicherte ihr, dass sie im Telefonverzeichnis stehe, was sie sehr ärgerte. Ich stellte mich ihr als Historikerin aus Deutschland vor und sagte ihr, dass ich sehr wohl von ihren deutschen Wurzeln wisse und dass ich auch schon in Wolfsölden gewesen sei, dort die Kirchenbücher eingesehen habe und den Lebenslauf ihrer Urgroßmutter gut kenne. Als sie dies hörte, freute sie sich und sie begann, mit mir Deutsch zu sprechen. Sie sagte mir ein Kindergedicht auf, das sie schon als Vierjährige von ihrer deutschen Kinderfrau gelernt hatte. Noch 2009 schrieb sie mir, sie wolle gerne noch mehr über das »Dorf« Wolfsölden hören. In ihren in englischer Sprache geschriebenen Briefen verwendete Swetlana immer wieder deutsche Wörter wie »Dorf«, »Schweinerei«, deutsche Grußformen und Zeilen aus Kinderliedern.

Damit schien das Eis gebrochen zu sein und schließlich war sie damit einverstanden, dass ich sie besuchte. Über Chicago flog ich nach Madison, und da mir Swetlana schon im Vorfeld gesagt hatte, dass in den kleinen Ort, in dem sie lebte, von Madison aus kein Zug oder Bus ging, war ich dann mit einem amerikanischen Leihauto fröhlich unterwegs nach Richland Center. Ich war tief gerührt, als mich Swetlana zur vereinbarten Zeit schon vor dem Haupteingang des Altersheimes erwartete. Auf der entsprechenden Hinweistafel stand zu lesen, dass dort auch Personen mit einem sehr geringen Einkommen Aufnahme fänden.

20 Nach jahrelangen Recherchen gelang es der Autorin, den geheim gehaltenen Aufenthaltsort Swetlanas ausfindig zu machen

Ich traf also mit Lana Peters zusammen, einer kleinen Dame, deren Verstand hellwach war, deren immer noch strahlend blaue Augen blitzten und die mich mit großer Herzlichkeit und Humor empfing. Insgesamt verbrachten wir vier unvergesslich schöne Herbsttage im Jahr 2004 zusammen. Sie erlaubte mir, Fotos zu machen und einige Aufzeichnungen mit der Videokamera. Wir unterhielten uns von morgens bis spät in die Nacht. Ich durfte Fragen stellen, die sie mir bereitwillig beantwortete. Nur einmal bekam Lana Peters einen heftigen Wutanfall. Ich hatte ihrer Meinung nach zu oft nach ihrem Vater gefragt. Sie schrie: »Fragen Sie mich nie, nie mehr nach meinem Vater.« Ihr größter Wunsch war, endlich als eigene Persönlichkeit erkannt und anerkannt zu werden. Sie werde das Gefühl nicht los, dass sich eigentlich niemand für ihren Lebenslauf interessiere, sagte sie. Ich konnte ihr versichern, dass mein Buch ihr Leben aufzeigen würde und nicht primär das ihres Vaters.

Ich fragte sie auch, warum sie ihre Heimat verlassen hatte. Swetlanas Kommentar: »Das Beste, was ich je in meinem Leben gemacht habe, war, die UdSSR verlassen zu haben.«

Als ihren größten Fehler, den sie in Amerika gemacht habe, bezeichnete sie ihre Scheidung von ihrem amerikanischen Ehemann, dem Architekten und Nachfolger von Frank Lloyd Wright, Wesley William Peters, den einzigen Ehemann, den sie wirklich geliebt habe. Ihre schlimmste Widersacherin sei die Witwe des berühmten Architekten Frank Lloyd Wright und zugleich Schwiegermutter des verwitweten Peters gewesen.

Am Ende ihres Lebens klingen ihre Worte bitter: »Ich hatte nie Geld. – Ich verdiente nur Geld mit meinen Büchern.« Simon Sebag Montefiore merkte zu Swetlanas Geldsorgen in seiner Stalin-Biografie lapidar an: »she made and lost a fortune with her beautiful written memoirs (…).«[3]

Swetlana erzählte mir weiter: »Mr Peters nahm mein Geld (er hatte unglaublich hohe Schulden, etwa US-Dollar 780 000). Er konnte mit Geld nicht umgehen. Ich zahlte diese Summe für ihn, weil er mein Ehemann war! 1973, zwei Jahre später, ließ er sich von mir scheiden. Das war eine solche Tragödie. Und zugleich eine ›Schweinerei‹, denn ein Mann sollte sich nicht so benehmen – es war doch gerade erst unsere Tochter Olga geboren (1971). Er war ein gesetzloser Amerikaner – sie machen, was sie wollen, und das auf der ganzen Welt.«

Ich befragte später Brandoch Peters zu Swetlanas Aussagen. Er nennt die erwähnte Schuldenhöhe viel zu hoch, weiß aber um die Tragödie dieser Scheidung. Seine Stiefmutter Lana und sein Vater Wesley seien wirklich ein glückliches Paar gewesen, doch Lana habe ihren Mann ganz für sich gewollt, was verständlich war, aber nicht machbar. Er habe in der Architektengemeinschaft leben müssen, sie habe auf ein privates Glück mit dem Ehemann und der Tochter gepocht.

Nach meiner Rückkehr aus Wisconsin entwickelte sich ein reger Briefwechsel mit Swetlana, die nicht angerufen werden wollte, weil sie Angst hatte, dass ihr Telefon abgehört würde. Am 2. November 2006 teilte sie mir mit, dass sie von Richland Center nach Spring Green umgezogen sei, ab 2009 kamen ihre Briefe wieder mit dem Absender Richland Center. Sie hatte damit über 40 Umzüge in ihrem Leben bewältigt.

Swetlana hatte einen feinen Humor, wie dies aus dem Weihnachtsbrief von 2006 hervorgeht: »Ich habe mir in einem Antiquitätenladen einen kleinen Engel gekauft, der ein verlorenes Schaf in seinen Händen hielt. Die Figur gefällt mir. Wenn ich auch kein Schaf bin, so bin ich doch sicherlich die Verlorene.«

Am 16. Juni 2007 schrieb sie mir aus Spring Green:

>»Wenn Sie einen Essay über mich schreiben (nach meinem Tod), würde ich mich freuen (bitte, bitte!), wenn Sie folgende Punkte herausstellten:
>
>1. Ich kam ohne jeden Penny in die USA und verdiente Geld mit meinen beiden Bestsellern. Dieses Geld war 1988 aufgebraucht, und meine Tochter, die intelligenteste meiner Kinder, bekam deshalb keine Collegeausbildung – sie musste seit ihrem 18. Lebensjahr (sie hatte die Schule in England verlassen) als Bedienung und Verkäuferin arbeiten (zuerst in England und dann in den USA).
>
>Auch habe ich nie, nie Millionen vom Geld meines Vaters (bei einer Schweizer Bank) geltend gemacht! Ich lebe heute (seit 1988) von der Wohlfahrt, und so war das auch in England (1990–1998). Ich bin so entsetzt über diese Lüge – und dies machte mich sehr, sehr unglücklich hier.
>
>Mein zweiter Wunsch: Ich möchte erwähnen, dass ich immer das indische Volk und die indische Kultur, Religion usw. geschätzt habe und dass ich nie um Asyl in den USA nachgesucht habe …
>
>– Ich kam in die USA und lebte hier, aber ich konnte nie deren ›Kultur‹ lieben.«

Die letzten Jahre

In diesem wenig geliebten Land musste Swetlana Ende 2008 einen schweren Schicksalsschlag verkraften. Ihr Sohn Josef Allilujew starb am Sonntag, dem 2. November 2008, im Alter von 63 Jahren in Moskau. Das berichtete das erste Programm des russischen Staatsfernsehens. Josef Allilujew, der als begnadeter Kardiologe galt, hat über 150 Artikel und Monografien über Herzkrankheiten veröffentlicht. Swetlana hatte immer gehofft, dass ihr Sohn sie eines Tages in den USA besuchen würde, doch dazu konnte er sich offensichtlich nicht durchringen. Swetlana hatte ihren Sohn und dessen Familie 1984 zum letzten Mal in Moskau gesehen.

Eine große Enttäuschung wurde für Lana Peters eine in den USA ausgestrahlte Fernsehsendung über ihr Leben. Sie schrieb mir am 15.9.2009:

> »Die Dokumentation mit Miss Lana Parshina war vor vielen Jahren, als ich in Spring Green wohnte. Wahrscheinlich 2006 oder so, als ich noch mutiger war. (…) Ein Ziel von Miss Parshina war, den Menschen Lügen über mich zu erzählen. Ich weiß nicht, was sie alles dem Interview noch beigefügt hat. Aber sie hatte sicherlich Zugang (nur sehr wenige Personen haben Zugang) zum Staatsarchiv in Moskau, das unter der strengsten Aufsicht der Geheimpolizei Russlands steht.«

Swetlana hatte immer das Gefühl, dass die russische Geheimpolizei mit ihr Kontakt aufnehmen wollte. Ihrer Meinung nach war dies auch der Fall, als man ihr diese junge Filmemacherin mit dem Namen Lana Parshina schickte, die sie in ihrem Zimmer im Seniorenheim in Richland Center fotografieren sollte. Auf diese Überraschung war Swetlana nicht gefasst gewesen.

Als der Beitrag am 18. April 2009 auf dem Wisconsin Filmfestival in Madison gezeigt wurde, wurde dem Publikum suggeriert, dass es sich um neue Aufnahmen handle, doch in Wirklichkeit wohnte Swetlana damals nicht mehr in Richland Center.

Warum sie damals diesem Interview überhaupt zugestimmt hatte, erklärte sie mir in einem langen Brief. Sie bat mich, nicht so naiv zu sein, all das zu glauben, was in dem Film zu sehen ist. Sie habe aus zwei Gründen zugestimmt, die Filmemacherin Parshina zu empfangen. Vor allem deren jugendliches Alter ließ sie annehmen, dass sie zur jungen russischen Generation gehöre, also der Generation, der auch Swetlanas Enkel angehören, und sie war neugierig, aus erster Hand zu sehen, was aus dieser Generation geworden sei.

Zum anderen wollte Swetlana Peters, dass endlich all die Lügen verschwänden, die sie als »Prinzessin im Exil« porträtierten, die im Luxus lebte, in einem Haus, das »sie sich selbst gebaut« habe, umgeben von Bodyguards. »Das sind die üblichen Kommentare über mich in der Presse – und so wollte ich, dass sie mein tägliches Leben im Seniorenappartement filmt und meine wirkliche Umgebung – anstelle all der Lügen. Doch das war absolut falsch. Miss Parshina fügte Lügen an Lügen. Das war ihr Ziel, ganz ohne Zweifel«, so Swetlana. Swetlanas Tochter Olga hatte ihre Mutter vor diesem Film gewarnt, den sie vor der öffentlichen Vorführung im Internet gesehen hatte. Doch da war die Ausstrahlung nicht mehr zu stoppen.

Swetlana bedauerte mir gegenüber diese stupide Zustimmung zum Interview zutiefst. Sie schrieb weiter: »Wir haben uns *nicht* als Freunde getrennt. Ich versichere Ihnen, sie konnte hier bei mir nur wenig filmen – doch später fügte sie aus anderen Quellen alles Mögliche dazu.« Schließlich schrieb Swetlana: »In meinem Fall ist deren Ziel, dass ich nach Russland zurückkomme, tot oder lebendig. Ich wäre lieber *tot*, als dorthin zurückzukehren – und Kamerad Putin wird dieses Ziel nie erreichen.«

Einige Monate vor ihrem Tod war Swetlana wieder einmal von einer Journalistin bedrängt worden. Sie gab ihr ein paar Auskünfte auf deren Fragen, bat aber dann, das Interview auf keinen Fall mit ihrer vollen Adresse zu veröffentlichen. Doch genau dies geschah, und wie mir ihr Stiefsohn Brandoch Peters mitteilte,

brach ein Sturm der Entrüstung unter den Zeitungslesern aus, die der Meinung waren, die alte Dame nun doch einmal in Ruhe zu lassen.

Kurz vor ihrem Ableben war ihre Tochter Olga bei ihr zu Besuch gewesen; obwohl es ihrer Mutter schon sehr schlecht ging, konnte sie nicht länger bleiben, da sie Angst hatte, ihren Job zu verlieren. Als Brandoch Peters hörte, dass Swetlana erkrankt sei, rief auch er sie an, obwohl die beiden hin und wieder nicht viel Sympathie für-einander empfunden hatten. Sie hatte sich noch von ihm gewünscht, dass er einmal eine Spazierfahrt mit ihr mit dem Auto unterneh-men solle. Doch dazu kam es nicht mehr. Sie kam ins Krankenhaus, hatte aber ihren Arzt verpflichtet, nicht bekannt zu geben, in wel-chem Krankenhaus sie sich befinde. Brandoch Peters machte sich auf die Suche nach ihr, doch sie lebte nicht mehr, als er sie schließ-lich fand.

Nach Mitteilung der Gerichtsmedizin des Bezirks Richland im Bundesstaat Wisconsin starb Swetlana Allilujewa – Lana Peters –

am 22. Oktober 2011 im Alter von 85 Jahren an Darmkrebs im Seniorenheim in Richland Center, Wisconsin. Im *Wisconsin State Journal* wurde sie als eine »politische Gefangene« des Namens ihres Vaters genannt. Weltweit wurde über das Ableben von Stalins Tochter berichtet.

Knapp ein Jahr später, am 8. Oktober 2012, erschien in der türkischen Tageszeitung *Hürriyet* ein sonderbares Interview mit dem Titel »Stalins Enkelin: ›Wir sind Opfer meines Großvaters‹«. Die tätowierte und gepiercte Chrese Evans, Swetlanas Tochter Olga, erklärt, dass sie und ihre Mutter Opfer Stalins gewesen seien.

Chrese beschreibt die letzten Lebensjahre ihrer Mutter, die angeblich selbst niemals ein Interview gegeben habe, wie folgt: »Wir hatten keinen festen Wohnsitz. Seit drei Jahren lebte meine Mutter in einer Sozialwohnung im Armenviertel von Wisconsin. Jeden Abend tranken wir zusammen ein Glas Wein und redeten. Sie hatte all ihre Wände tapeziert. Sie schrieb gern Briefe, sah jedoch nie fern; sie bevorzugte DVDs.«

Swetlanas Tochter wohnt jedoch seit Jahren im Bundesstaat Oregon und besuchte ihre Mutter – nach deren Aussagen nur einmal im Jahr. Ein einziges Mal war Swetlana bei ihrer Tochter in Oregon gewesen: Erstens war ihr der Flug zu anstrengend und zweitens konnte sie sich Flugreisen nicht leisten.

In ihrem Interview kam Swetlanas Tochter Chrese Evans auch auf ihre 1940 geborene Stiefschwester Katja Schdanow zu sprechen, die als Vulkanologin mit ihrer Tochter in Sibirien lebt und die nach der Flucht ihrer Mutter aus der UdSSR nicht mehr mit ihr zusammentreffen wollte. »Meine Schwester Ekaterina war eine Kommunistin. Daher war meine Mutter in ihren Augen eine Verräterin.«[4]

Die Aussage der Tochter, sie und ihre Mutter seien zu den Opfern Stalins zu zählen, hat sicherlich seine Berechtigung. Doch Swetlana Stalina bzw. Allilujewa gelang es immerhin, aus dem Käfig auszubrechen und das eigene Leben in die Hand zu nehmen, wenn auch spät, mit Rückschlägen, Momenten der Verzweiflung, großer Unruhe, aber auch mit grenzenlosem Glück.

Swetlana blickte auf ihr Ende mit dem Kommentar: »Ich habe immerhin meine amerikanische Tochter, die sehr, sehr amerikanisch ist. Deshalb bleibe ich hier – ganz gleich, wie ich mich fühle. Wenn ich in vier oder fünf Jahren sterbe (oder später), werden Sie sehen, wie viele Menschen über mich dies und das schreiben, Geschwätz aller Art – ich warne meine Olga immer, dass sie damit rechnen muss!

Nun, ich fürchte, das ist mein Schicksal – weil mein Vater Politiker war – und es ist immer schlecht, wenn man in der Öffentlichkeit mit einem politischen Namen in Verbindung gebracht wird. Es wird immer Befürworter und Hasser geben, das ist unvermeidlich. Was kann ich also anderes erwarten als Neugierigkeit von allen Seiten.«

Die Erfahrungen, die Swetlana ein Leben lang machen musste, verkennend, schreibt Simon Sebag Montefiore abwertend, Swetlana habe – trotz ihrer Abwendung vom Stalinismus – die Paranoia ihres Vaters an den Tag gelegt: »Having embraced liberalism and rejected Stalinism, she has displayed both her father's intelligence and his paranoia.«[5]

Für mich hingegen war Swetlana eine bewundernswerte Zeitzeugin und eine liebenswerte und liebenswürdige Frau, die Höhen und Tiefen in ihrem Leben gemeistert hat. Ihr Schicksal war es, in eine Familie und eine Zeit hineingeboren zu sein, die als die Ära eines der schlimmsten Despoten der neueren Geschichte Russlands gilt.[6] Swetlanas Biografie ist so kompliziert wie das ganze Jahrhundert selbst.

Ohne Frage stellt ihr Leben an der Seite eines der schrecklichsten Despoten ein Stück Weltgeschichte dar. Es war ihr ein Anliegen, dass viele Menschen ihre vier Bücher lesen, um sie und die Zeit, in der sie lebte, besser verstehen zu können. Als eine aus dem Kreml Geflohene hatte sie schon 1967 in der russischen Botschaft in Delhi niedergeschrieben: »Ich glaube an die Kraft des Intellekts in der Welt, ganz gleich wo jemand lebt. Die Welt ist so klein, und das Menschengeschlecht ist ebenfalls klein im Universum. Anstatt

22 *Swetlana (Allilujewa) Peters in Richland Center, 2008*

Kampf und sinnlosem Blutvergießen sollten die Völker lieber zusammenarbeiten für ein menschlicheres Leben. Das ist etwas, was ich ernst meine. Es gibt dann keine Kapitalisten und keine Kommunisten mehr für mich – es gibt nur gute und böse Menschen, ehrliche und unehrliche; in welchem Land auch immer sie leben, sind die Menschen überall gleich.«[7]

Anhang

Danksagung

Bei meinen Recherchen zu dieser Biografie über Swetlana Allilujewa, Stalins Tochter, hatte ich das Glück, mit vielen Personen
zusammenzukommen, die ihr nahestanden:
in Moskau Stalins Enkelin Galotschka Dschugaschwili, Swetlanas
Cousine Kira Politkowskaja, der Klavierlehrerin Leila Sikmaschwili,
dem Ehepaar Eleonora und Stepan Mikojan, dem Fernsehfilmema-
cher Michail B. Leshchinskij und dem Stalinbiografen Edvard Radzinsky. Ich war bei den genannten Personen privat eingeladen und
verbrachte viele Stunden mit ihnen und bekam durch sie wichtige
Einblicke in Swetlanas Leben. Ich führte in Moskau Telefongesprä-
che mit Prof. Jurij Schdanow, Swetlanas geschiedenem Ehemann,
ihrem Sohn Josef und ihrem Cousin Aleksander Burdonskij. Diese
Kontakte wurden mir ermöglicht durch Mitarbeiter des ZDF. Auch
dem *Focus*-Korrespondenten Boris Reitschuster in Moskau danke
ich.
Für Gespräche und Recherchen danke ich in der Schweiz Isolde
Morell und François D. Blancpain, den Schwestern des Klosters in
Fribourg, in Italien danke ich meinem Agenten Roman Hocke, dem
es gelang, die Originalbriefe der Swetlana an Pater Garbolino von
Alfonso Signorini zu bekommen.
In den USA telefonierte ich mit Swetlanas Tochter Olga. Der wich-
tigste Informant wurde für mich der äußerst liebenswürdige
Brandoch Peters, Sohn von Swetlanas Ehemann Wesley W. Peters,
dem ich viel zu verdanken habe. Er lebt in Spring Green und wir
sind seit 2004 in ständigem Kontakt.
Dem Verleger Fritz Molden, der die ersten beiden Bücher der Swet-

lana verlegt hat, danke ich für das informative Gespräch. Ich danke Herrn Hitzer und dem evangelischem Pfarramt Affalterbach. Die Damen und Herren der Bibliothek der Universität Augsburg waren ebenso hilfreich wie meine russische Freundin Tamara Stahlbaum. Die Neuauflage dieser Biografie lag wieder einmal in den bewährten Händen meiner langjährigen Lektorin Dagmar von Keller und Wolfgang Heinzel (Art Direction). Beiden gilt mein herzlicher Dank.

Augsburg, 8. September 2012

Anmerkungen

Der Tod des Vaters

[1] Das erste Jahr, S. 131
[2] Zwanzig Briefe, S. 24
[3] Nikolaj Aleksandrowitsch Bulganin (1895–1975), arbeitete 1918–1922 für die Tscheka. Seit 1948 Mitglied des Politbüros der KPdSU, 1947–1949 und 1952–1955 Verteidigungsminister, 1955–1958 Ministerpräsident. Am 27. März 1958 erklärte er seinen Rücktritt. Als »Parteifeind« wurde er aller seiner Ämter enthoben.
[4] Georgij Maksimilianowitsch Malenkow (1902–1988), ab 1938 persönlicher Sekretär Stalins, ab 1946 Mitglied des Politbüros und stellvertretender Ministerpräsident. Nach Stalins Tod 1953 Erster Sekretär des ZK und Ministerpräsident. Im selben Jahr noch von Chruschtschow von der Parteispitze verdrängt, 1955 als Regierungschef abgelöst, 1957 aller Ämter enthoben.
[5] Nikita Sergejewitsch Chruschtschow (1894–1971); ursprünglich Schlosser, später Ingenieur; 1934–1966 Mitglied des ZK, 1939–1964 des Politbüros; nach Stalins Tod ab Herbst 1953 Erster Sekretär der KPdSU, leitete auf dem XX. Parteitag 1956 die Entstalinisierung ein; ab 1958 Ministerpräsident; 1964 des Amtes enthoben und zur »Unperson« erklärt.
[6] Zwanzig Briefe, S. 24
[7] Zwanzig Briefe, S. 25
[8] Siehe dazu auch: Wassiljewa: Die Kreml-Kinder, S. 86f.
[9] Lawrentij Berija (1899–1953), ein Hochbauingenieur aus Georgien, war seit Jugendjahren mit Stalin befreundet; während des Krieges stellvertretender Ministerpräsident, nach dem Krieg Mitglied des Politbüros und mächtigster Mann neben Stalin, nach dessen Tod er die Macht mit Malenkow und Chruschtschow teilte; im Juli 1953 gestürzt, im Dezember desselben Jahres hingerichtet.
[10] Zwanzig Briefe, S. 22
[11] Löwe: Stalin, S.391
[12] Wolkogonow: Stalin, S. 772
[13] Wjatscheslaw Michajlowitsch Molotow (1890–1986), eigentlicher Name Skrjabin; Parteimitglied seit 1906, 1917 führend an der Oktoberrevolution und am Aufbau der UdSSR beteiligt; schloss 1939 den Nichtangriffspakt mit Hitler. 1921–1956 Mitglied des ZK, 1926–1957 Mitglied des Politbüros. 1956 als Außenminister abgesetzt, 1957 sämtlicher Ämter enthoben.
[14] Lasar Moissejewitsch Kaganowitsch (1893–1991), ein Mitorganisator der »Säuberungen« der 1930er-Jahre; seit 1944 Mitglied des ZK, während des Krieges Minister für Brennstoff- und Erdölindustrie; wurde 1957 zusammen mit Molotow aus dem ZK ausgeschlossen und aller seiner Ämter enthoben.
[15] Stalins Hirn, das ähnlich sklerotisch deformiert ist wie das Lenins, wurde zum Präparieren entnommen.

[16] Biagi: Svetlana: The Inside Story, S. 82

[17] Siehe dazu: Payne: Stalin, S. 626ff.

[18] Narodnyj Komissariat Wnutrennych Del – Volkskommissariat für Innere Angelegenheiten, 1934 geschaffen unter Einbeziehung der GPU, wurde es das Instrument des stalinistischen Terrors vor der Zeit der Großen Tschistka. 1941 wurde aus dem NKWD die politische Geheimpolizei als NKGB (=Narodnyj Komissariat Gossudarstwennoj Besopastnosti – Volkskommissariat für Staatssicherheit) herausgelöst und 1946 umbenannt in MGB (Ministerstwo Gossudarstwennoj Besopastnosti – Ministerium für Staatssicherheit). Das NKWD selbst wurde 1946 in das MWD (Ministerstwo Wnutrennich Del – Ministerium für Innere Angelegenheiten) umgewandelt. Das MGB ging 1954 in das KGB über.

[19] Das erste Jahr, S. 375

[20] Das erste Jahr, S. 346

[21] Das erste Jahr, S. 375. Siehe dazu auch: Richardson: The Long Shadow, S. 255

[22] Zwanzig Briefe, S. 30

Swetlanas Mutter Nadeschda

[1] Das erste Jahr, S. 132

[2] Seine erste Frau Jekaterina Swanidse war 1907 gestorben. Siehe dazu »Swetlanas Halbbruder Jakow«.

[3] Michail Iwanowitsch Kalinin (1875–1946), Bauernsohn, Mitglied der KP seit 1898, nahm an der Revolution von 1905 teil, seit 1922 Vorsitzender des Zentralen Exekutivkomitees der UdSSR, seit 1926 Mitglied des Politbüros. 1919–1946 nominelles Staatsoberhaupt der UdSSR.

[4] Tbilisi (russ. Tiflis), Hauptstadt der Republik Georgien, bis 1991 SSR Georgien, seit 1993 Mitglied der GUS.

[5] Magdalenas Großmutter, Maria Margaretha Aichholz, gehörte zu den ersten aus Wolfsölden ausgewanderten Deutschen, die mit den sogenannten Ulmer Schachteln auf der Donau ans Schwarze Meer kamen. Sie zählt zu den Gründerinnen des unweit von Tiblisi gelegenen Dorfes Elisabethenthal. Ihre Kinder waren Katharina, Barbara und Jakob. Jakobs Tochter Magdalena wurde zur Stammmutter von Swetlana Stalin. Siehe dazu Taufregister Affalterbach.

[6] Zwanzig Briefe an einen Freund, S. 74

[7] Batumi, Hafenstadt am Schwarzen Meer

[8] Wladimir Iljitsch (1870–1924); sein richtiger Name Uljanow; Rechtsanwalt in St. Petersburg, gründete die Sozialdemokratische Partei, wurde nach Sibirien verbannt, ging nach der gescheiterten Revolution von 1905 neuerdings ins Ausland und wurde 1917 vom deutschen Generalstab nach Russland eingeschleust.

[9] Bakı (russ. Baku), Hauptstadt der Republik Aserbaidschan, bis 1991 Aserbaidschanischen SSR, seit 1993 Mitglied der GUS

[10] St. Petersburg war 1712–1728 und 1792–1918 Hauptstadt des Russischen Reiches, wurde 1914 in Petrograd umbenannt, 1924 dann in Leningrad; heute hat es wieder seinen alten Namen Petersburg.

[11] Grigori Jewsejewitsch Sinowjew (Radomylski) (1883–1936), seit 1901 Parteimitglied, Gründungsmitglied der Kommunistischen Internationale. 1923–1926 Mitglied des Politbüros des ZK der KPdSU (B); 1926 schloss er sich Trotzki an, wurde 1927 aus der Partei ausgeschlossen, bekannte 1928 seine »Fehler« und wurde wieder in die Partei aufgenommen; 1928–1935 Mitglied des Präsidiums des Zentralverbandes der Konsumgenossenschaften der UdSSR; 1935 verhaftet; 1936 erschossen.

[12] Wassiljewa: Die Kreml-Frauen, S. 118f.

[13] Wassiljewa: Die Kreml-Frauen, S. 120

[14] Pleshakov, Stalin's Folly, S. 39

[15] Am 20. Dezember 1917 begannen in Brest-Litowsk die Friedensverhandlungen, nach ihrem Scheitern und einem Sonderfrieden mit der Ukraine am 9. Februar 1918 nahmen die Verbündeten am 18. Februar 1918 den Vormarsch wieder auf, die Sowjets kapitulierten und unterzeichneten am 3. März 1918 in Brest-Litowsk den Friedensvertrag.

[16] Zarizyn, benannt nach dem die umliegende Steppenlandschaft durchschneidenden Fluss Zariza; Gouvernementhauptstadt an der Wolga

[17] Tscheka – Kurzwort für Tschreswytschajnaja po Borbe Kontr-revoljuzie i Sabotschem – Allrussische außerordentliche Kommission zum Kampf gegen Konterrevolution und Sabotage, 1917–1922 die politische Polizei des bolschewistischen Russlands, trug unter F. E. Dscherschinskij als Instrument des »Roten Terrors« besonders zur Stabilisierung des politischen Systems der Bolschewiki bei. 1922 wurde die Tscheka in die GPU umgewandelt.

[18] Awel Sofronowitsch Jenukidse, Altbolschewik und Freund Stalins und der Familie Allilujew

[19] Stanislaw Franzewitsch (Onkel Stach), verheiratet mit Anna Sergejewna, geb. Allilujewa (Tante Anitschka)

[20] D'Astier: Sur Staline, S. 95

[21] Das erste Jahr

[22] Siehe dazu: Bessymenski: Stalin und Hitler, S. 7f.

[23] Payne: Stalin, S. 262

[24] Abkürzung für »Kommunistische Partei Russlands (Bolschewiki)«. Die im März 1918 so umbenannte Kommunistische Partei Russlands änderte 1925 ihren Namen in »Kommunistische Partei der Sowjetunion (Bolschewiki)«, KPdSU (B). Der Zusatz (B) wurde 1952 gestrichen.

[25] Conquest: Stalin, S. 135f.

[26] Radzinsky: Stalin, S. 277

[27] Andrej Andrejewitsch Andrejew (1895–1971), Parteimitglied seit 1914; 1924–1925 Sekretär des ZK, 1926–1930 Kandidat des Politbüros

[28] Nikolaj Iwanowitsch Bucharin (1888–1938), einer der Führer des Oktoberaufstands in Moskau. Seit 1917 Mitglied des ZK, 1924 Mitglied des Politbüros,

1926 Vorsitzender der Komintern. Er unterstützte zunächst Stalins Kurs, wendete sich dann aber gegen dessen Zwangskollektivierungs- und Industrialisierungspläne. 1938 im dritten Moskauer Schauprozess »als Kettenhund des Faschismus« zum Tode verurteilt. 1988 wurde er rehabilitiert.

[29] Zwanzig Briefe an einen Freund, S. 44

[30] Grigorij Konstantinowitsch Ordschonikidse (1886–1937), georgischer Altbolschewik, Parteimitglied seit 1903; 1926–1930 Vorsitzender des ZK, ab 1930 Vorsitzender des Obersten Volkswirtschaftsrates und Mitglied des Politbüros, seit 1932 Volkskommissar für die Schwerindustrie. Spielte eine Schlüsselrolle bei der Industrialisierung der Sowjetunion. Beging 1937 aus Verzweiflung über die Politik Stalins Selbstmord.

[31] Lew Dawidowitsch – Bronstein alias Trotzki (1879–1940), zunächst menschewikischer, dann bolschewikischer Politiker. 1897 Gründung des Südrussischen Arbeiterbundes, 1898 Verhaftung, 1899 Verbannung nach Sibirien. 1902 Flucht ins Ausland, 1905 Teilnehmer an der ersten Revolution und einer der Führer des Petersburger Rates; seit 1907 als Journalist in Wien, Prag, Zürich und in den USA. 1917 Rückkehr nach Russland und Anschluss an die Bolschewiki. Vorsitzender des Militärrevolutionären Komitees und neben Lenin Führer der Oktoberrevolution, ab November 1917 Volkskommissar für Äußeres. Leiter der sowjetischen Delegation bei den Friedensverhandlungen von Brest-Litowsk, im März 1918 Ernennung zum Volkskommissar für Verteidigung. Gründung und Aufbau der Roten Armee im Bürgerkrieg. 1924, nach Lenins Tod, Kampf gegen Stalin um die Führung der Partei, 1925 aus der Regierung entlassen, 1928 Verbannung nach Kasachstan, 1929 Ausweisung aus Russland; publizistische und politische Arbeit in verschiedenen Staaten, zuletzt in Mexiko, dort mit einem Eispickel ermordet.

[32] Lew Borissowitsch Kamenew (Rosenfeld) (1883–1936). Parteimitglied seit 1901 und Vertrauter Lenins; 1917–1927 Mitglied des ZK, opponierte 1917 zusammen mit Sinowjew gegen Lenins Aufstandsplan; nach Lenins Tod 1924 Bildung der »Troika« mit Stalin und Sinowjew gegen Trotzki; später beteiligt an der Opposition zusammen mit Trotzki und Sinowjew gegen Stalin; Verlust aller Partei- und Regierungsämter; als führender Vertreter der »Neuen Opposition« 1927 aus der Partei ausgeschlossen, danach mehrfach wieder aufgenommen und erneut ausgeschlossen; 1936 im ersten Moskauer Schauprozess zum Tode verurteilt.

[33] Maria Anissimowna Swanidse, geb. Korona, eine nicht mehr ganz junge Sängerin aus Tbilisi und Ehefrau von Aljoscha Swanidse, dem Bruder von Stalins erster Frau.

[34] Stalin: Dein Sosso, S. 207f.

[35] Siehe dazu: Zwanzig Briefe, S. 311–324, hier S. 312

[36] Anastas Iwanowitsch Mikojan (1895–1978), Parteimitglied seit 1915; 1923–1976 ZK-Mitglied der KPdSU, 1935–1966 Mitglied des Politbüros

[37] Sergej Mironowitsch Kirow (1886–1934). Mitglied der SDAPR (B) seit 1904; 1905–1907 Teilnehmer der ersten russischen Revolution, seit 1923 Mitglied des ZK.

[38] Kulaken, Bezeichnung für die russischen Mittel- und Großbauern, die nach der Agrarreform von 1906/07 nicht mehr in die Dorfgemeinschaft integriert waren und ihr Land mit familienfremden Arbeitskräften bewirtschafteten. Im Verlauf der Kollektivierungsmaßnahmen unter Stalin wurden die Kulaken seit 1927 als »Volksfeinde« und »Ausbeuter« von ihren Höfen vertrieben und bis 1932 als »volksfeindliche Klasse« liquidiert.

[39] GULAG, Abkürzung für Glawnoje Uprawlenije Lagerej, 1930–1955 das Straflagersystem in der UdSSR. In ihm waren Millionen von Menschen inhaftiert, vor allem in der Zeit der Zwangskollektivierung (1930–1933), der Periode der »Großen Säuberung« (1935–1939) und der Zeit unmittelbar nach dem Zweiten Weltkrieg. Nach Stalins Tod (1953) wurde der GULAG offiziell aufgelöst.

[40] Posener, Alan, Swetlana Allilujewa. Ein schwarzes Schaf, in: *Frankfurter Allgemeine Zeitung Magazin* vom 27.11.1998

[41] Pawel Sergejewitsch Allilujew (Onkel Pawluscha), verheiratet mit Jewgenija Aleksandrowna (Tante Schenja)

[42] NKID = Volkskommissariat für Auswärtige Angelegenheiten. Stalin empfahl seiner Frau, die Briefe mit der Diplomatenpost an I. P. Towstucha (1889–1935) zu schicken, der von Januar bis Juli 1930 Leiter der Sicherheitsabteilung des ZK der KPdSU (B) war.

[43] XVI. Parteitag, der vom 26.6. bis 13.7.1930 stattfand.

[44] Stalin: Dein Sosso, S. 45

[45] Moskauer Zentrale für Fernwärmeversorgung

[46] Stalin: Dein Sosso, S. 52

[47] Stalin: Dein Sosso, S. 56

[48] Stalin: Dein Sosso, S. 57 – Brief vom 21.9.1931

[49] Zänker: Stalin, S. 170

[50] K. W. Pauker, Stalins Leibwächter

[51] GPU = Gossudarstwennoje Polititscheskoje Uprawlenije (staatliche politische Verwaltung), die politische Polizei der UdSSR mit weitreichenden Vollmachten, seit 1922 aus der Tscheka hervorgegangen; wurde 1934 dem Volkskommissariat für Inneres (NKWD) eingegliedert. Die Funktion der GPU wird heute vom KGB wahrgenommen.

[52] Awel Jenukidse, Stalins Freund aus der Jugendzeit und einstiger Trauzeuge, schien lange Jahre von der Machtwillkür Stalins verschont zu sein. Doch schließlich wurde auch er aus der Partei ausgeschlossen und verlor den ungleichen Kampf mit Stalin. Im Dezember 1937 erschien eine kurze Ankündigung in der Presse, dass ein geheimes Militärtribunal Awel Jenukidse und weitere Angeklagte wegen Spionage und terroristischer Tätigkeit zum Tode verurteilt hatte; das Urteil sei bereits vollstreckt.

[53] Orlow: Kreml-Geheimnisse, S. 356. In den 1930er-Jahren war Aleksander Orlow einer der ranghöchsten Beamten des NKWD. Er bekleidete das Amt eines Staatsanwalts am Obersten Gericht der Sowjetunion. Unmittelbar vor seinem Übergang in den Westen, im Jahr 1938, amtierte Orlow als Chef des Nachrichtendienstes der Sowjets bei der Republikanischen Regierung während des

spanischen Bürgerkrieges. Im Jahr 1953 veröffentlichte er in einer Artikelserie in *Life*, die später in Buchform »The Secret History of Stalin's Crimes« erschien. Der deutsche Titel »Kreml-Geheimnisse« ist keine adäquate Übersetzung.

54 Ehefrau von Aleksej Iljitsch Krawtschenko, einem Grafiker und Maler
55 Wassiljewa: Die Kreml-Frauen, S. 135. Die Aussage stammt aus dem Jahr 1994.
56 Zwanzig Briefe, S. 148
57 Das erste Jahr, S. 132
58 Zwanzig Briefe, S. 52

Der Tod der Mutter

1 Radzinsky: Stalin, S. 286
2 Souvarine, Le Meutre de Nadièjda Allilouieva, in: Le Contract Social, revue historique des faits et des idées, Vol. XI, No. 3, Mai–Juni 1967, S. 133f.
3 KGB (Komitee für Staatssicherheit), der sowjetische Geheimdienst, 1954 aus dem seit 1946 bestehenden Ministerium für Staatssicherheit (russ. Abk. MGB) hervorgegangen
4 Wassiljewa: Die Kreml-Frauen, S. 142
5 Stalin: Dein Sosso, S. 25f.
6 Iwan Andrejewitsch Krylow (1768–1844), russischer Fabeldichter. Zahlreiche Redewendungen von ihm werden bis heute gebraucht.
7 Wassiljewa: Die Kreml-Frauen, S. 137
8 Kliment Jefremowitsch Woroschilow (1881–1927), Parteimitglied seit 1903. 1925–1934 Volkskommissar für Heer und Flotte, Vorsitzender des Revolutionären Militärrates. 1921–1961 Mitglied des ZK, 1926–1960 Mitglied des Politbüros.
9 Aleksander Iljitsch Jegorow (1883–1939), bolschewistischer Militärführer. Seit 1918 Parteimitglied. 1920 Oberbefehlshaber der Westfront im polnisch-sowjetischen Krieg. 1934 Kandidat des ZK, 1935 Marschall der Sowjetunion. 1937 stellvertretender Volkskommissar für Verteidigung. 1938 abgesetzt und verhaftet; kam im Gefängnis um.
10 Wassiljewa: Die Kreml-Frauen, S. 144
11 Der Fernsehfilm hieß »Die Kreml-Prinzessin«; die Interviews führte Ada Petrova 1994 in England.
12 Berija, S.: Beria, My Father, S. 150
13 Bullock: Hitler und Stalin, S. 632f.
14 Siehe dazu: Orlow: Kreml-Geheimnisse, S. 371ff.
15 Wassiljewa: Die Kreml-Frauen, S. 140
16 Otto Wilgelmowitsch Kuusinen (1881–1964), Parteimitglied seit 1904. 1918 Mitbegründer der KP Finnlands. 1921 bis 1939 Mitglied und Sekretär des Exekutivkomitees der Kommunistischen Internationale.
17 Siehe dazu: Kuusinen: Der Gott stürzt seine Engel, S. 18ff. Aino Kuusinen war »es beschieden, engste Bekanntschaft mit den Schrecken von Stalins Säuberungsaktionen zu machen«. Mehr als ein Jahr verbrachte sie in Untersuchungshaft in den

Gefängnissen Moskaus, dann folgten acht Jahre im berüchtigten Arbeitslager Workuta am nördlichen Polarkreis. Nach dem Krieg wurde sie von dort entlassen. Sie sah sich nun den unvermeidlichen Schwierigkeiten gegenüber, in denen sich alle ehemaligen politischen Gefangenen der Sowjetunion befanden. Es wurde ihr nicht gestattet, in Moskau zu wohnen. So zog sie in den Kaukasus, wurde dort erneut verhaftet, wieder in dieselben Moskauer Gefängnisse geworfen. Schließlich schickte man sie in das Arbeitslager von Potma, wo sie fünfeinhalb Jahre bleiben musste. Zwei Jahre nach Stalins Tod kam sie im Jahr 1955 frei.

[18] Richard Sorge (1895–1944). Seit 1919 Mitglied der KPD, seit 1925 Mitglied der KPdSU (B). Im Zweiten Weltkrieg, als Korrespondent der *Frankfurter Zeitung* getarnt, sowjetischer Agent in Tokio. Stalin glaubte seinem Bericht über einen unmittelbar bevorstehenden Überfall Hitlers auf die Sowjetunion nicht; 1941 wurde er von der japanischen Polizei verhaftet und am 7. November 1944 hingerichtet.

[19] Kuusinen: Der Gott stürzt seine Engel, S. 123

[20] In einem am 21. Dezember 1949 erschienenen Artikel in Nowoje Russkoje Slowo steht ebenfalls, dass die leitende Ärztin des Kreml-Spitals in den ersten Morgenstunden geweckt und in Stalins Wohnung gerufen wurde.

[21] Siehe dazu: Payne: Stalin, S. 225

[22] Chruschtschow erinnert sich, S. 296

[23] Orlow: Kreml-Geheimnisse, S. 370; Radzinsky: Stalin, S. 286

[24] Siehe dazu: Das erste Jahr, S. 321

[25] Baberowski: Verbrannte Erde, S. 228

[26] Bucharinowa: Erinnerungen, S. 362

[27] Aleksander Barmine, sowjetischer Diplomat, später Emigrant, veröffentlichte 1938 seine Memoiren im Ausland.

[28] Gerisch Gregorijewitsch Jagoda (1891–1938). Er wurde im Ersten Weltkrieg Mitglied der SDAPR (B). Im Bürgerkrieg schloss er sich der Tscheka an. Seit 1920 Mitglied des Tscheka-Präsidiums. Seit 1924 stellvertretender Vorsitzender des Geheimdienstes der GPU. Seit 1929 verantwortlich für die Massendeportationen der Kulaken und andere Repressalien im Zusammenhang mit der Zwangskollektivierung. 1934 Leiter des NKWD, des Volkskommissariats für Inneres. Er spielte eine entscheidende Rolle bei der Ermordung Kirows 1934. 1936 leitete er die erste Säuberungswelle, die zum ersten Moskauer Schauprozess führte. 1937 wurde er verhaftet und im dritten Moskauer Schauprozess zum Tode verurteilt und erschossen.

[29] Fernsehinterview zwischen Swetlana Allilujewa und Ada Petrova 1994 in London. Übersetzung aus dem Russischen von Barbara Schmidt-Sakic im Oktober 2003.

[30] Eigentlich Dikran Koujoundijan – der Film hieß »A Woman of Affairs«, USA 1928, Regie Clarence Brown. Der Film wurde am 19. Januar 1929 in New York uraufgeführt – der deutsche Titel »Herrin der Liebe«.

[31] Zwanzig Briefe, S. 170

[32] Im Gespräch mit der Autorin im Herbst 2004

Vater und Tochter sind ein Herz und eine Seele

1 Das erste Jahr, S. 137
2 Bullock: Hitler und Stalin, S. 497
3 Radzinsky: Stalin, S. 303
4 Siehe dazu: Löwe: Stalin, S. 251ff.
5 Zwanzig Briefe, S. 217
6 Maser: Der Wortbruch. Hitler, Stalin und der Zweite Weltkrieg, S. 376
7 Siehe dazu auch: Schmidt, Rainer F.: Die Außenpolitik des Dritten Reiches 1933–1939
8 Fest: Hitler, S. 888
9 Das erste Jahr, S. 297
10 Richardson: The Long Shadow, S. 170
11 Kujbyschew, von 1935 bis 1990 Samara, heute wieder Kujbyschew, Gebietshauptstadt an der Mündung der Samara in die Wolga
12 Zwanzig Briefe, S. 244
13 Zwanzig Briefe, S. 244
14 Chruschtschow erinnert sich, S. 294
15 Chruschtschow erinnert sich, S. 294
16 Zwanzig Briefe, S. 221

Die erste und tragische Liebe

1 Zwanzig Briefe, S, 252
2 Edvard Radzinsky ist nach Tschechow Russlands meistgespielter Dramatiker. Er schrieb den Weltbestseller »Der letzte Zar« und ist außerdem eine bekannte Persönlichkeit im Fernsehen.
3 Radzinsky: Stalin, S. 492
4 Zwanzig Briefe, S. 245
5 Zwanzig Briefe, S. 249
6 Biagi: Svetlana: The Inside Story, S. 20
7 Biagi: Svetlana: The Inside Story, S. 20
8 Biagi: Svetlana: The Inside Story, S. 24
9 Richard Aldington (1892–1962), englischer Schriftsteller, schrieb rückhaltlose und zornige Analysen des Kriegsgeschehens.
10 Berija, S.: Beria, My Father, S. 150
11 Berija, S.: Beria, My Father, S. 150
12 Berija, S.: Beria, My Father, S. 151
13 Berija, S.: Beria, My Father, S. 151
14 Zwanzig Briefe, S. 253
15 Wassiljewa: Die Kreml-Kinder, S. 118
16 Zitate in diesem Abschnitt aus: Zwanzig Briefe, S. 257
17 Gespräch mit Edvard Radzinsky am 20.10.2003 in Moskau

[18] Biagi: Svetlana: The Inside Story, S. 27
[19] Wolkogonow: Stalin S. 233
[20] Richtiger Name Tatjana Nikolajewna Sosjura
[21] Wassiljewa: Die Kreml-Kinder, S. 137
[22] Biagi: Svetlana: The Inside Story, S. 36
[23] Wassiljewa: Die Kreml-Kinder, S. 138
[24] Wassiljewa: Die Kreml-Kinder, S. 130

Swetlanas Ehemänner in Russland

[1] Biagi: Svetlana: The Inside Story, S. 121
[2] »Stalin was brooding about Svetlana's taste for Jewish men.« Montefiore: Stalin, S. 497
[3] Das erste Jahr, S. 140; Koenen: Die Utopie der Säuberung, S. 371, Löwe: Stalin, S. 384
[4] Das erste Jahr, S. 140f.
[5] Montefiore: Stalin, S. 453
[6] Zwanzig Briefe, S. 104f.
[7] Zwanzig Briefe, S. 269
[8] Andrej Aleksandrowitsch Schdanow (1896–1948). Während des Ersten Welt-krieges Eintritt in die SDAPR (B); 1934 nach der Ermordung Kirows zum Par-teichef Leningrads ernannt. 1934–1948 Sekretär des ZK, gleichzeitig ab 1934–1944 Sekretär des Gebiets- und Stadtkomitees Leningrad der KPdSU (B); ab 1939 Mitglied des Politbüros; war maßgeblich an den Massenrepressalien zwi-schen 1930 und 1940 beteiligt. Enger Vertrauter Stalins und Begründer des Konzepts des Sozialistischen Realismus.
[9] Chruschtschow erinnert sich, S. 298
[10] Telefoninterview der Autorin mit Jurij Schdanow von Moskau nach Rostow am 20.10.2003
[11] Koenen: Utopie der Säuberungen, S. 12
[12] Biagi: Svetlana: The Inside Story, S. 118
[13] Zwanzig Briefe, S. 279
[14] Gespräch der Autorin mit Eleonora Mikojan am 20.10.2003 in Moskau
[15] Stalin: Dein Sosso, S. 143f.
[16] Schdanow: Ein Blick in die Vergangenheit, S. 120
[17] Zwanzig Briefe, S. 106
[18] Biagi: Svetlana, The Inside Story, S. 118
[19] Im Gespräch mit der Autorin
[20] Montefiore: Stalin, The Read Tsar, S. 558
[21] Gespräch mit Eleonora Mikojan am 20.10.2003 in Moskau
[22] Biagi: Svetlana: The Inside Story, S. 116
[23] Siehe dazu: *Der Spiegel*, Nr. 37/1967, S. 2f.
[24] Das erste Jahr, S. 337

Swetlanas Freunde und Familie

[1] Berija: Beria, My Father, S. 153
[2] Im Jahr 1999 erschien das Buch »Berija mon père« in französischer Sprache und 2001 die englische Übersetzung mit dem Titel »Beria, My Father. Inside Stalin's Kremlin«, aus dem hier zitiert wird.
[3] Berija, S.: Beria, My Father, S. 133
[4] Spitfire, britisches Jagdflugzeug. 1331 Spitfire-Flugzeuge wurden an die Sowjetunion geliefert.
[5] Berija, S.: Beria, My Father, S. 152
[6] Wassiljewa: Die Kreml-Kinder, S. 116
[7] Berija, S.: Beria, My Father, S. 152
[8] Wassiljewa: Die Kreml-Kinder, S. 110
[9] Berija, S.: Beria, My Father, S. 92f.
[10] Wassiljewa: Die Kreml-Kinder, S. 114
[11] Berija, S.: Beria, My Father, S. 153
[12] Berija, S.: Beria, My Father, S. 153
[13] Fishman, Hutton: Das Privatleben des Josef Stalin, München 1967; Windgassen: Im Bund mit der Macht. Die Frauen der Diktatoren, Frankfurt/New York 2002.
[14] Windgassen: Im Bund mit der Macht, S. 19
[15] Amis: Koba, the Dread, S. 131; Siehe dazu auch: Wolkogonow: Stalin, S. 27
[16] Zwanzig Briefe, S. 19
[17] Ebon: Die zwei Leben der Swetlana, S. 80
[18] Richardson: The Long Shadow, S. 169
[19] Zwanzig Briefe, S. 230
[20] Richardson: The Long Shadow, S. 174
[21] Richardson: The Long Shadow, S. 174
[22] Semjon K. Timoschenko (1895–1970). Marschall der Sowjetunion, 1940/1941 Volkskommissar für Verteidigung
[23] Schwimmchampion, Trainerin im Zentralen Haus der Roten Armee
[24] Siehe auch: Medwedew: Die Wahrheit ist unsere Stärke, S. 519
[25] Stalin: Dein Sosso, S. 159
[26] Stalin: Dein Sosso, S. 200

Stalins Terror gegen die eigene Familie

[1] Richardson: The Long Shadow, S. 186
[2] Stalin: Dein Sosso, S. 260
[3] Radzinsky: Stalin, S. 294
[4] Das erste Jahr, S. 149
[5] Richardson: The Long Shadow, S. 186
[6] Richardson: The Long Shadow, S. 207
[7] Montefiore: Stalin, The Red Tsar, S. 581

[8] Baberowski: Verbrannte Erde, S. 314
[9] Berija, S.: Beria, My Father, S. 21
[10] Conquest: Stalin, S. 107
[11] Siehe dazu Stalin: Dein Sosso, S. 308
[12] Zwanzig Briefe, S. 83
[13] Das erste Jahr, S. 137

Jahre der Selbstbefreiung

[1] Das erste Jahr, S. 129
[2] Koenen: Die Utopie der Säuberung, S. 385
[3] Siehe dazu: Medwedew: Die Wahrheit ist unsere Stärke, New York 1971, S. 330f.
[4] Medwedew: Die Wahrheit ist unsere Stärke, S. 220
[5] Zwanzig Briefe, S. 101
[6] Richardson: The Long Shadow, S. 158
[7] Das erste Jahr, S. 167
[8] Zwanzig Briefe, S. 311
[9] Eine Gruppe junger russischer Lyriker, die in Reaktion auf den Symbolismus entstand. Sie forderten eine weltzugewandte, harmonisch klare, die Plastizität des Bildes und Wortes betonende Poesie.
[10] Wladimir Wladimirowitsch Majakowskij (1893–1930)
[11] Sergej Aleksandrowitsch Jessenin (1885–1925), Lyriker, gehörte zunächst den Symbolisten, dann den Imaginisten an.
[12] Jakowlew: Die Abgründe meines Jahrhunderts, S. 221
[13] Aleksander Nikolajewitsch Radischtschew (1749–1802). Wegen seiner Darstellung der Missstände in Russland lebenslängliche Verbannung nach Sibirien. 1796 begnadigt und 1801 in die Kommission zur Vorbereitung neuer Gesetze berufen, beging Selbstmord, als ihm wegen seiner Reformvorschläge erneute Verbannung drohte.
[14] Teilnehmer des Aufstandes 1825 nach dem Tod Aleksanders I. in Petersburg. Ziel war, die Autokratie zu stürzen und soziale Gerechtigkeit herzustellen.
[15] Allilujewa: To Boris Leonidovich Pasternak, S. 136
[16] Siehe dazu: Nicolas Werth: Ein Staat gegen sein Volk, S. 285
[17] Andrej Donatowitsch Sinjawskij (1925–1997), Schriftsteller; griff unter dem Pseudonym Abram Terz die offizielle sowjetische Literaturdoktrin an, wurde deshalb 1966 zu sieben Jahren Zwangsarbeit verurteilt.
[18] Julij Markowitsch Daniel (1925–1988), Schriftsteller; schrieb grotesk-satirische kritische Erzählungen, die in ihrer Absurdität den Prinzipien des Sozialistischen Realismus widersprechen. 1966 zu fünf Jahren Arbeitslager verurteilt.
[19] Ebon; Die zwei Leben, S. 130
[20] Das erste Jahr, S. 183
[21] Das erste Jahr, S. 153

Die Reise nach Indien

[1] Das erste Jahr, S. 20
[2] Das erste Jahr, S. 405
[3] Das erste Jahr, S. 22
[4] Biagi: Svetlana: The Inside Story, S. 110f.
[5] Stalin: Dein Sosso, S. 202
[6] Der Beschluss des Politbüros des ZK wurde ohne Protokollierung gefasst. Den Entwurf hat K. U. Tschernenko, 1966 Leiter der Abteilung Allgemeines der ZU der KPdSU, erarbeitet und beglaubigt.
[7] Stalin: Dein Sosso, S. 203
[8] Biagi: Svetlana: The Inside Story, S. 114
[9] Das erste Jahr, S. 14
[10] Das erste Jahr, S. 67
[11] Das erste Jahr, S. 67
[12] Das erste Jahr, S. 168
[13] Das erste Jahr, S. 185f.
[14] Anemona Hartcollis, Defection Brings Back Memories of Svetlana, in: *Newsday*, 23. Dezember 1993, S. 7
[15] Chruschtschow erinnert sich, S. 299
[16] Ebon: Die zwei Leben der Swetlana, S. 109
[17] Ebon: Die zwei Leben der Swetlana, S. 110

Zwischenaufenthalt in Europa

[1] *Neue Zürcher Zeitung*, 25.4.1967
[2] The Faraway Music, S. 141
[3] The Faraway Music, S. 147
[4] Ebon: Die zwei Leben der Swetlana, S. 32
[5] Biagi: Svetlana: The Inside Story, S. 126
[6] Biagi: Svetlana: The Inside Story, S. 126
[7] Das 1653 in Freiburg gegründete Kloster gehört zum Orden de la Visitation et Sainte-Marie, der 1610 in Annecy gegründet worden war.
[8] Gespräch mit Isolde Morel am 12.8.2003 in Fribourg
[9] Ebon: Die zwei Leben der Swetlana, S. 121
[10] Zwanzig Briefe, Vorwort
[11] Richardson: The Long Shadow, S. 260
[12] The Faraway Music, New Delhi 1984
[13] Ebon: Die zwei Leben der Swetlana, S. 172
[14] The Faraway Music, S. 13
[15] The Faraway Music, S. 13f.
[16] Richardson: The Long Shadow, S. 267
[17] Siehe dazu: *Der Spiegel*, Nr. 37 vom 11.9.1967

Die Neue Welt – Amerika

¹ *Die Zeit*, Nr. 43, vom 24.10.1969
² *La Liberté*, Fribourg, vom 24. April 1967
³ Biagi: Svetlana: The Inside Story, S. 131
⁴ Aleksander Nikolajevitsch Ostrowskij (1823–1886); das Malyj Theater (Kleine Theater) ist das älteste Dramentheater Russlands. 1756 gegründet, nannten die Moskauer es »zweite Universität«, weil sich hier das kulturelle Leben abspielte.
⁵ *Prawda* vom 27.5.1967
⁶ Ebon: Die zwei Leben, S. 163f.
⁷ »Das russische Volk kommt in ihrem Buch nicht vor«, in: *Frankfurter Allgemeine Zeitung* vom 6.11.1967
⁸ »Das russische Volk kommt in ihrem Buch nicht vor«, in: *Frankfurter Allgemeine Zeitung* vom 6.11.1967
⁹ Conquest: Stalin, S. 274
¹⁰ Louis Fisher war 1896 in Philadelphia geboren und studierte Pädagogik. 1917 kämpfte er in der Jüdischen Legion in Palästina, danach war er Korrespondent der *New York Evening Post* in Europa; ab 1923 in Moskau. Im spanischen Bürgerkrieg kämpfte er in der Internationalen Brigade. Bis zu seinem Tod 1970 lehrte er an der Universität Princeton.
¹¹ Wanda Bronska-Pampuch, Ich bin eine richtige Kapitalistin geworden, in: *Süddeutsche Zeitung* Nr. 187, 6.8.1969; dies., Ich wollte nicht mehr Staatseigentum sein, in: *Süddeutsche Zeitung* Nr. 188, 7.8.1969, S. 3
¹² Ebon: Die zwei Leben, S. 120
¹³ Ebon: Die zwei Leben, S. 112f.
¹⁴ The Faraway Music, S. 35
¹⁵ *Süddeutsche Zeitung* am 15.5.1967
¹⁶ Siehe dazu: *Frankfurter Allgemeine Zeitung* vom 3.6.1967: »Moskau diskreditiert Swetlana Allilujewa«

Die Schriftstellerin Swetlana Allilujewa

¹ Zwanzig Briefe, S. 19
² Siehe dazu: The Faraway Music, S. 28
³ Siehe dazu: Newman: Oswald and the CIA, S. 61–67
⁴ Siehe dazu: Collier und Horowitz: The Kennedys. An American Drama, New York 1984, S. 404. Sie wird beschrieben als Harvard-Forscherin, die ihn öfters besuchte, ihm Bücher brachte und die Kennedy oft anrief. In ihrem eigenen Buch »Marina and Lee«, S. 4f., geht Johnson näher auf ihre Beziehung zu »Jack« ein, dessen Ehefrau sie allerdings nie erwähnte.
⁵ Siehe dazu: Whitmey, Priscilla and Lee: Before and After the Assassination, Part One and Part Two, in: *The Third Decade* und *The Fourth Decade Magazines*, 1999.

[6] *New York Review* vom 9.12.1967, S. 43; *Book Review Digest*, Ausgabe 1968

[7] Ebon: Die zwei Leben, S. 135

[8] François Bondy, Swetlanas Heimkehr, in: *Weltwoche*, Agenda, 1969

[9] The Faraway Music, S. 11

[10] Er hieß eigentlich Vitali Jewgenjewitsch Lui.

[11] Whitmey: Priscilla Johnson McMillan and the FBI.

[12] Der Geist des Terrors ist geblieben. Edward Crankshaw über die Memoiren der Swetlana. Originaltext *The Observer*, deutsch in *Der Spiegel* vom 11.9.1967, S. 39

[13] Siehe dazu: Zwerenz, Gerhard: Der Kreml als Gartenlaube, in: *Die Zeit* vom 13.10.1967

[14] Zwanzig Briefe, S. 19

[15] Zwerenz, Der Kreml als Gartenlaube, in: *Die Zeit* vom 13.10.1967, S. 3

[16] Zwerenz, Der Kreml als Gartenlaube, in: *Die Zeit* vom 13.10.1967 S. 3

[17] The Faraway Music, S. 48

[18] Chruschtschow erinnert sich, S. 300

[19] The Faraway Music, S. 46

[20] Aleksander Iwanowitsch Herzen (1812–1870), russ. Schriftsteller und Publizist

[21] Pjotr Aleksejewitsch Fürst Kropotkin (1842–1921), bedeutender Vertreter des kommunist. Anarchismus.

[22] The Faraway Music, S. 4

Der amerikanische Ehemann Wesley W. Peters

[1] The Faraway Music, S. 62

[2] Frank Lloyd Wright (1869–1959), Schüler von Louis Henry Sullivan. In mehr als 300 privaten und öffentlichen Bauten realisierte Wright seine Grundidee von organischer Architektur. In seinen kubisch gestalteten Präriehäusern gehen die Räume dynamisch ineinander über und Terrassen und Gärten verbinden sich.

[3] The Faraway Music, S. 58

[4] The Faraway Music, S. 60

[5] The Faraway Music, S. 62

[6] Nachrichtendienst der *WELT*, Phoenix (Arizona) 8. April 1967: Swetlana: Es ist wie ein Wunder – ich fühle mich wie siebzehn.

[7] The Faraway Music, S. 92

[8] Siehe dazu: Blake, The Saga of Stalin's »Little Sparrow«. Svetlana's tormented journey from East to West and back again, in: *Time Magazin* vom 28.1.1985 und *The Times* vom 28.1.1985

[9] Uwe Siemon-Netto, Swetlana: »Ich kam vom Regen in die Traufe«, in: *Stern*, Nr. 12. vom 12.3.1972. Siehe auch *Time* vom 6.3.1972; »Desillusion in the Desert«, in: *Newsweek*, 6.3.1972, S. 33ff.

Meine Tochter ist so amerikanisch wie Apple-Pie

[1] The Faraway Music, S. 109
[2] The Faraway Music, S. 15
[3] Jurij Wladimirowitsch Andropow (1914–1984), seit 1961 Mitglied des ZK der KPdSU, 1962–1967 Sekretär des ZK. 1967–1982 leitete er das KGB. 1982 war er erneut Sekretär des ZK. Nach dem Tod Breschnews wählte ihn das ZK im Nov. 1982 zum Generalsekretär der KPdSU; von Juni 1983 bis zu seinem Tod war er Vorsitzender des Präsidiums des Obersten Sowjets und Staatsoberhaupt.
[4] Blake, Personalities, the Saga of Stalin's »Little Sparrow«, in: *Time Magazine* vom 28.1.1985

Die Rückkehr der verlorenen Tochter

[1] *Frankfurter Allgemeine Zeitung*, 17.11.1984
[2] *Süddeutsche Zeitung*, 17.11.1984
[3] Michael Woslensky, Kurzer Schritt zum langen Abschied. Swetlanas Weg und mögliche Motive ihrer Abkehr vom Westen, in: *Die Zeit*, Nr. 46, 9. November 1984, S. 7
[4] Leonid Iljitsch Breschnew (1906–1982), seit 1931 Mitglied der KPdSU, seit 1952 Mitglied des ZK. 1960–1964 stand er als Vorsitzender des Präsidiums des Obersten Sowjets zum ersten Mal an der Spitze des sowjetischen Staates. 1964 beteiligte er sich am Sturz Chruschtschows und übernahm dessen Nachfolge als Erster Sekretär (seit 1966 als Generalsekretär) der KPdSU. 1977 übernahm er neben der Parteiführung als Vorsitzender des Obersten Sowjets zum zweiten Mal das Amt des Staatsoberhauptes.
[5] Im Gespräch mit der Autorin am 24.10.2003
[6] Gespräch mit Galja Dschugaschwili am 21.10.2003 in Moskau
[7] Richardson: The Long Shadow, S. 127
[8] Richardson: The Long Shadow, S. 261
[9] Richardson: The Long Shadow, S. 262
[10] Hier sei Leila Sikmaschwili gedankt für die Überlassung des Büchleins: Die Geschichte von Josef Stalin-Soselo, hg. v. Internationalen Wissenschaftlichen Zentrum zum Studium des Phänomens Josef Stalin, 1999.
[11] Gespräch mit Leila Sikmaschwili am 18.10.2003 in Moskau
[12] Michail Sergejewitsch Gorbatschow (geb. 1931), 1952 Mitglied der KPdSU, seit 1971 des ZK, 1978 Sekretär, 1980 Mitglied des Politbüros. 1985 Wahl zum Generalsekretär des ZK, 1988–1992 Vorsitzender des Präsidiums des Obersten Sowjets. Setzte ein Reformprogramm ins Werk, das unter dem Schlagwort »Perestroika« bekannt wurde.
[13] Richardson: The Long Shadow, S. 268
[14] WORLD: Soviet Union an endless Odyssee. Stalin's daughter moves again, in: *Time* vom 28.4.1986, S. 43ff.

[15] Birgitta Mogge, Schafft uns Häuser, keinen Krieg, in: *Rheinischer Merkur, Christ und Welt*, Nr. 23, 31.5.1986, S. 23

Swetlana Allilujewa, die Weltbürgerin

[1] Richardson: The Long Shadow, S. 268
[2] Ginia Bellafante, People: Dark Times, in: *Time* vom 10.5.1992, S. 91; Emily Mitchel, People: For Svetlana the restless days of wandering the world, in: *Time International* vom 10.5.1992, S. 63
[3] Fernsehdokumentation »Die Kreml-Prinzessin«
[4] Fernsehdokumentation »Die Kreml-Prinzessin«
[5] Das erste Jahr, S. 160
[6] Alfonso Signorini, Svetlana Stalin. In convento per espiare le colpe di mio padre, vom 9.2.1996, S. 52–56; Voglio pregare in un convento italiano, vom 16.2.1996, S. 68–71; Vi prego, lasciatemi sola con Dio, vom 23.2.1996, S. 72–74; Il nouvo dramma di Svetlana, vom 1.3.1996, S. 86–88, in: *CHI*, Roma, No. 5–8
[7] Richardson, The Long Shadow, S. 268
[8] *Life*, January 1996
[9] Brandoch Peters bei einem Gespräch in Spring Green im Oktober 2004
[10] Siehe dazu: Serhiy Solodky u. a.: Air Crash in Moscow: Accident or Terrorism? In: *The Day* – Ukrainian daily Newspaper vom 14.3.2000, Nr. 8
[11] Teile dieses Interviews sind veröffentlicht in einem Mitteilungblatt der Holding »Top Secret« No. 6, 1998: »Einfach Swetlana«. Artem Borovik war Präsident der Sovershenno Sekretno (Top Secret) Holding Company.

Ein Blick zurück

[1] Gespräch zwischen Swetlana Allilujewa und der Autorin im Herbst 2004
[2] Telefoninterview mit Aleksander Burdonskij in Moskau am 20.10.2003
[3] Montefiore: Stalin, S. 581
[4] *Hürriyet* am 8.10.2012
[5] Montefiore: Stalin, S. 581
[6] *Spiegel Online* vom 28.12.2008: Stalin wurde zum drittgrößten Russen aller Zeiten gewählt.
[7] Das erste Jahr, S. 185f.

Literaturverzeichnis

Allilujewa, Swetlana: Zwanzig Briefe an einen Freund. Zürich, Wien 1968.

Allilujewa, Swetlana: Das erste Jahr. Wien, München, Zürich 1969.

Alliluyeva Svetlana: The Faraway Music. Delhi 1984.

Alliluyeva, Svetlana: The Book for Granddaughters. New York 1991.

Alliluyeva, Svetlana: To Boris Leonidovich Pasternak. Reflections on Dr. Zhivago, in: The Atlantic Monthly. Boston 1976.

Amis, Martin: Koba, the Dread. Laughter and the Twenty Million. London 2002.

Baberowski, Jörg: Der rote Terror. Die Geschichte des Stalinismus. München 2003.

Baberowski, Jörg: Verbrannte Erde. Stalins Herrschaft der Gewalt. 3. Aufl., München 2012.

Baschanow, Boris: Ich war Stalins Sekretär. Frankfurt 1977.

Beria, Sergo: Beria, My Father. Inside Stalin's Kremlin. London 2001.

Besymenski, Lew: Stalin und Hitler. Das Pokerspiel der Diktatoren. Berlin 2002.

Biagi, Enzo: Svetlana: The Inside Story. London 1967.

Blake, Patricia/Hayward, Max: Dissonant Voices in Soviet Literature. Westport (Connecticut) 1962.

Blake, Patricia/Hayward, Max: Writers in Russia 1917–1978. New York 1984.

Borschtschakowski, Alexander: Orden für einen Mord. Die Judenverfolgung unter Stalin. Berlin 1997.

Bucharina, Anna Larina: Nun bin ich schon weit über zwanzig. Erinnerungen. Göttingen 1989.

Bucharina, Anna Larina: This I Cannot Forget. New York 1998.

Bullock, Alan, Hitler und Stalin. Parallele Leben. München 1991.

Bychowski, Gust: Diktatoren. Beiträge zu einer psychoanalytischen und Geschichtsdeutung. Caesar, Hitler, Stalin. München 1965.

Carrère d'Encausse, Hélène: Stalin – Order through Terror. London, New York 1981.

Cohen, Stephen F.: Bukharin and the Bolshevik Revolution. A Political Biography 1888–1938. New York 1973.

Collier, Peter/Horowitz, David: The Kennedys: An American Drama. New York 1984.

Conquest, Robert: Stalin. Der totale Wille zur Macht. Berlin 1993.

Courtois, Stéphane u. a.: Das Schwarzbuch des Kommunismus. Unterdrückung, Verbrechen, Terror. München 2000.

D'Astier, Emmanuel: Sur Staline. Paris 1963.

Dalos, György: Der Gast aus der Zukunft. Anna Achmatowa und Sir Isaiah Berlin. Eine Liebesgeschichte. Frankfurt 1997.

Denisow, Vassilij N. (Hg.): Stalin, Joseph, Dein Sosso. Briefe, Dokumente und Fotos aus dem Umkreis der Familie. Mit 42 Fotos, aus dem Russischen von Barbara und Lothar Lehnhardt. Berlin 1994.

Deutscher, Isaac: Stalin. A Political Biography. New York 1967.

Dunham, Vera S.: In Stalin's Time. Middleclass Values in Soviet Fiction. Introduction by Jerry F. Hough. Cambridge 1976.

E(h)renburg, Ilya: Russia at War. London 1944. Würzburg 1953.

Ebon, Martin: Die zwei Leben der Swetlana. Wien, Frankfurt, Zürich 1968.

Efron, Ariadna: Briefe an Pasternak. Aus der Verbannung 1948–1957, mit 12 Briefen von Boris Pasternak. Frankfurt 1986.

Fest, Joachim C.: Hitler. Berlin 1973.

Fisher, Louis: Gandhi und Stalin. London 1948.

Fisher, Louis: The Life and Death of Stalin. New York 1953.

Fisher, Louis: Wiedersehen mit Moskau. Frankfurt 1957.

Fitzpatrick, Sheila/Slezkine, Yuri: In the Shadow of Revolution; Life Stories of Russian Women. Princeton (New Jersey) 2000.

Follath, Erich: Die letzten Diktatoren. Hamburg 1991.

Genovese, Eugene D.: Stalin's Letters to Molotov 1925–1936, in: The New Republic 1995.

Großman, Wassili: Diesen Krieg kann keiner gewinnen. Chronik eines angekündigten Friedens. München 2003.

Hedeler, Wladislaw (Hg.): Stalinscher Terror. Eine Bilanz. Duisburg 2003.

Heresch, Elisabeth: Geheimakte Parvus. München 2000.

Honchalovsky, Andrei/Lipkov, Alexander: The Inner Circle. An Inside View of Sovjiet Life under Stalin, edited by Jamey Gambrell. New York 1991.

Jakowlew, Aleksander: Die Abgründe meines Jahrhunderts. Eine Autobiografie. Leipzig 2003.

Johnson McMillan, Priscilla: Marina and Lee. New York 1977.

Köbberling, Anna: Das Klischee der Sowjetfrau. Stereotyp und Selbstverständnis Moskauer Frauen zwischen Stalinära und Perestroika. Frankfurt, New York 1997.

Köbberling, Anna: Zwischen Liquidation und Wiedergeburt. Frauenbewegung in Russland von 1917 bis heute. Frankfurt 1993.

Koenen, Gerd: Utopie der Säuberung. Was war der Kommunismus? Berlin o. J.

Kölm, Lothar (Hg.): Kremlchefs. Politisch-biographische Skizzen von Lenin bis Gorbatschow. Berlin 1991.

KPD/ML (Hg.): Die Wahrheit über J. W. Stalin. Dortmund 1979.

Kuusinen, Aino: Der Gott stürzt seine Engel. Wien, München 1972.

Lewytzkyj, Borys/Müller, Kurt: Sowjetische Kurzbiographien. Hannover 1964.

Lih, Lars T./Naumow, Oleg/Chlewnjuk Oleg (Hg.): Stalin. Briefe an Molotow 1925–1936. Mit einer Einführung von Robert C. Tucker. Berlin 1996.

Löwe, Heinz-Dietrich: Stalin. Der entfesselte Revolutionär. Band 1 und 2. Göttingen 2002.

Mandelstam, Nadeschda: Generation ohne Tränen. Erinnerungen. Frankfurt 1975.

Maser: Der Wortbruch. Hitler, Stalin und der Zweite Weltkrieg. München 1994.

McNeal, Robert H.: Bride of the Revolution. Krupskaya and Lenin. Ann Arbor 1972.

Medwedew, Roy A.: Die Wahrheit ist unsere Stärke. Geschichte und Folgen des Stalinismus, hg. von Davis Joravsky und Georges Haupt. Frankfurt 1973.

Mierau, Fritz: Revolution und Lyrik. Berlin 1973.

Molotow, Vjaceslav M.: Der Kampf für einen demokratischen Frieden. Reden auf der Pariser Friedenskonferenz 1946. Berlin 1947.

Montefiore, Simon Sebag: My Affair With Stalin. London 1997.

Montefiore, Simon Sebag: Stalin. The Court of the Red Tsar. London 2003.

Montefiore, Simon Sebag: The Young Stalin. Phoenix 2008

Morozow, Michael: Der Georgier. Stalins Weg und Herrschaft. München 1980.

Moynahan, Brian: Das Jahrhundert Russlands. München 1994.

Nemayer, Anton: Diktatoren im Spiegel der Medizin. Napoleon, Hitler, Stalin. New York 1995.

Newman, John: Oswald and the CIA. New York 1994.

Orlow, Alexander: Kreml-Geheimnisse. Würzburg 1953.

Orlow, Jurij: Ein russisches Leben. Ulm 1992.

Pasternak, Boris/Freudenberg, Olga: Briefwechsel 1910–1954. Frankfurt 1986.

Payne, Robert: Stalin: Macht und Tyrannei. München 1978.

Pipes, Richard: Die Macht der Bolschewiki. Berlin 1992.

Pleshakov, Constantine: Stalin's Folly. The Tragic First ten Days of World War II on the Eastern Front, Boston 2006.

Radzinsky, Edvard: Stalin. London 1996.

Richardson, Rosamond: The Long Shadow. Inside Stalin's Family. London 1994.

Robins, Natalie S.: Alien Ink. The FBI's War on Freedom of Expression. New York 1992.

Samsonowa, Barbara: Stalin's Tochter. Moskau 1998.

Schmidt, Rainer F.: Die Außenpolitik des Dritten Reiches 1933–1939. Stuttgart 2002.

Shand, Rosa: Wheel of Fire, in: South-West-Review. Dallas (Texas), 2002.

Siwik, Hans/Wassiljewa, Larissa: Frauen in Moskau. Dortmund 1991.

Souvarine, Boris: Le Meutre de Nadièjda Allilouieva, in: Le Contract Social, revue historique des faits et des idées, Vol. XI, No. 3, Mai-Juin 1967, S. 133f.

Souvarine, Boris: Stalin, Anmerkungen zur Geschichte des Bolschewismus. München 1980.

Stalin, J. W.: Dein Sosso. Briefe, Dokumente und Tagebuchnotizen aus dem Umkreis der Familie. Berlin 1994.

Stalin, Joseph: (Soselo) Gedichte, hg. von dem Wissenschaftlichen Zentrum für das Studium des Phänomens Joseph Stalin. Moskau 1999.

Stark, Meinhard: Frauen im Gulag, in: Hedeler (Hg.), Stalinscher Terror 1934–41. Duisburg 2003.

Stites, Richard: The Women's Liberation Movement in Russia. Feminism, Nihilism and Bolshevism 1860–1930. Princeton 1978.

Talbott, Strobe (Hg.): Chruschtschow erinnert sich. Eingeleitet und kommentiert von Edvard Crankshaw. Reinbek bei Hamburg 1971.

Tucker, Robert C.: Stalin as Revolutionary. A Study in History. New York 1973.

Tucker, Robert C. (Hg.): Stalinism. Essays in Historical Interpretation. New York 1977.

Tucker, Robert C.: Stalin in Power. The Revolution from Above 1928–1941. New York 1990.

Tutaev, David (Hg.): The Alliluyev Memoirs. Recollections of Svetlana Stalin's Maternal Aunt Anna Alliluyeva and Her Grandfather Sergei Alliluyev. New York 1968.

Ulam, Adam B.: Stalin - Koloss der Macht. Esslingen 1977.

Vandenberg, Philipp: Die heimlichen Herrscher. Die Mächtigen und ihre Ärzte. Von Marc Aurel bis Papst Pius XII. München 1991.

Voslensky, Michael S.: Sterbliche Götter. Die Lehrmeister der Nomenklatura. Erlangen, Bonn, Wien 1989.

Waldenfels, Ernst von: Der Spion, der aus Deutschland kam. Berlin 2002.

Wassiljewa, Larissa: Poesiealbum 47. Berlin 1971.

Wassiljewa, Larissa: Die Kreml-Frauen. Zürich 1994.

Wassiljewa, Larissa: Kremlin's Wifes. London 1994.

Wassiljewa, Larissa: Die Kreml-Kinder. Lebensschicksale im Schatten der Macht. Zürich 1997.

Wauer, Hans/Falkenhagen, Hans-Jürgen: Bucharin, Nikolai. Revisionist, Renegat, Verräter. Berlin 2001.

Whitmey, Peter R.: Priscilla Johnson McMillan and the CIA. New York 1999.

Windgassen, Antje: Im Bund mit der Macht. Die Frauen der Diktatoren. Frankfurt 2002.

Wolf, Markus: Freunde sterben nicht. Berlin o. J.

Wolfe, Bertram D.: Three Who Made a Revolution. A Biographical History. New York 1948.

Wolkogonow, Dmitri: Stalin. Triumph und Tragödie. Ein politisches Porträt. Düsseldorf 1989.

Zänker, Heiko: Stalin – Tod oder Sozialismus. Norderstedt 2002.

Zentner, Christian (Hg.): Der Zweite Weltkrieg. Ein Lexikon. Wien 1998.

Personenregister

Die Schreibweise der russischen Namen folgt in der Regel der deutschen Standardtranskription. Abweichungen hiervon ergeben sich insbesondere bei Texten aus zitierten Quellen.

Teplin, Patty 162
Tess, Tatja (Tatjana
  Nikolewna Sossjura)
  77f., 94
Timoschenko, Semjon K.
  63, 103
Timoschenkowa,
  Jekaterina 103
Tokaraskaja, Valentina
  74, 78
Tolstoj, Lew
  Nikolajewitsch 160,
  178
Tolstoja, Aleksandra
  Lwowna 160
Tolstoja, Maria
  Andrejewna 164
Tomskij, Michail
  Pawlowitsch 94
Towstucha, Iwan P. 31
Trotzki, Leo
  Davidowitsch
  (Bronstein) 26, 81

Tschaikowskij, Pjotr
  Iljitsch 71
Tschernenko, Konstantin
  124, 220
Tschewrjakow, Vertreter
  der Tscheka 21
Tschujew, Felix 44
Tucker, Robert 162

Wassiljewa, Kapitolina
  103f.
Wassiljewa, Larissa 80
Wilson, Edmund 171,
  177f.
Wladimowitsch, Nikolaj
  106
Wlassik, Nikolaj 51f.,
  58, 73, 76
Wolkogonow, Dmitri 11
Woronow, Nikolaj
  Nikolajewitsch 123

Woroschilow, Kliment
  Jefremowitsch 43ff.,
  52, 54, 68, 116
Woroschilowa, Jekaterina
  Dawidowna 49, 116
Woslensky, Michael 67,
  214
Wosnessenskij, Andrej
  Andrejewitsch 166
Wright, Daniel s. Peters,
  Daniel
Wright, Frank Lloyd 180f.
Wright, Iovanna 180,
  182f.
Wright, Olgivanna 180–
  189, 192–196, 199
Wright, Swetlana 182

Yakovos, Erzbischof 193

Zahler, Hans 140
Zwerenz, Gerhard 175
Zwetajewa, Marina 115

*Starke Frauen des Widerstands
im Dritten Reich*

Ihr Mut, sich gegen das Nazi-Regime zu stellen, war ungeheuerlich. Aus tiefer Abscheu vor Hitler oder Sorge um ihre Angehörigen gingen zahlreiche Frauen in den Widerstand – hellsichtig, unerschrocken und selbstlos. Sie demonstrierten auf der Straße, warnten aus politischer Überzeugung vor dem »Führer«, halfen Flüchtlingen und wurden dafür mit Berufsverbot, Straflager oder dem Tod bestraft.

Die renommierte Historikerin Martha Schad zeichnet eindrucksvolle Schicksale ausgewählter couragierter Frauen detailliert und faktenreich nach. Eine Hommage an vergessene Heldinnen.

Martha Schad
Frauen gegen Hitler

272 Seiten mit Abb., ISBN 978-3-7766-2648-3

HERBiG   www.herbig-verlag.de

Hitlers jüdische Spionin

Unbedingter Erfolgswillen und politisches Kalkül führen die junge Wienerin Stephanie Richter in die High Society der 1930er-Jahre. Der jüdischen Bürgerstochter gelingt nicht nur der Sprung in den Hochadel und die besten Gesellschafts-schichten Englands, über den Zeitungsmogul Lord Rothermere kommt Stephanie von Hohen-lohe auch mit Hitler in Kontakt.

Der »Führer« setzt seine »liebe Prinzessin« als Geheimdiplomatin für die deutsche Sache ein – durchaus mit Erfolg, bis sie in den USA als Spio-nin verhaftet wird. Doch das ist nicht das Ende der Karriere. Vielmehr führt sie diese nach dem Krieg unter Axel Springer und Henri Nannen zielstrebig als Zeitungsjournalistin fort. Die His-torikerin Martha Schad schreibt das facettenrei-che Porträt einer der schillerndsten Frauen des Dritten Reiches.

Martha Schad
Stephanie von Hohenlohe
272 Seiten mit Abb., ISBN 978-3-7766-2682-7

HERBiG www.herbig-verlag.de